高职毕业生就业指导

主　审　俞步松

主　编　姜宇国

副主编　罗振华　沈海伦　祝俞刚

ZHEJIANG UNIVERSITY PRESS

浙江大学出版社

图书在版编目（CIP）数据

高职毕业生就业指导 / 姜宇国主编. —杭州：浙江大学出版社，2009.6（2013.1重印）
高职院校人文素质教育规划教材
ISBN 978-7-308-06879-6

Ⅰ. 高… Ⅱ. 姜… Ⅲ. 高等学校：技术学校－毕业生－就业－教材 Ⅳ. G7171.38

中国版本图书馆 CIP 数据核字（2009）第 103994 号

高职毕业生就业指导

主　审　俞步松
主　编　姜宇国
副主编　罗振华　沈海伦　祝俞刚

责任编辑　杜希武
封面设计　刘依群
出版发行　浙江大学出版社
（杭州天目山路 148 号　邮政编码 310028）
（网址：http://www.zjupress.com）
排　　版　杭州好友排版工作室
印　　刷　富阳市育才印刷有限公司
开　　本　710mm×1000mm　1/16
印　　张　15.25
字　　数　281 千
版 印 次　2009 年 7 月第 1 版　2013 年 1 月第 3 次印刷
书　　号　ISBN 978-7-308-06879-6
定　　价　24.00 元

本书编委会名单

主　审　俞步松
主　编　姜宇国
副主编　罗振华　沈海伦　祝俞刚
编　委　（按姓氏笔画为序）
陈　可　张　穹　张芦军
单伟明　胡怡芳　温雷雷

前　言

对于高职毕业生而言，寻找一份能够使自己施展才华和抱负，实现自身价值的理想工作，是每一位高职毕业生和家长最迫切愿望。随着我国高等职业教育的迅速发展，高职毕业生面临着竞争越来越激烈的就业环境，就业压力也与日俱增。在激烈的就业竞争中高职毕业生究竟能否最终实现自己的职业目标与理想，这使得涉世不深的高职毕业生一时倍感茫然，也令毕业生家长深感不安。因此，高职毕业生对就业指导有着非常迫切的需求，他们渴望在大学的不同阶段均能得到有针对性的指导。

高职教育培养目标是高技能应用型人才，培养的学生是以就业为导向，以服务社会为宗旨。高职生就业指导不能等同于职业介绍，它应该充分体现高职院校的教育职能，通过有效的指导，使学生具备终身受用的择业观念和就业能力。因此，高职生的就业指导应该贯穿学生在校学习的全过程，并实行分阶段、针对性的指导，使高职生的专业能力和综合素质得到和谐发展，使高职生个人的就业能力得到最佳配置。在激烈的就业竞争中不失主动权，从而确定好自己发展的轨迹。

近几年在实施就业指导课过程中，我们总感到现有的教材不能很好地满足高职毕业生就业过程的实际需要，缺乏针对性和实用性。为此我们在充分借鉴同行优秀教材的基础上，结合高职毕业生的就业特点和实践经验组织编写了本教材。本教材为适应阶段性就业指导的需要，按照高职毕业生最后一年就业时间顺序，以就业问题为中心而编写，内容包括就业形势分析、就业途径、求职择业的准备、求职的方法与技巧、笔试与面试技巧、实习与试用期、签约与报到、女生择业心理指导与策略、自主创业的策略与方法、就业规则与毕业生就业权益保护、角色转换、就业专项指导等。书中分环节地、实事求是、系统、完整、有针对性地对高职毕业生就业过程中的一系列问题进行阐述和探讨。本书特别强调了针对性和实用性原则，突出了高职毕业生的就业特点，对高职院校毕业生就业、创业具有较强的指导作用。

参与编写本书的作者，大多是长期从事高职生就业工作指导第一线的领导和老师，他们不仅具有较高的理论知识水平，而且有丰富的实践经验。因此，编写一本既有理论性又有实际指导性，既有完整性又有具体针对性，既有科学性又有较强实用性的高职毕业生就业指导教材，并尽可能向高职毕业生提供可资借鉴的就业观点和求职方法，以及毕业生的就业权益保障，力求毕业生学以致用，一直是我们的愿望。

本书由俞步松担任主审，姜宇国担任主编，罗振华、沈海伦、祝俞刚担任副主编。各章的编撰者分别为：第一、二、十一章，姜宇国；第三章，沈海伦；第四章，祝俞刚；第五章，张穹；第六章，罗振华；第七章，温雷雷；第八章，陈可；第九章，胡怡芳；第十章，张芦军；第十二章，单伟明，张穹；附录，姜宇国，张穹。由俞步松、姜宇国对本书进行统稿和总纂。

本书编写过程中借鉴和参考了近年来国内外有关大学生就业指导和职业生涯设计等相关书籍的内容，吸取了其中很多精髓，在本书出版之际，谨向有关的专家和同行们表示衷心的感谢！我们还要感谢浙江经济职业技术学院的有关领导，教师和学生们，他们为本书的编写、出版提供了积极的帮助和支持。

由于我们时间仓促且水平有限，对高职毕业生就业指导的研究尚在不断深化中。书中不足之处在所难免，敬请专家、同行和同学们赐教。

编　者

2009 年 3 月

目录

第一章

高职毕业生就业指导概述

我国普通高校毕业生人数逐年创新高。以2008年为例，全国高校毕业生达到611万人，比2007年增加52万人。作为即将毕业的高职生，就要直接面对严峻的就业形势，能否在面对人生的一大转折关口，主动认清形势，找准自己的位置，并在就业心理、就业观念和技能等方面做好调整和准备，对自己今后的职业生涯进行有效规划，是高职毕业生能否顺利完成从“学生人”向“职业人”转变的能否在激烈的社会竞争中不失主动权，从容就业的关键。高职院校开展就业指导的目的是帮助和引导毕业生正确认识和了解自我，并根据自身的特点和社会的需求，选择适合自己并能发挥最大才能的职业和岗位，确定好自己的发展轨迹，实现自己的认识价值。

第一节　就业指导概述

就业指导是在毕业生就业制度改革的背景下相对传统的毕业生思想教育而提出的概念。它作为一种专门的社会服务工作和研究课题，最早起源于美国。1916年清华大学首先在国内提出这一研究课题。

一、就业指导的涵义

劳动者为了维持生活，实现自身的价值，为社会作出贡献，就必须选择最能发挥自己才能的职业，与生产资料和工作岗位迅速有效地结合。为这种结合开展的工作就是就业指导。就业指导有狭义和广义之分。狭义的就业指导是指给求职择业的劳动者传递就业信息，为其与职业的结合进行中介服务，帮助劳动者实现就业；广义的就业指导是指为劳动者选择职业、准备就业以及在职业中求发展、求进步提供知识、经验和技能。就业指导的过程是一个帮助求职者选择职业、为就业做准备和在任职中求发展的过程。就业指导包括预测就业市场，汇集、传递就业信息，开展就业政策咨询，进行思想教育，培养劳动技能，组织劳动力市场以及推荐、介绍和组织招聘与就业有关的综合性社会咨询服务活动。

高职毕业生就业指导包括职业生涯规划就业形势与理念教育、就业心理引导、创新创业教育、就业政策与法规，角色转换与艰苦创业，求职择业的方法与技巧和就业工作基本程序等方面的内容，旨在帮助高职生了解人才市场行情，把握政策，掌握方法，了解程序，为顺利求职择业和创业做好准备，迈好走上工作岗位的第一步。通俗地讲，就业指导就是帮助毕业生找到职业，找到工作，起到帮助毕业生与用人单位双向沟通的“红娘”作用，使毕业生成为社会的有用之才。

二、就业指导的历史改革

1.就业指导的产生

就业指导作为一个专门的社会服务工作的研究课题，产生于19世纪末，发展于20世纪初。在现代社会，由于生产力的迅猛发展，出现了大量的可供人们选择的职业，同时由于科学技术的发展，农业机械化程度逐步提高，从土地的束缚中解脱出了大量的剩余劳动力，他们需要重新选择职业，就业指导就随之而产生。学校为了适应社会发展，也需要对学生进行就业指导。所以，就业指导在美国、欧洲等西方国家的学校首先得以产生和发展。据记载，美国加州工艺学校早在1894年就有人推行就业指导。之后，在德国、苏格兰等一些西方资本主义国家也相继开展了专门的职业指导活动。就业指导的创始人、美国的帕金斯首先使用了就业指导的概念，1909年他出版了《选择职业》一书。1911年，美国的哈佛大学首开先河，在大学生中开设了就业指导课。

2.我国就业指导的历史改革

我国的职业指导发端可追溯到20世纪20年代初期。1916年，清华大学校长周寄梅先生首次将心理测试的手段应用在学生选择职业中，这标志着职业指导在我国正式开始。

1919年，黄炎培等老一辈革命家、教育家在中华职业教育社的社刊《教育与职业》杂志上发行了《职业指导号》，从介绍西方国家职业指导的理论与经验入手，结合当时的经济与社会状况，指出了在我国开展职业指导的必要性。

1920年，中华职教社成立职业指导部，组织力量对社会职业状况进行调查，对职业选择方向进行演讲，开展了一系列职业指导活动，如：1924年在上海、南京、济南、武汉举办了针对中学生的升学与就业指导课。

1927年，中华职业教育社创办了我国第一个为社会服务的组织“上海职业指导所”，1929年，成立了海外职业指导部，此后，各地又建立了一批职业指导所,为发展我国职业指导事业奠定了基础。但在旧中国,因经济凋敝,职业指导基本处于停滞状态。

新中国成立后,由于实行计划经济和就业的统包统配等多种原因,职业指导没有得到足够重视。

1978 年十一届三中全会以来,党和政府从国情出发,开辟多种就业渠道,创建和发展劳动服务公司,并通过这一机构组织、培训、协调劳动力的供求,职业指导也随之发展起来。特别是改革开放以来,我国国民经济迅速发展,随着所有制和产业机构调整以及劳动用工制度改革不断深化,就业制度发生了根本性变化,发展多种就业形式,运用市场调节就业结构,形成用人单位和劳动者双向选择、合理流动的就业机制,为职业指导提供了良好的发展机遇。

1986 年,劳动人事部培训就业局编写了就业训练统编教材《就业指导》,供各地对求职人员开展职业培训时使用,并通过职业介绍机构开展了初步的职业指导工作。

1994 年,劳动部颁发了《职业指导办法》,明确规定职业介绍机构应开展职业指导工作,配备专(兼)职职业指导员,向劳动者和用人单位提供指导和服务。

同年,国家教委颁发了《普通中学职业指导纲要》,正式在普通中学引进职业指导。这样,以就业指导为重点的职业指导成为当前我国教育的重要组成部分。

近年来,随着经济结构调整和国有企业改革力度的加大,下岗职工再就业已成为职业指导的热点话题,职业指导工作被纳入"再就业工程"之中。劳动保障部明确要求要在企业再就业服务中心试行"一三一工程",其中最重要的一项就是对下岗职工的再就业实施职业指导。

当前,职业指导工作的范围更加广阔,其工作内容开始渗透到社区服务、家政服务、创业指导和用工指导等领域,在形式上也更加多样化,如利用各种媒体、网络进行指导,以"一对一"或"一对众"的形式进行指导,根据求职者的不同情况进行分类指导等。

1999 年,劳动保障部又推出了职业指导人员国家职业标准,组织编写了全国统一培训教材,在组织培训的基础上,实行统一的鉴定考核,并按《职业指导办法》的精神,逐步做到职业指导员持证上岗。

3. 高校就业指导的现状

1993 年 2 月国务院颁布的《中国教育改革和发展纲要》指出:要改革"统包统配"和"包当干部"的就业制度,实行少数毕业生由国家安排就业,多数由学生"自主择业"的就业制度。《纲要》从根本上确立了我国高校毕业生资源配置机制要从计划配置转向市场配置的方针。从此,我国大学生就业分配制度发生重大变革。这一变革，顺应了我国社会经济发展的市场趋势，为大学生提供了自主选择适合自己发展的职业和工作的机会，因而得到了大学生的普遍欢迎。然而，成功的选择不仅需要个人的勇气和意志，同时还必须有把握实际的技术与能力。由于缺乏对职业和自我的合理认识和定位，加之职业决策和选择能力不足、信息搜集渠道不畅，近年来，一些毕业生难以找到理想工作的情况日显突出。大学生迫切希望得到有效的就业指导。大学生就业难问题已成为全社会共同关注的热点问题。然而，在冷静分析大学生就业难现象时不难发现：人才市场供求信息不畅，供需双方观念不同，是导致供求双方供需结构不相称，“有位无人”和“有人无位”并存的现象的重要原因。因而，有效的就业指导，对于解决大学生就业难问题，使每一个毕业生都能找到自己适当的位置，具有重要作用。

由于我国高校真正意义上的就业指导工作尚处于起步和摸索阶段，故与社会经济发展和学生的需求相比，还存在着较大差距。主要表现在：在就业指导的功能与内容上，目前我国大多数高校的就业指导工作主要是围绕当年的毕业生就业工作而展开的，开展就业指导的时间基本上只局限于毕业生“双选”期间，就业指导的内容也仅停留在对就业形势的一般介绍和就业政策、规定的诠释，就业指导工作功能单一，内容狭窄，难以适应当前就业形势的要求；在就业指导的方法和手段上，较为常见的方法是通过大会“灌输”，即召开“毕业生就业动员会”和“就业形势报告会”，缺乏针对学生个体特点的专门咨询和有效指导，同时由于信息来源分散致使就业指导工作缺乏有效性和针对性；在就业指导的机构设置和队伍建设上，尽管专门设立了毕业生工作的机构，但这些机构由于忙于应付大量与就业有关的事务性工作，难以有固定时间和精力来开展针对性的就业指导工作，而且由于缺乏长期系统的业务培训，就业指导人员的素质参差不齐，无论是在占有信息方面，还是在知识储备方面均难以达到就业指导应有的要求。

第二节　就业指导的作用与意义

高职就业指导是通过形式多样的就业指导手段和方法来帮助高职生树立正确的就业观和对国家、社会的历史责任感，选择自己理想的工作职业，以此发挥高校人才发展的优势，为国家和社会合理地配置人才资源。

一、就业指导的作用

由于国家长期以来形成的毕业生计划分配体制束缚了人们的思想，使得相当一部分人对就业指导的内涵还缺乏了解，不少人认为就业指导可有可无，搞不搞无关紧要。甚至有这样的论调：没有就业指导，有门路的人照样找到好工作；有了就业指导，没有门路的人照样找不到工作。这种把大学生就业指导狭隘地理解为找工作，落实具体单位的观点是片面的、肤浅的。它忽视了高校就业指导的教育功能，对高等职业院校内涵式发展和育人模式的改变将产生的影响，更看不到它在培养现代化建设所需要的高技能应用型人才方面甚至起着举足轻重的作用。

就业指导作用归纳起来，可以概括为以下几个方面：

1. 导师作用

“自主择业”使大学生面临的首要问题便是如何择业和求职。择业有择业观，求职有求职技巧。“自主择业”不是“自由择业”。有的学生能通过各种途径联系到比较满意的工作，就不希望学校来管他，而有的学生则担心不能找到工作，无法就业。这两种情况都不应该出现。在当前改革浪潮中，经济发展已转化为科技竞争，科技竞争则又归结于人才的竞争。我国地域辽阔，经济发展不平衡，作为人才资源重要组成部分的大学毕业生，在就业时往往选择经济基础好、工作环境舒适的单位，而往往这些单位因为经济效益不错所给予的报酬也较落后地区丰厚。这种不平衡易导致毕业生就业时的心理失衡，择业时易产生一些脱离实际的择业观，片面追求经济利益、物质条件，而较少考虑自身的实际条件。同时，有些毕业生在求职时因未掌握一些技巧，使自己与用人单位见面时，无法让对方了解自己的真才实学，甚至无法表达自己的真实意愿，导致求职失败。因此，需要就业指导机构对毕业生进行就业指导，帮助他们树立正确的就业观，处理好理想与现实、个人与社会之间的关系，克服好高骛远、急功近利的思想，引导他们开拓思路，提高认识。同时，帮助他们掌握求职技巧，针对客观实际情况及自身的特点，制定适合于自己的切实可行的求职方法，从而收到良好的指导效果。

2. 信息资源作用

大学毕业生“自主择业”是在国家方针政策指导下，在一定范围内进行的。是在有限度的情况下，使毕业生与用人单位相互选择。如何使这种选择科学、合理，即使毕业生人尽其才，使用人单位才尽其用，实现人才与社会的最佳配置，发挥人才与社会两方面的最大效能，信息的咨询便显得十分重要。就业指导者一方面可以通过向有关企事业单位及人才市场发函，收集各单位对毕业生的需求情况及拟招对象的要求条件等，为毕业生提供就业信息；另一方面，可以把学生的思想表现、学习成绩、健康状况、兴趣爱好及奖惩情况等，利用电脑及表格、声像等手段，提供给用人单位查阅，并向用人单位介绍、推荐合适的毕业生人选。

3. 桥梁作用

毕业生树立了正确的职业观、掌握了一定的择业技巧及了解了一定的人才需求信息后，接着便是与用人单位正面接触，也即供需见面。在这个阶段，实际上是对学生综合能力的检验。就业指导在这个阶段起着一种桥梁纽带作用。就业指导机构首先要为学生及用人单位精心组织，安排各种形式的招聘会和面试，为毕业生与用人单位之间提供交流的平台。其次，沟通学校与社会的联系。通过就业指导，学校要向社会和用人单位介绍所设专业的培养方向，让社会了解学校培养的各专业的高技能性人才，并向社会推荐。同时，将用人单位对毕业生的要求及使用情况反馈给学校，便于学校教学改革和育人工作。这样，有利于克服学校的教育人才培养与社会实际需求相脱节的现象，增强高校教育对社会经济发展的适应能力。

4. 促进作用

毕业生自主择业，直接面对市场，所表现出来的实际上是毕业生自身综合素质的竞争。就业指导机构可以因势利导，把就业指导工作前移。在新生入学后，就要对他们进行职业规划的教育，让学生了解自己所学的专业，了解将来可能从事的职业范围和将要担当的社会角色，并根据个人的性格特征、兴趣爱好和专长优势来设计自己的职业生涯规划，从而建立起一种职业目标、职业理想。明确的目标会极大地激励学生的学习积极性，使他们富于创造性地学好专业知识、专业技能，塑造自我。同时，开展毕业生就业后的跟踪调研工作，帮助和指导毕业生在就业后遇到的困难和困惑等问题。这样，把早期的素质训练和后期的具体辅导结合起来，就业指导工作在人才的培养前期、中期及后期教育中就均能起到促进作用。

二、就业指导的意义

高职毕业生是国家宝贵的人力资源。高职毕业生的就业问题也一直是党和政府都十分重视和关注的问题，因为这既关系到我国社会经济的发展，又关系到高等职业教育是否健康发展，同时也关系到高职毕业生自身的发展、成才和自我价值的实现。因此，开展高职毕业生就业指导具有重要意义。

1. 就业指导有助于国家对人才资源的合理配置

高职毕业生是国家新增加的高层次应用型人力资源。这种人力资源具有思想活跃、文化素质高、有专长、懂科技等特点。将毕业生输送到合适的工作岗位，必然会调动他们的积极性，使知识转化为生产力，推动我国现代化建设。然而，我们时常面临的事实是，一方面“英雄无用武之地”，一方面“用武之地”找不到英雄；一方面社会需要大量大学毕业生，另一方面大学毕业生却大量浪费。在市场经济体制条件下如何合理地配置人力资源，已经成为政府面临的突出问题。就业指导一方面可以使用人单位适应市场机制，了解各类专业情况和使用方向，了解择业者的心理和生活特点，以便安排得合理、科学，使用得恰当、有效；另一方面，可以帮助毕业生科学地分析主观条件和客观需要与可能，使其以最能发挥自己专长和才能的岗位为最佳职业选择。这样就可以实现人尽其才，才尽其用，岗尽其需，达到人力资源合理配置的目的。

2.就业指导帮助毕业生树立正确的就业观

择业观是指对职业选择的基本看法，是个体在一定的世界观、人生观和价值观的指导下，对自己未来从事职业和发展目标的基本认识和态度。择业观对高职生求职、择业和进行择业准备有直接影响，能直接指导大学生的职业选择，并通过职业选择、职业活动体现出来。择业观是具体化的人生观，是每个有劳动能力的人对人生的基本态度问题。每个高职毕业生从学校走向社会，从学校生活步入职业生活，无疑是对其人生态度的一次考验。

每个毕业生都希望毕业后能找到一个理想的职业，但从我国目前的实际情况看，由于生产力发展水平还比较低，各地的经济发展也不平衡，地区之间、城乡之间在生活方式、工作环境、劳动报酬等方面都存在着较大的差异。因此，毕业生个人的愿望不可能都得到满足。另一方面，由于自主择业将择业的主动权在很大程度上交到了毕业生个人手中，毕业生择业的主动性增强。在这种情况下，不少学生对毕业后何去何从反而没有主见。这就要求毕业生必须能够正确认识社会、正确认识自己、树立正确的人生观。

第一，树立国家和人民的利益高于一切的思想。职业活动既是人们为社会服务的途径，同时又是人们谋生的手段。就业观不同的人，二者的比重是迥然不同的。一个具有崇高理想的人，总是把造福人类、造福社会作为自己奋斗的根本目标。作为跨世纪的青年一代，应该确立崇高的职业理想，把个人的理想融入祖国和人民的共同理想中，立志将所学知识报效祖国，为祖国和人民的利益无私奉献。

第二，把个人愿望和社会需要结合起来，统筹考虑。“人的本质是一切社会关系的总和”，在社会历史过程中，不可能完全自由地实现自己的意志和愿望。社会主义国家代表着全体社会成员的共同利益，为了这个共同利益，个人的活动必须服从社会的安排。只有这样，才能形成合力，推动社会向前发展。

第三，把为社会作贡献与实现自我价值有机结合起来。一个人有没有价值，能不能实现自己的价值，关键在于对社会有没有贡献。一个人的思想和行为对社会有积极的作用和意义时，才具有价值。自我价值是由社会决定的。个人在社会上作用的大小，贡献的多少，要看其劳动成果得到社会承认的多少。自我价值只有在它所属的集体的价值实现后才能实现，这是因为人的价值是通过个人和集体的关系表现出来的，个人在集体中的影响是衡量个人价值的尺度。国家鼓励提倡毕业生到生产经营的一线去，面向基层，面向乡镇企业，因为那里急需各类专业人才，毕业生在那里可以大显身手，实现自己的人生价值。

3. 就业指导能帮助毕业生进行正确的职业选择

职业选择是指求职者根据自己的职业意向、职业兴趣、职业能力以及个性特点、社会需要等，在众多的职业岗位中选择适合自己的职业岗位的过程。它包括两个方面的含义：一方面是就业者对用人单位的选择，另一方面是用人单位对就业者的选择。可见，职业选择是一种双向的选择，任何绝对意义上的单向选择，都不能构成职业与劳动者的最优化、最有效的结合。

职业对择业者而言，是个人挑选就业岗位的过程，即个人基于不同职业的不同看法，出于不同的兴趣爱好，结合自身条件，对职业岗位作出选择。一般说来，个人选择职业时需考虑的因素有：职业的社会地位、劳动报酬、福利待遇、工作环境、工作条件及工作地点、个人的才能和特长、兴趣爱好等。这些因素对每个选择职业的具体人来说，不可能面面俱到，各人情况不同，考虑的重点也各不相同。职业与人生紧密相连，职业选择的好与坏，正确与否，直接影响着劳动者积极性的发挥，甚至对劳动者的整个职业生活都会产生重要影响。一个人能否为国家、社会做出贡献，个人生活是否幸福，在很大程度上取决于他的职业选择。搞好就业指导，引导学生遵循职业选择原则，做好职业选择，无论对社会还是对个人，都具有十分重要的意义。

高职毕业生是初次就业者，对许多方面不熟悉、不了解，甚至十分陌生，他们在就业过程中会遇到许多困难：有些学生对自己不能客观评价而往往自视过高，主观期望值偏高，看问题易犯片面性、绝对化、理想化等毛病。在人才已经进入市场化的今天，就业指导对帮助毕业生在正确的人生价值观、良好的道德准则和行为规范基础上选择职业并获得成功，无疑是十分必要的。

4. 就业指导能促进毕业生的发展与成才

求发展、求成才是高职学生普遍共同的美好愿望，他们对社会贡献如何，个人生活方式将怎样，特别是能否发展好、成才快，与他们毕业后迈向社会的这一步关系重大。当选择能与自己的兴趣、能力和特长相吻合的职业职位时，就能精神饱满、奋发努力、快速发展、茁壮成长。人生的诀窍就是经营自己的长处。在人生的坐标里，一个人如果站错了位置，用他的短处而不是长处来谋生的话，那是非常可怕的，他可能会在卑微和失意中沉沦。在选择职业时同样也是这个道理，你无须考虑这个职业能给你带来多大利益，能不能使你成名，而应该选择最能使你全力以赴的职业，选择最能使你的品格和长处得到充分发展的职业。

经营自己的长处能给你的人生增值，经营自己的短处会使你的人生贬值。

如果选择不当，在人生道路上会出现种种曲折甚至坎坷，影响当前的发展和未来的前途，富兰克林的"宝贝放错了地方便是废物"就是这个意思。因此，通过就业指导，能帮助毕业生找到一个比较适合自己的工作岗位，使其心情舒畅、信心百倍地走向社会，为将来的发展和成才创造条件、打下基础。

5.就业指导有利于教育改革和提高学校的声望

高职院校是培养高技能应用型人才的摇篮，高职生是高职院校的"产品"，毕业生的社会需求如何；他们能否适应社会和用人单位的需求；能否在岗位创造业绩，用知识回报社会和母校等情况，对学校的声誉和发展至关重要。学校的毕业生就业情况好，毕业生就业率高，其社会声誉就高，学生报考学校的情况就好，招生质量好，利于学生培养，学生培养的素质好、能力强、社会适应性强，又推动就业工作的顺利开展。既提高学校的声誉，也有利于高职院校的教育改革。

第三节　就业指导的内容

大学毕业，是人生道路上的一个重要的转折点，也是高职毕业生将自己所学的知识和技能为社会做贡献的起点。因此，对高职毕业生的就业指导，必须全面、系统、具体。从现阶段看，高职生的就业指导应该包括以下几个方面的内容。

一、择业观指导

择业观是毕业生选择职业的前提，是毕业生对职业的评价和意向，也是毕业生的世界观、人生观和价值观在择业问题上的反映。择业观正确与否，直接决定着择业的成败。从一定意义上讲，择业观的指导是就业指导的核心和重点。由于"自主择业"给每位毕业生更多"自由"的权利，因此部分毕业生片面追求好环境、大单位、高工资，厚待遇，极少考虑自身素质和社会需求。其择业的期望值太高，从而导致择业失败。因此。我们要帮助毕业生树立正确的择业意识，引导学生从社会的需要和发挥自身才能两方面来考虑自己的选择，正确处理个人与社会、理想与现实、环境与成才等关系，克服择业期望值与现实社会需求相脱离的倾向。

另外，在社会经济不断发展的今天，有许多用人单位在选择毕业生时，不是简单地看他所学的专业及技能，而更多的是看重他的思想品质、综合素质和敬业精神。一个人的能力如果适应不了时代发展的步伐，那么他就有被现代职业活动淘汰的危险。所以要转变旧的观念，树立全新的择业观，到经济和事业发展最需要的地方去，不断努力和开拓自己的事业，真正实现人生的自我价值。

二、就业政策指导

就业政策指导，即以各级政府制定的就业行为准则、教育、引导大学生的就业行为，使毕业生的求职就业在规范化的轨道上运行，它是对就业者择业过程的引导与约束。就业政策，不但要求直接从事毕业生就业工作的专门人员掌握，也要求每一位将要走上工作岗位的学生有所了解。可以说，就业政策指导是就业指导的基础。

学生就业是劳动就业的一个组成部分，理所当然要受到国家就业方针政策的制约，就业政策，是国家为实现一定历史时期的任务，为适应经济建设和社会发展而制定的有关毕业生就业的行为准则，是所有大学毕业生求职择业的重要依据。大学毕业生只有全面而准确地掌握了就业政策，才能更好地维护自己的责、权、利，才能顺利地进入就业程序，完成自己的求职择业。要让每个学生都明白，不仅在“一定范围内双向选择”的就业制度下，要掌握和了解就业的政策，就是进入“就业市场”实行自主择业，也必须在国家有关就业的政策指导下进行求职择业。要弄清楚“自主择业”不等于“自由择业”，要让所有毕业生真正了解国家关于毕业生就业的方针、政策和规定；了解就业体制和就业渠道；了解毕业生就业的程序和就业必办的手续，要引导他们根据国家需要，结合个人实际，在就业政策允许的范围内选择职业和工作单位。

三、就业形势指导

就业形势是对毕业学生进行就业指导的一个重要内容，它包括当前国家社会经济发展状况、用人单位的需求、人才市场的形势以及当年毕业生状况。

要使毕业生掌握和了解当年就业形势，就要让毕业生做到“知己，知彼”，特别是“知彼”。

所谓“知彼”，就是全面了解社会的需求信息，即用人单位的基本状况，对人才的基本要求及对人才的需求数量等。需求信息是毕业生求职择业的基础，谁能及时获得信息，掌握信息，谁就能获得毕业生就业工作的主动权。因此，毕业生就业指导机构首先要迅速、全面、准确地搜集不同渠道的需求信息；其次，对众多的需求信息要立即筛选，做出正确的选择；再次，要及时地与用人单位取得联系，反馈各方面的意见。

作为学校毕业生就业指导机构要摸清毕业生的思想动态，了解毕业生对就业的意见和要求，有针对性的开设专题讲座，引导学生正视就业形势，对不同学生存在的个别问题，采取个别交流的就业咨询方式。只有这样，毕业生的就业指导才能做到有的放矢，工作也才有基础。

四、就业心理指导

就业心理指导，即运用心理学的原理和方法，针对高职毕业生的心理发展特点和由于就业产生的心理问题进行帮助指导，高职毕业生在面对人才市场的激烈竞争，容易产生心理困惑、矛盾等一些复杂的心理现象，导致一些心理误区和心理障碍。因此，有必要对毕业生进行就业心理指导。就业心理指导主要包括以下三个方面的内容。

1.对期望值过高的心理指导

一些毕业生对所掌握的就业信息百般挑剔，要求过高，期望值过高，今天选定的单位，明天又不满意，“这山望着那山高”，互相攀比，等等。针对这些情况，要教育、帮助学生正视现实，面对实际，珍惜和正确把握选择单位的时机和条件。

2.对困惑和焦虑的心理指导

困惑和焦虑心理主要是来自于多种选择的不确定，而由此产生的矛盾心理。面对各行各业、各处各地的需求信息，是看重专业的发展，还是看重地理环境；是看重效益和待遇，还是看重单位的发展前景，这些都使他们在选择职业的十字路口犹豫和徘徊。对于这类学生的指导，更多的是要关心和帮助他们，要指导他们学会冷静对待，全面思考，正确选择。

3.对自卑和懦弱的心理指导

在求职择业中，由于一部分学生思想准备不足，对自己缺乏清醒的认识，缺乏自信心，有一种“丑媳妇怕见公婆”的心理，从而依赖父母，依赖亲朋好友。对于这部分学生，要培养他们的自信心，要他们相信自己，战胜自己，自己的事自己做，自己的路自己走。

五、择业技巧指导

求职择业实际上是一门艺术，正确的方法和技巧是择业成功的重要因素之一。如果说毕业生的综合素质是择业竞争的硬件，那么择业的方法和技巧则是软件，软件准备不好，硬件的优势也难发挥。毕业生择业的方法和技巧的指导包括毕业生资料准备方法，信息收集方法，信息筛选方法，笔试与面试技巧，心理调适方法，角色转换方法，等等。了解和掌握这些方法和技巧，如同机器加了“润滑油”，运转灵活自如，毕业生就业的成功率会大大提高。

六、社会适应指导

高职毕业生完成了学业，即将从校园步入社会，这是人生的一次重要转折。但是,由于大多数生活经历基本上是“从学校门到学校门”,他们接触社会少,阅历浅,对社会缺乏了解和认识,对新的社会环境感到陌生、不习惯,甚至无所适从。要帮助他们正确的认识社会,建立良好的人际关系,正确处理成家与立业的关系。要引导他们树立正确的世界观、人生观、价值观。教育他们在新的岗位上“爱岗敬业”,有踏踏实实的工作态度,有强烈的责任感和事业心,在新的工作中不断进取,顺利地实现角色转变,即从学生角色到职业角色的转变。

七、自主创业教育的指导

创业教育是我国高等教育深化改革的必然趋势,对于创业教育的理解众说纷纭,有的认为创业教育就是培养创业型人才的教育;有的认为,创业教育就是要培养会经商,能创立企业的教育;有人甚至理解成创业教育只是某种技能或技巧的掌握,他们都把创业教育与专业教育相脱节去理解,这样的理解是不能涵盖创业教育全部内容和深刻内涵的。我们认为,创业教育是一种理念教育,这样理念贯穿于高职院校的课堂教学和课外活动之中;培养学生创新意识,创造精神和创业能力。创业教育的目的是教育学生积极应对社会需求和市场变化,以创造性就业和创新性就业岗位为目的,通过创业教育给学生毕业后大胆走向社会,自主创业;而毕业生通过自主创业既可以为自己寻找出路,又可以为社会减轻就业压力,已经逐渐成为广大高职毕业生所接受的一种新的就业模式。

第四节　当前我国高职毕业生就业形势

众所周知,我国在2003年以来,高校应届毕业生数量以跳跃式幅度增长,毕业生数量逐年创出新高,2008年我国普通高校毕业生更是达到创纪录的611万人,比2007年离校毕业生增加了52万人。浙江省高校毕业生23万多,其中高职高专毕业生9.87万人,就业形势非常严峻,作为即将毕业的高职生如何理性看待并积极面对就业现状,分析当前就业存在的问题和今后高职毕业生就业形势如何等。高职毕业生必须不断提高自己的综合素质和竞争力,以便于就业时能够在激烈竞争的就业市场中占据主力,从容就业。

一、高职毕业生就业现状分析

党的十六大报告指出:“就业是民生之本,扩大就业是我国当前和今后长时期重大而艰巨的任务”。可以说,就业不仅关系高职毕业生的前途和命运,也关系到国家的经济发展和社会的长治久安。面对当前金融危机而出现的毕业生就业困难问题,我们既要清醒看到解决好这个问题的长期性和复杂性,也要实事求是地看到当前高校毕业生就业难的问题是发展中的问题,经过努力是完全可以缓解和解决的。从有关统计结果表明,尽管这几年就业矛盾比较突出,就业困难,但是在各级政府和社会各界的共同努力下,特别是国家的一系列政策措施的相继出台,有力地促进高校毕业生就业,总体就业率始终稳定在80%左右。从不同学历毕业生的就业率来看,其中高职毕业生的就业率呈上升势头,以浙江省高校毕业生为例(见表1.1),从2006年至2008年高职高专毕业生的就业率保持在95%以上。

表1.1　2006—2008年浙江省不同学历毕业生就业率比较表

就业率　年度 学历	2006年	2007年	2008年
研究生	95.48%	94.85%	93.82%
本科	92.15%	91.62%	92.51%
高职高专	96.02%	95.27%	96.01%

回顾近几年高职毕业生就业工作,在高校毕业生就业制度改革和建设方面取得了许多突破性进展,迈出了重要步伐。一是确立了与社会主义市场经济体制相适应的高校毕业生就业制度,即市场导向、政府调控、学校推荐、学生与用人单位双向选择的就业制度;二是建立了中央和地方两级管理、以地方管理为主的管理体制,形成了上下联动、齐抓共管的良好局面和工作机制;三是初步形成了促进毕业生就业的政策体系,创造了良好的政策环境;四是初步建立了毕业生就业指导服务工作体系,高校就业指导基本做到了机构、人员、经费“三到位”。我国高校毕业生就业制度这个框架和体系的初步形成,对于我国高等教育适应社会主义市场经济体制是一项历史性的突破。与此同时,这几年的就业工作,唱响了毕业生到西部、到基层就业的主旋律,确立了以就业和社会需求为导向的改革思路,这对于推动高等教育的全面、协调、可持续发展都具有非常重大的意义。毕业生就业工作为促进国家和地方经济发展、社会稳定,为全面建设小康社会、构建和谐社会作出了积极贡献。

但是,从总体上看,我国面临着严峻的就业挑战。我国目前已进入劳动年龄人口增长高峰期,当前和今后一段时期,劳动者充分就业的需求与劳动力总量过大、素质不相适应之间的矛盾仍很突出,就业和再就业工作任务十分繁重。从劳动力供求总量上看,据有关部门统计,今后几年全国城镇新成长劳动力供给将升至峰值,达1000万,加上1400万的下岗失业人员,每年城镇需要就业的劳动力达到2400万人。按经济增长速度保持在9%左右,在现有经济结构状况下，每年新增的就业岗位为900万个左右，劳动力供大于求的矛盾仍然十分尖锐。从劳动力城乡分布看，中国现有农村富余劳动力1.2亿人。今后，随着农村经济结构调整，农村劳动力向非农领域转移、向城市流动的规模将进一步扩大。城镇就业压力和农村富余劳动力转移的压力同时出现，使就业和再就业的难度加大。

因此，我们必须清醒地认识到，今后一个时期高职毕业生就业工作压力巨大，任务更加艰巨。我们要在新的历史时期解决上述问题，把高职毕业生就业工作推进到一个新阶段，必须创新工作思路，创新工作模式，创新工作机制，努力开辟毕业生就业的新空间和大渠道，千方百计地做好高职毕业生的就业工作。

二、高职毕业生就业现状存在的问题

21世纪国家的综合国力和国际竞争力越来越取决于知识创新水平和科技人才的情况。教育发展与社会经济的联系日趋密切，社会各行业对大学毕业生需求正在扩大。应当说，虽然我国高等教育经过若干年的扩招，发展速度加快，但总体而言，我国高等教育的毛入学率与国外高等教育的毛入学率相比还是比较低的。那么本不应出现的高校毕业生“就业难”问题出现，究其原因主要是：经济与社会发展的不平衡，地区与行业、产业的差距增大。目前在我国，经济和产业规模主要集中在东部沿海一些地区，而高校的扩招，导致高校毕业生人数激增，所以高校就业工作压力进一步增大。而高校毕业生就业率近80％集中大中城市及沿海城市，在县城以下或农村就业的毕业生较少。由于大多数高校实行的仍是传统学年制，没有实现弹性学分制，并且择业时间较短，一般来说毕业生必须在就业入学前限期离校，这就造成相当大的就业压力。

高职毕业生就业市场机制并未完全形成，部分分割依然存在。目前，高职院校在举办招聘会时与人事部门的人才市场、劳动部门的劳务市场并没有完全扩通、衔接。虽然有些高校采用网上招聘等手段，但多数高校主要还是采取“集市型”的毕业生招聘。以至在短短的半年，相当一部分要奔波于各种招聘会，寄送上万份材料，同时，原本行业部门和企业办学的高校归纳教育部门和地方管理后，与原来的主管部门联系削弱，就业渠道不畅，专业设置上的特色逐渐消失。这也是加重就业压力的一个原因。

教学内容等与经济和社会发展的需求严重脱节，出现高校毕业生无业可就，大量企业招不到可用人才的矛盾。大量扩招加大了低水平，重复办学现象和教育质量下降，教学改革等等，同时部分毕业生及家长的就业期望值也影响高职毕业生顺利就业。

目前,大学生就业主要矛盾,还是就业的结构性矛盾,需要高校毕业生的地方和岗位很多。但有资料显示:就业难将是周期性,这与社会经济发展与其联系周期性紧密在一起。实事求是地说,高校毕业生找个工作并不是很难,难的是找一个理想的工作,因此,作为高校毕业生要确立符合实际的择业观和就业观,把个人理想和社会需要紧密结合起来,走好迈向社会的第一步。

三、高职毕业生未来就业形势分析

1.企业最缺少什么类型的大学毕业生

调查表明,企业最缺销售人才(其中批发零售、保险、生物制药和房地产行业更为突出),其次是技术研发和应用人才,再次是生产制造和工程、工艺设计和市场广告等方面的人才。但是毕业生愿意从事的工作职位前五位分别是技术研发、市场广告、人力资源管理、贸易采购和行政后勤。很多毕业生认为销售工作要看人脸色,刚毕业没有社会关系和销售渠道,销售业绩做不好,往往累得半死还赚不到钱。也有学生认为,做销售技术含量低,不稳定也不体面。有意思的是不少学生愿意从事外贸工作,认为它和一般销售不同,不仅收入可以较快提高,还可以接触到国际公司,对自己的职业发展很有利。

《薪酬报告》显示,“入世”后中国服务业需要一大批兼具专业知识和技能的营销人才,他们是市场和收入的保证,一个汽车高级销售经理的年薪约50万元,优秀的保险业务代表年薪可达百万元,但这样的人才往往有价无市,企业苦寻而难得。

2.不同专业的就业形势

外语专业学生将继续抢手,但尤其需求复合型人才。历年来外语专业学生就有比较好的去向,随着中国国际化交流程度的加深,特别是小语种,尤其日语、德语、法语、西班牙语等,可望有较好的就业前景。

“入世”后,社会最需要营销、管理、金融、财会等方面的人才,近几年来,这些专业的学生都有较好的就业去向。另外,懂得世贸组织规则的经济类、管理类和财会类人才会十分抢手。计算机、电子等经济类专业虽然需求量较大,但人才培养规模也不断增大,两长相消,信息类专业的就业场面难再火暴。

由于中文专业学生的适应面广,有一定功底,社会提供的许多岗位如编辑、记者、秘书、行政管理,都适合他们去做。对于历史、哲学、社会学和政治学等专业,虽然报考公务员可以解决这一部分专业学生的出路,但由于公务员岗位竞争十分激烈,因此将持续走下坡路,未来几年的就业形势仍难见好。

各专业毕业生就业水平虽然会不平衡,冷热不均,但是社会对不同专业的需求量会有所变动。如果能够放低期望值,愿意到西部、到基层去工作,应该说无论是热门专业的学生,还是冷门专业的学生,都可以找到工作。

3. 民营企业将成为就业机会的最大提供者

近几年来，民营和私营企业需求量迅猛增长。据某高职院校统计，90%以上的高职毕业生在民营、私营、外资企业工作。因此说民营和私营等企业已成为今后高职毕业生就业机会的最大提供者。这就要求广大毕业生，积极转变观念，不要将目光仅仅局限在大公司、大企业、事业单位上，要适应形势要求，投身到充满生机活力的民营和私营企业中去。

4. 招聘单位将更加理性化

大部分用人单位一改印象中非名牌、高学历毕业生不用的状况，现在更重视学生的综合素质和专业素质的能力。从杭州市人才交流中心提供的数据来看，2008 年杭州西博会人才交流大会近 60%用人单位要求招聘高职毕业生。一些高级技工的薪水甚至可以超过研究生。可见，用人单位更多的是从实际需要出发来选择不同学历层次的毕业生，其招聘行为的理性化程度大大提高。而这样一种环境，无疑将给高职毕业生的就业带来更大的发展空间。

5. 1000～1200 元月薪将成为毕业生求职底线

调查显示，57%的应届高职毕业生表示 1000～1200 元为求职底线，与此同时近一半以上企业认为 2008 年的应届毕业生在工作中表现平平，而近三成的企业表示如果招聘不到理想的毕业生宁可让职位空着。

6. 就业空间将进一步扩大

中国经济的快速发展提供了广阔的就业可能。国内生产总值 2010 年要比 2000 年翻一番，要求今后 5—10 年国民经济生产总值每年至少保持 7%的增长速度。专家预测每增加一个百分点，就会提供 80 万～100 万个就业岗位。加入 WTO、西部大开发战略的实施等都会增加更多的就业机会。国企改革等的逐渐完成，也将使企业在最近几年大规模储备人才。另外，由于人才流动机制的完善和大学生就业观念的改变，高职毕业生户籍管理限制逐渐放开等，大学生毕业走向和就业趋势将更加呈现出多样化和自主化。

7. 人才市场趋向在转变

据前程无忧调查显示，人才市场未来长期的趋势是，有新知识、高技能的良好品质的人才有机会，而非大学生身份，这就要求我们大学高职毕业生，必须在毕业后，继续学习各种知识，不断提高自已的综合素质。

四、高职毕业生就业的竞争优势

我国目前普通高校 2000 多所，其中高职院校已超过 1000 所，高职毕业生已占普通高校毕业生总数的 50%左右。作为高职院校的培养目标是培养社会急需的高技能应用型人才，那么高职毕业生在就业中也有自身的优势与特点。

1. 高职毕业生良好的综合素质优势

我国的高职院校与本科院校相比，具有一定的综合素质优势。因为普通高等教育体系在人才培养上存在一定的不足，我国的经济建设与社会发展需要大量的高技能应用型人才，但长期以来，本科院校培养的是研究型人才，注重理论的系统化，而忽视知识的实际应用，所以本科层次的学生中"眼高手低"的人比较多。而目前我国的工厂企业中，缺乏的是既懂理论知识，又能动手的高素质技能型人才，这样的人才是企业生产第一线的技术骨干。

企业需要技能型的技师与能工巧匠，而我国高等教育长期忽视对此类人才的培养，以致这类应用型人才长期短缺。目前我国高职院校人才培育模式适应社会的急需，培养的是具有职业生涯发展所需的基础知识与较强的应职应岗能力，团队与市场意识好、创新与奉献精神强、德智体全面发展的高素质技能型人才。通过构建校企紧密合作关系，探索工学结合模式，校企共同推进"职业岗位工作过程导向、能力本位"课程开发工程。校企共同创建"生产实训—顶岗实习"校内外一体化基地实训平台，使高职生在毕业就业时就达到职业上岗要求的综合素质要求，这就是我国目前高职毕业生就业的综合素质优势。

2. 高职毕业生的知识结构优势

长期以来，我国高等教育体制的弊端，造成了大学生的知识结构不甚合理，与人才成长规律是相违背的。本科院校开设的某些专业与社会需求脱节，教学大纲与专业设置更是力求理论的体系化、系统化，重理论教学知识传授，轻实践环节的解决问题能力的培养，丢弃职业技能的培训，社会不需要。

前几年许多用人单位还存在人才高消费的盲目性，为了吸引人才、提升企业的整体文化素质，招收了许多并不适合企业的高学历毕业生。但是在企业的实际运用中，根本就难以消化所招收的高学历的人才，成了企业的"花架子"。

相对来说，高职院校的专业设置与社会的需求紧密结合，如与企业合作实施"订单式"等多种形式的培养模式：社会需要什么专业就开设什么专业，对课程设置、教学大纲的要求与本科层次有所区别，按用人单位职业岗位的知识与能力要求开设课程，知识结构中把基本技能与应用能力的培养培训摆在突出重要的位置。毕业生在就业岗位用得上，留得住，技能专，高职教育就是就业教育，这样的毕业生受到各用人单位的大大欢迎。

3. 高职毕业生的就业期望值的优势

近年来，大学生"就业难"虽有外部环境影响，在很大程度，也是由于大学生自身存在一系列问题，特别是过高的就业选择期望值所致。劳动力价格由市场决定，人才密集必然导致人才市场中用人单位占主导地位，也就是由企业确定劳动力价格，导致劳动力价格偏低。绝大部分的在校大学生并不了解市场的实际情况，而且从经济学的角度看，由于机会成本的存在，使得大学生在求职时期对月薪的期望值偏高。而目前大学生的劳动力价格与劳动力的实际市场价格的差异正在日益加大，这正是造成大学生就业困难，甚至有业不就的原因之一。

而高职教育就是就业教育。这个层面的学生很清楚就业市场的定位，他们一般比较务实，心理预期接近市场，很少有好高骛远的想法，能就业，能达到专业基本对口就心满意足，所以在就业大军中，对高职毕业学生一般愿意接受三个面向：面向西部、面向基层、面向中小民营企业。而目前我国就业的主渠道已转变为中小民营企业，当那些本科大学毕业生还处于犹豫状态时，高职毕业生早已把就业的目标定位在中小企业、私营企业，据浙江省高校毕业生就业办公室统计，2008 届全省高职毕业生中的 85%在中小企业、私营企业就业，所以这就更显出了他们的优势所在。

4.社会用人单位对高职生的需求优势

不同类型的企业对人才的需求是有差异的。用人单位有的是劳动密集型，有的是技术密集型，还有的是资金密集型，不同的性质决定了他们对录用高职院校毕业生都有所侧重，要尽量降低人才成本。同时，用人单位对人才的需求也出现金字塔形，不可能都是使用高端人才。

目前企业除需求少数高级专门人才外，绝大多数是需要普通岗位的技术应用人才，所以当某一职位有不同学历层次竞争上岗时，企业往往会在学历相对较低的高职毕业生中选优。从学历看，高职生与本科生相比的确没有优势，但是企业希望招聘到最合适的人才，而不一定选用学历最高、最优秀的人才。从用人成本来看，高职毕业生明显符合用人单位的标准。所谓最合适就是要用得上、用得起、留得住，而用得上、用得起、留得住是高职毕业生基本特征之一。

适合高职毕业生的岗位，对没有接受过规范的职业技能教育的高学历者未必适合。我国正处在经济腾飞的发展时期，许多单位缺少的正是熟练的高技能应用型人才。而高职的培养目标定位在培养高技能型人才的社会需要上，这就是社会用人单位对高职毕业生的需求优势。

5.社会对高职院校毕业生的认可度进一步提高

现代社会的各类职业要求从业者的知识“程度高，内容新，实用性强”。“程度高”指知识量大、知识面宽；“内容新”指从业者的知识结构应以反映当今科学技术发展状况的最新知识、信息、技术为主；“实用性强”指从业者的知识要在生产、工作中有很强的实用价值和针对性，能解决实践环节中的技术应用问题。目前用人单位普遍要求求职者应聘就可上岗，具有职业资格证书等。

而这正是高职高专毕业生的优势所在。目前高职院校对毕业生实行“双证书制”即毕业证书和职业资格证书。高职毕业生的就业定位瞄准市场需求，接近市场状况，不刻意挑选单位，不分地域与条件，所以相当部分高职院校的毕业生就业率还高于本科院校的毕业生就业率，这也充分证明了社会对高职院校毕业生的认可度大大提高。

6. 高职毕业生的就业劣势

目前总体上大学毕业生就业竞争愈来愈激烈，已出现研究生向下挤本科生的岗位，本科生只好继续向下挤专科生的岗位的现象，高职院校中一些技术含量不高的专业已逐渐靠向普通的打工族的岗位，而这些专业又呈现毕业生人数剧增（一些无办学实力的高职院校，大者开办雷同的专业，招生人数过多），其工资水平已降至几百元的水平。社会上对高职毕业生也存在偏见，认为高职招生入学门槛低，高职生特点不明显，高职院校的毕业生知识拥有水平不如本科生，实践能力不如职高、中专生，虽然这都是一些片面之词，但它们对高职院校毕业的影响是客观存在的，再加上人才市场仍不成熟。用人单位仍以文凭学历选人，同时高职毕业生自身也存在的问题，不能正确看待自己，期望值过高，不能处理好人际关系等。毕竟我国高等职业教育的办学历史不长，社会上对高等职业教育存在一些误解，造成高职毕业生在与其他层次大学生的就业竞争中明显处于劣势。

第二章

高职毕业生就业程序与途径

所谓就业程序是指各级就业管理部门的工作程序，高职生求职择业程序和用人单位的招聘程序。就业途径是指高职毕业生求职的路径。作为一名高职毕业生想要作出最适合自身的选择，必须要了解有关就业的程序和途径等知识。

第一节　高职毕业生就业程序

一、就业管理部门的工作程序

（一）就业管理部门的基本程序

目前我国高校毕业生就业管理机构由三部分组成：教育部主管全国普通高校毕业生就业工作；各省、自治区、直辖市和中央有关部委分管本地区、本部门的毕业生就业工作，高校和用人单位负责本校毕业生就业的具体事宜和招聘接收及安置毕业生工作，其工作程序大致如下：

1.每年教育部根据国民经济发展和上一年毕业生就业情况，并对下一年就业工作进行调研，制定相应就业政策和工作意见。各省、自治区、直辖市、中央有关部委根据文件精神，制定出本地区、本部门的所属大专院校毕业生就业工作的具体意见。

2.教育部及各地区在每年10月底向社会和用人单位提供下一年度毕业生生源情况，包括毕业生所在学校、专业、生源地及生源数量等信息。

3.各级毕业生就业管理部门在每年11月中旬到次年5月，采取多种形式，利用毕业生就业市场等召开“供需见面、双向选择”进行招聘活动，为毕业生求职择业提供方便。

4.高校每年5月底根据生效的高校毕业生就业协议书情况，形成本校毕业生就业方案，在毕业生完成全部教学计划以后，上报上级主管部门审核，按照国家统一需求，一般在每年7月底开始根据就业方案，向毕业生签发《报到证》、派遣毕业生。

5.人事部门和用人单位8月初以后接收报到毕业生、办理户口和档案接收等手续，毕业生与用人单位签订劳动合同。

(二)高校就业工作程序

高校毕业生就业工作具有较强的时效性和连贯性，工作程序按时间先后一般为：

9月：对应届毕业生开展就业指导教育，通过就业指导课、就业讲座、模拟招聘会、就业网站等各种形式和途径使毕业生了解相关政策和掌握就业技巧。

10月份：全面总结当年度的就业工作，开始准备和上报应届毕业生生源信息，制作和发放应届毕业生宣传海报等资料工作。

11月份中旬开始：高校单独或联合组织各类不同规模的校园招聘会，各级人事劳动部门组织针对毕业生举办的各类招聘会，使毕业生与用人单位"供需见面，双向选择"，同时高校将利用各种途径收集需求信息并及时准备提供给毕业生，鼓励毕业生自主择业。

1月份：根据教育部及所属上级主管毕业生就业工作部门制定的文件要求，制定本校当年毕业生就业工作办法。

2月份：高校指导和督促毕业生落实工作单位，及时了解和帮助困难群体毕业生就业。

3月份至4月份：对落实就业实习单位的毕业生和用人单位进行走访和调研工作，毕业生签订协议或劳动合同，及时汇总形成毕业生就业方案。

5月份：协调安排毕业生离校有关的各项手续办理的准备工作，制定派遣工作安排文件。

6月份：上报毕业生就业方案，办理毕业生的离校手续，毕业生离校。

7月份：办理毕业生《报到证》相关手续，邮寄毕业生档案等。

8月份：毕业生收到报到证等，及时到当地人事部门和用人单位报到、落户等事宜。

9月底：省高校毕业生就业服务中心开始高校毕业生改派工作。

学校毕业生就业工作机构是学校与用人单位建立联系与沟通的桥梁，是就业招聘信息的集散地，而高职毕业生在择业期间，打交道最多的是学校的就业工作机构，建议每一位毕业生求职期间，多留心一下学校就业工作部门的招聘公告和信息，多到就业部门走走看看，了解相关信息。同时，毕业生在求职过程遇到的问题，也可以在那里得到帮助和解决。

二、高职毕业生择业程序

高职毕业生择业的程序主要包括：了解有关就业政策，收集就业信息、自我分析、确立目标和准备材料，参加“供需见面，双向选择”活动，就业实习和签订协议，走上工作岗位等环节。

1.掌握就业政策。高职毕业生是国家培养的高技能应用型人才，享有国家高校毕业生相关的就业政策。因此，高职毕业生在面向社会求职择业时，需要向学校及有关部门了解当年国家和省级主管部门高校毕业生就业过程中的具体政策规定，了解自己所在的学校，学校所在的地区及自己将来要去就业地区的就业政策，还需要了解自己将要从事的行业和用人单位有关就业政策，唯有如此，才能从容选择职业。

2.收集就业信息和分析。收集就业信息是就业活动的第一步，谁能及时获取就业信息，谁就获得了求职择业的主动权。因此，高职毕业生应通过各种渠道广泛收集就业信息。

(1)当前高校毕业生就业市场的供需形势信息，应包括社会经济形势，社会各类企事业单位经营状况和对毕业生的需求等，发展形势、社会各行业、各类企、事业单位经营状况和对毕业生的需求等。尤其要了解本校、本专业的社会需求情况，用人单位对毕业生的基本要求等。

(2)用人单位的信息。例如：哪些单位需要自己所学专业，需求数量是多少，用人单位生产经营状况、文化背景、发展前景、工作条件、福利待遇、对人才的重视程度及对毕业生的安排使用意图等。

(3)就业活动安排信息。比如什么时候召开企业说明会，什么时候举办招聘会或供需洽谈会等。择业的经验和教训信息。

(4)“择业过来人”的择业经验、教训，就业指导教师的体会和建议等，都会为大学生的成功择业助上一臂之力。

3.自我分析。高职毕业生要联系自身实际客观的进行自我分析。在收集信息的基础上，大学生要联系自身实际，客观、理智地进行自我分析。自我分析包括以下几点：

(1)自身综合素质、能力的自我测评。例如：学习成绩在全专业的名次、竞赛获奖情况、社会活动能力等。

(2)分析自己的性格和气质。一个人的性格和气质对所从事的工作有一定的影响。如果你能从事与自己性格、气质相符合的工作，就容易出成绩。你可以用一些测试表对自己的性格、气质进行一定的分析。

(3)自己在择业过程中，具有哪些优势，哪些劣势，应该如何扬长避短。

(4)问问自己究竟想做什么。即自己想在哪一方面有所发展，想成为什么样的人。换句话说，价值标准是什么。

4.确定目标和准备材料。自我分析目的是为了确立自己的择业目标。从大的范围来说，毕业生首先需要确定的择业目标包括以下三个方面：

(1)择业的地域范围。首先考虑是留在省城就业，还是在经济较发达地区就业；是留在本地就业，还是去外地就业。此时，既要考虑是否符合政策规定，还要考虑生活习惯及发展等因素。

(2)择业的行业范围。打算是在本专业范围内就业，还是跨出本专业到其他行业就业；是从事本专业的技术工作、管理工作、社会工作，还是从事教学工作、继续升学等。此时应多考虑自己的综合素质、能力及兴趣特长等。

(3)择业的单位类别。必须明确是去大企业，还是去小公司或报考公务员；是选择国有企业，还是选择三资企业或民营企业。在这些单位中，有哪些单位前来招聘，自己是符合条件的，自己最希望到哪一家企业或公司工作。对愿意从事教育工作的大学生，是选择中等职业技术学校，还是小学及其他教育培训机构等等。

(4)准备自荐材料。在确定择业目标之后，毕业生即可准备自荐材料。自荐材料包括学校推荐表、个人简历、自荐信及有关辅助证明材料等。这几种材料虽然单独可以使用，但各自的侧重点不同。自荐信主要表明自己的态度，个人简历主要说明自己过去的经历，证明材料强调自己所取得的成绩，学校推荐表则体现了学校对自己的认可。缺了任何一方面，自荐材料都不够完整。自荐材料是反映高校毕业生个人总体情况和综合素质的主要材料，是毕业生与用人单位信息交流的载体，也是用人单位透视大学生的一扇“窗户”和决定是否面试的重要依据。因此，自荐材料被称为毕业生求职择业、赢得面试的敲门砖。

5.参加“供需见面、双向选择”。高职毕业生在了解相关就业政策、了解就业管理部门的工作程序和就业方案的形成构成，了解就业信息，自我分析和做好材料准备的基础上，就进入下一个关键程序，即“供需见面、双向选择”。

供需见面会多种多样，有地方双选、学校双选、集中双选、分散双选等类型。由于我国就业市场尚处于逐步健全和完善阶段，针对应届毕业生大规模的“供需见面，双向选择”活动，主要由学校发起组织，即由学校出面组织，在一定的时间内将用人单位和毕业生相邀到一定的场所，进行面对面的洽谈、咨询，确定取舍。另外，各地区负责毕业生就业管理部门与人才市场也会在一段时间内举行大型的人才招聘会。

针对应届大中专毕业生的供需见面会表现出如下特点：

(1)时间性。一般集中在毕业生毕业前的最后的几个月，根据用人单位的多少，可举办若干次供需见面会，但每一次供需见面会一般在1～2天内完成。

(2)直接性。用人单位以应聘毕业生直接接触,互相咨询考察,互相展示有关资料和信息,用人单位甚至可以直接对毕业生进行一对多、一对一的面试相关程序。

(3)明确性。用人单位需求的人数、专业及基本条件,一般在洽谈前或洽谈中向学校和毕业生讲明。毕业生在洽谈中也可向用人单位询问具体要求和情况。

(4)高效性。供需洽谈后,一般情况下用人单位要宣布录用结果。毕业生也会根据录用情况决定自己的取舍,认同双方签约后,择业程序结束。

在"供需见面、双向选择"这一程序中,主办方、用人单位、毕业生各自充当不同的角色,承担着不同的职责。

主办方,即供需见面会的组织者,不仅要保障供求双方的利益,而且要努力创造良好的供需双方相互选择的环境,在会议程序、场地安排、信息宣传、安全保卫、咨询服务等方面尽可能提供周到细致的服务,并使整个供需见面会在有组织、有纪律、有秩序的状态下进行。

用人单位,是需求的一方,要在供需见面会上向学校和毕业生提供详情、准确、真实的单位状况、地域特征、工作条件、生活待遇和需求等信息。对洽谈中出现的问题,要及时与学校取得联系。

毕业生,即供方,要认真分析用人单位提供的需求信息,在洽谈见面过程中,要尽可能向用人单位提供准确、真实的个人资料和去向意愿,不明白的地方要问清楚,自己的特殊要求和看法要当场提出。在整个洽谈中,要有礼貌、勤思考、再判断。

6.就业实习与签订协议。通过供需见面会,高职毕业生与用人单位达成一致意见后,即进入就业实习期,就业实习期的期限一般为2—3个月;就业实习期对毕业生和用人单位双方都不具有约束力,若用人单位认为毕业生在就业实习期内不符合录用条件,可随时将其辞退,反过来,若毕业生对用人单位不满意,也可随时辞职,双方上述做法都不用承担违约责任;就业实习期结束后,用人单位根据毕业生在期间的表现,最终决定是否录取,如决定录用,就进入用人单位、毕业生及培养毕业生的学校三方签订就业协议书的程序,有关就业协议书的签订及注意事项后续章节有详细的说明。

7.离校和报到。在与用人单位签订好协议,并得到学校和教育主管部门的审核确认后,毕业生按时完成学业,接受毕业教育,办理好各项离校手续后离校。毕业生在收到报到证等材料后,应按照报到证规定的期限和指定的人事部门等单位办理相关手续。

三、用人单位招聘程序

了解用人单位的招聘程序，并把自己的择业活动调整到与用人单位的招聘活动较为一致的步调，有利于择业活动的有效进行。用人单位的招聘活动要经历如下程序。

1. 确定要求和招聘计划。用人单位根据自身的建设和发展状况，确定当年需要招聘毕业生的岗位、人数和条件等，同时将根据要求制定详尽的招聘计划。

2. 发布需求信息。用人单位在确定了需求信息之后会及时向外发布，以传递给高校毕业生。其主要渠道如下：

(1)向政府教育主管部门所属高校毕业生就业指导中心登记；

(2)向高校毕业生就业工作部门登记；

(3)在自己的网站上发布消息，供学生上网浏览；

(4)通过电视、报纸、广播等媒体发布需求信息。

3. 举办单位说明会。为了在高职毕业生中进行广泛宣传，一些用人单位(主要是企业单位)还会到学校举办单位情况说明会，介绍单位的建设、发展情况、人才需求情况及发展机遇、用人制度和企业文化等，并回答大学生们关心的各种问题。单位情况说明会是高职毕业生全面了解招聘单位的好机会。

4. 收集生源信息。用人单位要招聘到优秀的高职毕业生，需要广泛收集学生信息。收集学生信息的主要渠道如下：

(1)从政府教育主管部门所属高校毕业生就业指导中心及高校就业工作部门获取学生信息；

(2)参加供需洽谈会(招聘会或就业市场)收集学生信息；

(3)在网站上收集学生信息；

(4)通过学生的自荐获取学生信息；

(5)有的学生通过报纸杂志等媒体所刊登的“求职广告”，这也是用人单位获取学生信息的渠道之一。

5. 分析生源资料。对收集到的学生信息进行分析处理，初选出符合自己条件的学生，以便进行下一轮筛选。一般而言，用人单位注重的学生资料包括性别、专业、知识水平、技能证书、综合能力及素质。

6. 组织笔试。为了考核学生是否具备在本单位工作所需的基本知识、能力和素质，一些用人单位以笔试的形式选拔学生。对于笔试时间、地点、出题范围，用人单位会提前通知。

7. 组织面试。面试是许多用人单位考核毕业生综合素质的最后一关。有的用人单位还组织几次面试，每次面试参加人员及考核的侧重点各不相同。

8.签订协议。用人单位经过各项考核与实习后,决定录用毕业生,这时必须签订就业协议书。有些用人单位还会同时与毕业生签订用人劳动合同,明确双方的责、权、利。

9.上岗培训。每个用人单位对新员工都有一套培训计划。各单位培训的形式有所不同,但其目的都是一致的,即通过培训,让新员工了解企业的创业精神、规章制度和企业文化,让其掌握技能,成为一名称职员工;使新员工尽快适应新的工作环境和生活环境,尽快融入新的集体中。

第二节　高职毕业生就业途径与形式

已经市场化的就业市场,就业途径和形式多种多样,毕业生要了解并利用好有效途径,成功推销自己,通过不同形式落实就业。目前就业途径与形式主要有“学校推荐,人才招聘会,网络求职,实习,他人推荐,出国留学,自主创业”等多种方式。

1.学校推荐。高职院校经过多年的探索和实践,已经逐渐形成比较完备的毕业生就业服务体系,可通过“走出去,请进来”等方式,不间断地进行毕业生与用人单位的供需见面、双向选择洽谈工作。同时,学校推荐的用人单位可信度也相对较高。

2.人才招聘会。人才招聘会是让用人单位与毕业生直接见面,互相选择,是就业途径中最为直接、最为常见的形式。人才招聘会具有招聘单位多、专业面广、相对集中的特点,但由于人太多,不便洽谈和让双方进行更深入的了解,成功率相对较低。它的主要功能是为供求双方提供一个信息交流的机会。

3.网络求职。随着我国高校毕业生就业市场的不断发展、完善,网络求职、网上供需见面会正起着越来越大的作用。通过电脑网络提供服务,人才交流正从有形市场向无形市场延伸。

网上求职的优势是不言而喻的。首先,操作上方便快速,一劳永逸。填写“求职登记表”,键入自己的个人简历和申请信,通过网络发布的个人资料有可能吸引成千上万的招聘者访问,有时寻找一份工作甚至只要几分钟。另一方面,网上信息更新快,分类检索便捷,适应现代人的生活和工作节奏。名列全球500强的跨国公司、尖端技术领域的大企业,在网络上所列空缺职位让求职者一目了然。你还可以通过网络了解到有关公司的情况,做到有的放矢。

网上求职的缺点是目前通过网上招聘和求职尚需进一步普及、规范。但网上人才交流毕竟代表着人才市场的未来走向,上网求职将成为未来谋职者的主要求职途径。

4. 实习。实习是大学生走向工作岗位的重要阶段，是实习学生和用人单位相互了解的过程，也是毕业生谋职的最有效途径之一。实践、实习阶段的工作，既可以让用人单位了解毕业生，也可以使毕业生较详细地了解用人单位的生产、经营、管理和福利待遇等状况；通过一段时间的相互了解、建立联系，为以后的求职择业打下良好的基础。

5. 他人推荐。广大职业选择余地，最直接的办法是求助于亲戚、朋友、同学以及其他密切可靠的关系人。如一些教授和骨干教师（与对口用人单位的领导或业务骨干有较为密切的联系）的推荐，容易引起用人单位领导的重视。父母、亲友的推荐也可以帮助毕业生扩大自荐的范围，为自己的成功求职助一臂之力。

请人推荐，最好备一份履历表，便于别人从中介绍，便于用人单位对你的情况有一个全面的了解，使之成为决定是否面谈的参考依据。

6. 各种传媒。通过报纸、杂志、广播、电视等传播工具获得信息也是获得就业信息的重要途径。其特点是传播面广，信息量大，传播速度快。应尽可能查阅有关报纸和专业刊物，尤其是求职者所申请行业或公司所在地区内的报纸杂志。从这些报纸杂志上，求职者可以初步了解用人单位的有关情况，如员工人数、代表产品、广告、公司内部的机构设置、主要工作内容、将来发展方向等。而那些全国性的大报和构建级专业报刊则是了解把握行业状况、市场趋势的重要信息源。

7. 人才代理。人才委托推荐是现代人事工作的重要内容，是人事代理服务的主要形式之一，是建立有序合理的人才流动机制的一种新型的服务方式，适用于用人单位和各类人才的双向选择，特别有利于提高中高级人才的择业成功率。

求职应聘者可通过委托的方式向具有资质的人才服务机构提供有效的证件和业绩材料，明确择业方向和职位要求，提出相应的工作环境和薪资条件，如能有专家的能力评价报告和推荐书则更为完备。人才服务机构一旦接受委托，就会在商定的期限内完成向用人单位的推荐并使求职者得到专门组织的面试机会。这种委托推荐方式能给求职者提供更多的便利。

8. 自主创业形式就业。这种就业形式不仅毕业生本人能实现就业，而且能创造就业机会，因此，最受国家政策鼓励。通过这种形式就业的毕业生一般占全部毕业生的2%左右，这一比例有逐年增加的趋势。这种就业形式的毕业生，只要把自己身份在工商部门登记注册的营业执照复印件交给学校就业指导中心，其档案、户籍既可回生源地，也可落实到自主创业单位所在地。

9. 灵活就业。这种形式是指与亲友共同经商或自主创业但没有或不是以自己的身份进行工商登记，以及自由职业但有不固定的收入。采用这种形式就业的毕业生要填“高校毕业生灵活就业登记表”交学校，其档案、户籍迁回生源地。

10. 出国留学或升学。除直接就业外，还有少部分高职毕业生出国留学或升学。出国留学或升学的同学要将升学的证明或录取通知书的复印件交学校。出国留学的毕业生其档案、户籍迁回生源地；通过专升本考试升学的毕业生其档案、户籍迁往新的学校。

11. 延时就业。这种形式是指毕业生在毕业前夕，由于暂时未能找到一个满意的工作单位或其他原因，未签订就业协议，即视为延时就业。造成延时就业的原因一般为毕业生自身定位不准和心理承受能力较差等原因。延时就业的学生可以先回原户籍所在地，继续寻找就业机会。

第三章

高职毕业生求职择业的准备

所谓择业决策，是指大学毕业生为实现个人理想而进行职业取舍的过程，是大学生在择业过程中做出人生选择的一个重要环节。因此，对每一个毕业生来说，了解就业决策知识，培养和掌握科学的就业决策能力和技巧，在职业选择过程中将会事半功倍，否则就会多走弯路，影响择业目标的顺利实现。毕业生在择业决策时由于受到社会诸多因素和自身条件的限制，一定要考虑个人的能力和社会的客观要求，不能随心所欲，因此，必须遵循一定的择业原则。正确地认识和掌握这些原则，不仅有助于毕业生找到合适的工作，也有利于毕业生将来事业的发展。

第一节　高职毕业生择业的原则与技巧

一、影响高职生就业决策的因素

1. 政策因素的影响

不同时期的就业政策，体现着不同时期社会的需要，是人才资源配置的具体准则，也是毕业生就业过程中所遵循的基本规范。我国毕业生就业制度的改革，总的来说基本经历了“统包统配”和“双向选择、自主择业”两个阶段。自主择业从本质上说仍然是双向选择的体现，而不是择业者的一厢情愿或随心所欲。比如：地区和城市的人才政策、用人单位的人才制度等都将对毕业生择业产生重要的制约作用。

2. 经济因素的影响

首先，区域性经济发展的不平衡，经济发展速度快的地区往往会成为大学生择业的热点。另外，从职业的特点来说，经济的发展促进了社会职业门类的增加和分化，职业的专业性越来越强。同时，职业开始向多元化方向发展，职业不再有相对固定的范围。

3.教育因素的影响

社会上一切的教育活动都会对教育产生某种积极的或消极的影响。这些教育因素包括:家庭教育、大学前教育和大学教育等,另外社会教育和自我教育也会对大学生择业决策造成影响。我们应当认识到大学生所受到的不同阶段的教育具有互补性。各种教育内容的相互交叉和渗透,可以促进大学生整体素质的提高。因此,大学生应当自觉认识自己成长的环境与受教育的条件对个性形成的影响,并通过主观努力,改变自身不利因素,全面提高素质,为求职择业创造更加有利的条件。

4.社会因素的影响

影响大学生择业的社会因素一般包括:社会价值观,家庭意见、传统观念等。身处市场经济条件下的大学生,虽然在择业问题上受社会因素影响较多,但应确立主体意识,养成科学的思维方式,对自身条件和社会需求作出明智的判断,摆脱对父母的依赖关系,逐渐树立自主、自立、自助等适应市场经济的新观念。

二、高职生就业决策的原则

1.社会需求原则

社会需求原则是指毕业生在选择就业岗位时,应该把社会需要作为就业的前提,以社会对人才的要求为准则,正确认识和解决择业过程中的各种矛盾问题,进而决定自己的职业岗位。

社会是由人构成的,社会需求实际上就是人类的需求,人们通过不同的职业活动满足社会需求,也满足自己的要求。社会的每一步发展,都是各种职业活动共同作用的结果,社会需求促使了职业的分工,没有分工,也就不存在职业岗位的选择问题。大学毕业生在选择职业时,如果其选择是符合社会需求的,将有充分实现的可能,如果其选择是不符合社会需求的,实现的可能性将会减小。因而,毕业生在选择职业时,一定要结合国家当前的社会经济状况以及社会需求情况来确定自己的择业目标。

毕业生在择业过程中遵循服从社会需求原则时,首先应做到个人需求服从社会需求,当个人择业目标与社会需求发生矛盾时,要及时调整个人的择业目标,摆正个人的位置,从长远的、发展的目光看待自己的选择;其次,应把个人兴趣、爱好、专长与社会需求有机地结合在一起,自觉服从社会需求的客观规律,做到干一行、爱一行、专一行,在本职工作岗位上建功立业。

2.政策约束原则

政策约束原则是指毕业生在选择就业岗位时,应把有关政策作为择业必须遵守的规范。目前,我国处在社会主义初级阶段,地区经济发展不平衡,社会主义市场经济体制还不完善,人才又是社会经济发展的根本动力,为了保证社会经济的全面发展和人事制度的改革顺利进行,国家必然会制定一些政策,从宏观上来调控人才的流向和分布,其重要意义表现在以下几个方面:

首先是保证了不发达地区和重点行业对人才的需求。如对不发达地区人才政策的倾斜,重点就业计划的下达等,都较为有效地保证了这些地方对人才的需要。

其次是合理分流,避免人才的积压浪费。大城市、大机关一直以来是大学毕业生择业的热点,但是,那里的专业技术人才充盈,刚毕业的大学生在那里实践锻炼的机会太少,容易受到压抑,影响才能的施展,不利于毕业生成才,造成了人才的浪费。通过就业政策的调控可以限制部分毕业生过于集中在一个地区或一个单位,引导毕业生到基层,合理配置人才。

第三是政策约束原则是服从社会需求原则的辅助手段。政策是国家根据社会需求情况而制定的,它带有一定的强制性,可以帮助毕业生在择业时更好地服从社会需求原则。

因此,每个毕业生在择业前,都应该全面、详细地了解和掌握就业的方针、政策、规定等,在就业政策允许的范围内确定择业目标,避免走入择业的误区,确保择业决策的成功。毕业生必须掌握和了解的政策主要有以下几大方面:

(1)国家总体的就业方针、政策;

(2)所在省市的有关规定;

(3)学校有关的具体规定;

(4)用人单位吸引人才的规定;

(5)人事制度的改革和变化等。

3.学以致用原则

高职学生是国家培养的高等技术应用型人才,学以致用是高职生就业需要把握的一个首要原则。所谓学以致用,从狭义上讲,可以理解为“专业对口”。但就广义而言,两者之间又有所区别。其不同之处在于,专业对口要求毕业生“学”与“用”的专业必须完全相符;而广义上的学以致用则是指毕业生无论从事何种类型的职业,其工作的性质应与所学的专业有比较密切的关系,可以是本专业范围内的工作,也可以是相近专业的工作。为充分发挥毕业生的专长,避免人才浪费,从国家利益的大局方面考虑,要求就业必须做到学以致用。只有这样才能使高职人才资源得到合理配置,从而尽可能地发挥高职学生作为高等技术应用型人才的作用。

4.扬长避短原则

在高职生就业过程中,能否结合自己的实际,切实做到扬长避短,也是十分重要的。就业中的扬长避短包括两层含义。

首先，是指毕业生应结合个人的专业特长、性格特征和兴趣爱好选择适合自己的就业单位。其次，是指毕业生在自荐和应聘过程中，不必过于自谦和自揭短处，可以向招聘人员充分介绍或展示自己的长处，比如学习成绩、获奖记录、有利于显示自己优势的社会工作能力或其他工作经历等。

做到扬长避短，关键要知己知彼，通过与竞争对手的比较，对自己的优势和不足有一个比较客观的认识。无论竞争何种职位，应聘者都应扬长避短，不仅要考虑自己所掌握的专业知识在竞争该职业时是否具有一定的优势，还应考虑个人的兴趣爱好，看自己是否具备相应的性格特征以及是否与其所要求的气质倾向相一致。如果舍己之长，盲目应聘与自己所学专业毫不相干或与个人的兴趣爱好和性格特征相悖的职位，则成功的可能性较小。即使能找到一个自以为不错的职位，但在今后的事业发展上也难有作为。

5.就业成功原则

所谓成功就业有两层含义：一是最低目标，即成功地找到一个，能接收自己的工作单位；二是较高目标，即不仅仅是找到一个能接收自己的工作单位，还包括所找到的单位既适合自己的长远发展需要，又符合国家的需要——即这个单位是需要高等技术应用型人才的。因此，对于研究生来说，坚持成功就业的原则，首先应确立较高目标的标准。如果高职学生所找到的单位不能最大限度地发挥其作为高等技术应用型人才的作用，那么，即使这个单位其他方面的条件再好，也不能说是十分成功的就业。对那些竞争力不强的学生，应把找到单位、顺利就业放在突出位置。总的说来，一个满意的单位比一个不太满意的单位好，而一个不太满意的单位总比没有接收单位强。

要确保成功就业，首先需要根据自己的竞争实力确定一个适当的择业目标，然后把握时机，寻找符合自身条件的单位并置于优先考虑的范围。其次还应考虑应聘首选目标成功的把握如何，并事先准备相应的对策。一旦首选目标单位应聘失败，必须及时做出调整，降低某一方面的标准，重新应聘适合于自己并最有可能接收的单位，直到成功。

三、高职生择业决策的技巧

所谓择业决策的技巧，是指用以顺利完成择业活动所需要的知识、技能及个性心理品质。择业决策能力离不开有效的决策技能和方法。决策技能，是用来协助当事人考虑和评估各项条件与资料，在多种可能的方法或途径中权衡利弊得失，选择最适合的或最有利的职业的能力。

1.选准目标

选准目标是决策的开端，对整个择业过程起着定向作用。

(1)目标分析。在择业目标取向上,从总体来说,一般可分为贡献型、发展型、经济型、声望型、期待型、无取向型等六种类型。其特点为:贡献型以为社会作贡献为指向;发展型以发挥个人特长为指向;经济型以高收入为指向;声望型以社会舆论对职业的声望评价为指向;期待型以家长的期待为指向;无取向型是指自己没有明确的目的取向。在实际择业中,某种单一的取向并不多,更多的是某几种的混合型。

(2)目标依据。所谓目标依据,就是择业者确定目标的依据。择业决策所考虑的因素应是多因素的组合,只考虑单一的某个因素,可能使其目标发生偏离。择业目标的确立,是主观符合客观的反应。其依据是:从理论上来说,择业者的个人特征要与职业对人的要求相匹配,这不仅仅局限在现实上,还要从现实和发展的结合上来把握,因为个人是现实的,又是发展变化的;职业既是现实的,也是发展变化的,从择业者的主观条件来说,自我特征可以体验,可以通过咨询、测量等方式来得知,职业对人的要求也是可以通过职业知识的学习而有所把握。上述两方面的结合形成了对自己职业适宜性的认识。这是确立择业目标的主要依据。总之,目标依据就是主观与客观相符合、个人与社会相和谐、现实与发展相统一。

2. 把握机遇

机遇是人们实现其选定的择业目标的过程中所出现的有利于成功的偶然机会和境遇。把握机遇是择业决策的关键。

(1)掌握有利信息是发现机遇的基础。机遇是偶然中的必然。机遇具有偶然性和必然性两个特点。从偶然性上说,我们在择业中不知有多少信息出现。经验证明,有些毕业生在择业中,只盯着一个或几个信息,这样使得有用的信息擦肩而过,当苦苦追求而不得其果时,又懊悔当初没有抓住良机。从其必然性来说,哪个信息是有利的,为自己提供了成功的可能,这是由内部和外部条件所决定的,又根据可循。

(2)行动是利用机遇的前提。毕业生在双向选择中,虽然有了择业自主权,如果没有自主意识和自我负责的精神,择业也会非常被动。自己不去找机遇,等待机遇从天而降的被动行为是不可取的。有的人在众多信息面前,无所适从;有的人不能自己做主,被种种因素所左右;有的人在竞争面前缺乏自信,没有勇气;有的人脱离现实,异想天开,误入歧途等等。利用机遇,关键是行动。

(3)能力是把握机遇的保证。基于对每个人来说是平等的,但抓住机遇的能力又是不平等的。机遇常常光顾有准备的人。毕业生择业在同等条件下,有的善于掌握用人单位的偏爱而投其所好;有的以诚信和实意打动对方;有的以潇洒的风度赢得对方的青睐等等,这些都是能力的体现。

3.遵循程序

择业决策同其他决策具有同等的性质,决策不是瞬间的行为,而是一个动态的过程。一般来说,择业决策过程大致包含4个阶段:确定需要决策的问题或目标;搜集信息;做出决策分析;决定和实施决策方案。而在实际生活中,由于个人因素、社会因素及其他因素的制约,其决策程序因人而异、因事而异。决策过程的每个阶段所需时间和精力也不尽相同,有的也许要准备很长时间,有的也许凭悟性拿定主意。

心理学家把决策分为以下几种类型:周密计划性、一时冲动性、直观感觉性、犹豫徘徊性、拖拉延误性、听天由命性、依从顺服性。周密计划型就是完整的程序性。我们主张周密计划,把主动权掌握在自己手中。当然在一定的准备条件下,一时冲动形势、只凭感情决策也是常有的方法。如果你习惯做事拖拉、或盲从随众、或报持听天由命的思想,那么你就需要及时调节心态,强制自己按照正确的方式做事,认真遵循决策的基本程序,充分调动自己的一切能力,努力做出科学的决策和理想的选择。

4.求职材料的准备

能够胜任工作的人,不一定能获得工作,能获得工作的人,往往是那些善于表达自己的人,让对方感到你是最适合这个工作岗位的人。求职择业的过程之中,一套完美的求职材料往往能为你敲开成功之门。求职材料的准备也是一种素质。

有这样一个真实的故事:广州某报社1995年想录用一名新闻专业的毕业生,报社人事处的两名同志奉命赴上海某高校选人,他们刚刚到上海,报社主管则通知他们速到南京某大学面试某毕业生。造成这一插曲的原因是报社领导收到了南大这名毕业生的一份优秀的求职材料,打动爱才之心。由此可见,求职材料的重要性。

一套理想的求职材料,必须多侧面、立体化、准确全面地反映一个人的自然状况、专业水平、能力结构和综合素质。

那么需要准备什么呢?求职材料应该包括你的求职信、个人简历、毕业生情况推荐表、在校期间各种成果、各类证书、健康表,另外切不可忘记的是你应在所有材料前面附一页工整的“材料索引”,这可反映出你办事的条理性,不可缺少。

材料整理好后,还需设计一个封面。题目可以是“×××××学院毕业生求职材料”,并列上自己的姓名、专业,还应有学校、系别、联络电话及邮编等,以便用人单位与你联系。

第二节 高职毕业生择业的心理准备

就业是关系到毕业生个人前途和全社会稳定发展的大事，是他们人生的一次重大抉择，也是对其综合素质尤其是心理素质的一次检验。就业心理是指毕业生在就业过程中的心理状态，是影响其正确择业和顺利就业的重要因素，也是毕业生价值观的具体体现。随着大学生就业制度的改革，一方面用人单位对毕业生的挑选更为严格，另一方面，毕业生对职业的选择也更为谨慎，目前，就业形势日趋严峻，就业竞争日益激烈，因此大学生的就业心理也日益复杂，而高职毕业生在就业的过程中处于劣势，其就业心理也必将面临更多的问题，因此，认真研究高职毕业生就业心理问题与心理调适将对我们的工作有很大的帮助。

一、高职毕业生的一般心理问题

1. 就业焦虑心理

就业焦虑是指毕业生在落实工作单位之前表现出来的焦虑不安。个体对多种生活环境的担忧或对现实危险性的错误认识直接导致了焦虑。美国心理学家贝克的研究表明：焦虑水平与对伤害的不现实期望和幻想有关，所期望和幻想的伤害越严重，焦虑水平就越高。高职毕业生若个人自我定位不当，面对就业时就会遭受挫折感，精神就会处于一种焦虑状态；有的毕业生认为社会是复杂多变的，进入社会后无论从事何种职业都必须面对复杂的人际关系，而这些人际关系是他们在大学生活中少有接触的，他们认为大学校园是一块净土，踏出这块净土，失去了它的荫护，他们没有勇气去面对所谓深不可测、复杂多变的社会。高职毕业生的这种过度或持久的焦虑体验，形成就业焦虑心理，严重影响了其正常的生活和就业。

2. 自卑、保守型心理

自卑是一个人对自己的不满、鄙视等否定的情感，是对个体的得失、荣辱过于强烈的一种心理体验。具体表现为不喜欢自己、讨厌自己的缺点，常常抱怨和责备自己，希望自己变成另外一种人。当这种自卑心理严重时就可能发展为自暴自弃，甚至失去生活乐趣。高职大学生刚进大学时大都比较自信，然而在日后的比较中发现自己无论在能力、成绩以及特长、素质等方面都很一般，甚至不少方面远远落后于本科学生时，强烈的自卑感就会严重地困扰着他们，在就业时他们受当前就业环境中不良因素的影响，面对用人单位提出的各种苛刻条件和问题，不是以积极的态度去争取，而是悲观地认为自不如人，以消极的态度面对，在求职择业过程中缺少必要的主动性，往往与许多适当的机会失之交臂。久而久之就形成自卑保守型心理，不敢正面对待就业问题，在激烈的竞争面前不战而败。

3. 抑郁、压抑型心理

抑郁是指在长期持续的精神刺激因素作用下产生的一种以情绪低沉、忧郁、沮丧、自责、压抑为主要表现的精神状态。由于学历偏低、就业困难及理想与现实的差距较大等因素的长期困扰而产生抑郁、压抑心理，同时由于抑郁的心理又阻碍了其正常的就业，由此产生的挫败感又将加深抑郁，如此恶性循环长期持续就会产生反应性抑郁症。这类高职毕业生频频向其向往的单位投递求职材料，但往往很少接到回音，在漫长的回音等待中，在希望与失落之间，他们的情绪很低落，心情紧张而压抑，有的甚至对求职失去了信心。此类心理问题更增加了他们就业的难度。

4. 浮躁、盲目型心理

在求职择业过程中，这类高职毕业生面对社会上各种各样的人才招聘会和求职择业过程中千头万绪的事情，心情浮躁不安，是升本科还是就业，是暂时找个单位上班，以后再调整，还是找不到合适的单位就不就业，是选择专业对口的单位还是挑选单位的地理位置等等问题使他们难以应付，这类毕业生没有主见、盲目从众、心态浮躁，最终不会顺利升学或就业。

二、完善高职毕业生就业心理的途径

1. 准确认识自我、认识社会

要改变错误、狭窄、扭曲的自我认知与社会认知。一些学生，自认为是天之骄子，总有一种自负感，对自己期望很高，结果“高不成、低不就”。因此，大学生在就业过程中应对自己的所学专业，工作能力，爱好特长，优势劣势有一个完整的把握，不断调适自己原有的不切实际的就业取向，使自己的心理定位与择业目标要求相适应，这样才能在就业过程中克服劣势，发挥优势，找到自己较满意的工作岗位。纵观历史上有成就的人，都是从小事做起，一步一步走向成功的顶峰的。

大学生在工作中要有从小事做起的准备，这样可以克服好高骛远的毛病，使自己的求职愿望与社会需求及时对接，从根本上消除心理问题产生的诱因。同时，我们还要全面地了解社会，客观地分析自己的处境，确立竞争意识，学习失败是成功之母的第一人生哲理，养成勇于进取，勤奋学习，刻苦钻研的习惯，于是我们就有了应对挫折的心理准备。今天的大学生所处的时代是一个知识经济初见端倪的时代，需要他们迎接人生的挑战。要培养自我选择和自我负责的独立人格，相信并运用自己能力，百折不挠，自强不息，努力实现自己的人生价值。

2.情绪、情感的自我调整

情绪、情感保持稳定乐观，对人对事要有一颗平常心，对前途充满信心，敬业、乐业才能事业有成。如果遇到了各种就业问题不会进行及时的自我调整，就不可能有一个健康的心理。对此，要树立正确的世界观和方法论，遇事能够以集体利益为重，做到学习第一，工作第一，他人第一。多一分宽容，多一分理解，心情也会多一分阳光。还要注意掌握一些进行自我调整的方法，如知足者常乐，转移注意力，学点幽默，寻找乐趣，等等。

3.建立良好的人际关系

良好的人际关系对一个人来说大有裨益。一是可以从帮助他人之中去寻求快乐，即我们常说的助人为乐；二是思想上结了疙瘩，遇到了想不通的事，可以和知心朋友去交流，向人家诉一诉苦，甚至可以宣泄一番，发一发牢骚，得到理解和帮助；三是能够做到经常进行自我批评，懂得谦让，不为一些小事和他人斤斤计较。

4.学校、社会积极开展大学生择业的心理指导和咨询活动

针对高职毕业生在就业过程中产生的各种心理问题及其普遍性，学校、社会应给予高度关注，并采取相应措施，如举办就业技巧、就业心理准备、就业心理问题消除等方面的培训，帮助大学生客观的认识自己，做到正视现实，敢于竞争，不怕挫折，放眼未来。进行就业教育和择业指导，开展创业教育，增强其创业、竞争、挑战意识。坚持开展自主创业教育，树立正确的职业思想和择业观念。

三、高职毕业生就业心理的自我调适

就业本身就是毕业生认识和适应社会的一个过程，在求职过程中遇到困难，甚至经过几次挫折才最后成功是正常的；在就业中遇到许多心理冲突、困惑，产生一些不良情绪也是正常的。要教育高职毕业生在遇到就业问题时及时调整心态，从容、冷静地面对就业这一人生重大课题，并做出正确、理智的选择。

1.适当调整就业期望值

就业市场化、自主择业给大学生带来了机遇与实惠，但一部分高职毕业生对就业市场残酷的一面认识不足，对就业市场的客观实际了解不够。经过对就业市场、就业形势的客观了解与深刻体验后，高职毕业生必须面对现实、接受现实，不能怨天尤人。同时高职毕业生要适当调整就业期望值，有一种说法是“求上得中、求中得下”，意思是说对事情的期望值不要太高，因为事情的结果往往和所预想的有一定差距，要有从最坏处着想，向最好处努力的思想准

备，在职业生涯规划和职业发展观念上确定自己正确的人生轨迹，要树立长远的职业发展观念，放弃过去那种择业就是“一次到位”，要求绝对安稳的观念。在择业时要看得长远一些，学会规划自己整个人生的职业生涯。在当前高职毕业生学历、素质还有待于提高的前提下，获得一个十分理想职业的时机还不成熟，应采取“先就业，后择业，再创业”的办法。先选择一个职业，在工作中不断提高自己的社会生存能力、增加实际经验，然后再凭借自己的努力，通过正当的职业流动，来逐步实现自我价值。许多高职毕业生不愿意去经济落后的地区工作，可是随着国家政策的倾斜和贫困地区的发展以及西部大开发的进行，这些地区将成为经济发展的热点，也将给毕业生们提供更多的发展机会，因此抢先到这样的地区去工作可能会更有利于自己的职业发展，取得事业的成功。

2. 建立合理的职业价值观

对于当代大学生来说，职业对个体的意义已远远不是仅仅满足生存的需要，职业的价值是丰富的，我们要充分认识到职业对个体发展、社会进步所起到的重要作用，因此，高职毕业生在择业时也不能只考虑工作的经济收入、工作条件、地点等因素，更要考虑职业对毕业生自我一生发展的影响与作用，应看重职业能否帮助实现自我价值。因此，要在考察社会需要的基础上，树立重自我职业发展、才能发挥、事业成功的职业价值观。对于那些虽然现在工作条件较差，但发展空间大，能充分发挥作用的单位要优先考虑；对于那些现在经济发展水平不太高，但发展潜力大，创业机会多的工作地点也要重视。高职毕业生要建立适合自己发展需要的、合理的职业价值观，实现正确择业。

3. 正确认识社会，正确认识自我，主动寻找机遇

高职毕业生择业要知己知彼。知彼就是要了解择业的社会环境和工作单位，正确认识面临的就业形势，了解用人单位的需要。知己就是实事求是地评价自己，对自己有正确的认识。要客观、正确地认识自己德智体诸方面的情况，自己的优点和长处，缺点和短处，自己的性格、兴趣、特长，要明确自己想做什么，高职毕业生应在择业前进行职业能力倾向测试，了解职业特点，找到适合自己的职业方向，扬长避短，用发展的观点来看待自己，要知道自身存在的某些缺点并不可怕，可以先就业然后在工作岗位上不断克服缺点、发展和完善自己。多参加招聘会，主动寻找机遇，并根据已定的择业标准进行选择。机遇并不是对任何人都适用的。一个工作的好与不好，是相对的，对别人合适的，对自己不一定合适，对本科生合适的，对高职生不一定合适，因此一定不能盲从，要时时记住，只有合适自己的才是最好的。还要注意机遇的时效性，在发现就业机会时要主动出击，及时把握，不能犹豫，也不要害怕失败，应有敢试敢闯的精神。

4. 坦然面对就业挫折，提高心理承受能力

高职毕业生在求职中遇到的挫折要比本科生多，这时，应该用冷静和坦然的态度待之，客观地分析自己失败的原因，进行正确的归因。首先，在就业市场化、需求形势不佳、就业竞争激烈的条件下，出现求职失败是在所难免的，不能期望自己每次求职都能成功，要知道即使是本科生也很难一次择业成功，要对可能出现的求职挫折有充分的心理准备。同时，应把就业过程看作是一个很好的认识社会、认识职业生活、适应社会的机会，通过求职活动来了解自己、认识自己、发展自己，促进自我成熟。其次，求职失败并不一定就是因为自己的能力不行，高职毕业生有自身的优势，出现求职失败有许多原因，可能是因为选择求职单位的方向不对，也可能是因为自身的价值观与单位的企业文化不符合，还有可能是其他一些偶然的因素。总之，要正确分析自己失败的原因，调整自己的求职策略，学会安慰自己，以便在下次的求职中获得成功。

5. 积极调整心态，促进人格完善

在求职择业过程中，高职毕业生应当自觉提高自我心理调适的主动性，当自身心理平衡难以维持，即将产生或已经产生心理障碍时，应当根据自己心态的实际情况，选择各种诸如自我静思法、自我转化法、自我适度宣泄法及理性情绪法等自我心理调适方法来调节自身心态，重新建立心理平衡。首先，可以进行积极的自我心理暗示，鼓励自己、相信自己，帮助自己渡过难关。其次，可以向朋友、老师倾诉，寻求他们的安慰与支持。最后，还可以通过体育锻炼、听音乐、郊游等方式转移自己的注意力，排解心中的烦闷，放松自己的心情。通过对自己在就业时出现的种种不良心态的分析，可以发现自己平时不容易察觉的一些人格缺陷。应该说这些人格缺陷是产生这种就业心理问题的根本原因，如果现在没有很好地完善自己的人格，那么这些问题还会对今后的工作、生活带来困扰。因此，要正确面对就业过程中自身暴露出来的问题，不必为自己所存在的人格缺陷而懊恼，因为绝对的人格健全者几乎是不存在的，关键是要在发现自己的问题基础上，积极改变自己、发展自己，使自己的人格更加成熟，顺利就业。

高职毕业生是国家的财富而不是“包袱”，他们是社会和国家的有用之才，目前，我国仍然是人才资源缺乏的国家，积极教育高职毕业生合理定位、顺利就业，纠正当前高职毕业生就业教育中的一些模糊认识，不以成功论英雄，不以学历降人才，使三百六十行的各个层次，都有大学生的身影，这样才能使整个社会得到和谐、健康、持续的发展。

第三节 高职毕业生就业知识技能准备

一、高职毕业生应具备的知识结构和能力

1.适应职业发展的需要

高职教育面向职业培养人才,职业自身的发展规律对从事该职业的人有着客观的要求。所以,研究职业及其发展,对职业教育人才知识结构的确定是十分必要的。人才的知识结构要与社会广泛需求的职业群及相关的职业岗位技术标准相适应,我国出台的一系列职业岗位技术标准是制定职业教育课程目标的前提基础;高职院校学生毕业后大多到中小企业就业,他们的员工培训成本低,希望招进人员马上可顶岗,这就要求学生就业前能受到全面的综合职业素质训练;此外,越来越多的现代企业开始意识到,员工良好的思想道德是一种延续性强并能产生巨大经济效益的生产力,是企业可持续发展的精髓。诚信与责任,是个人与企业可持续发展的精神动力。因此,现代企业将高尚的品格,诚信、正直作为录用人才的首要原则。学校教育必须适应现代企业用人标准的需求。

2.适应学科发展的需要

高等职业教育虽不是学科教育,但某一职业往往是以某一个或几个学科的理论与方法作为基础的。因此,人才的知识结构应能满足岗位技能需求,并体现基于应用的(非学科)知识与技能的系统性。如对于计算技术与应用专业,随着计算机学科理论与技术的发展,计算机文化基础的普及速度不断加快,非计算机专业的学生计算机应用水平在逐步提高,人才知识结构的确定应能明显区分计算机学科知识的大众文化取向部分与信息技术取向部分。

3.适应学生自身发展的需要

学生在高中阶段及其以前初步形成的各种素质需要巩固、完善和全面提高,学生在校期间需要进行自己的职业生涯规划,人才知识结构的确定应能满足学生职业能力发展的需求,对学生的职业生涯规划和职业选择起到良好的导向作用;由于高职院校生源复杂、参差不齐,在学习过程中表现出较大的个性差异,课程体系应能适应不同层次、不同爱好的需求,使学生能够按照不同的职业方向个性化成才;高职教育是职业教育,同时也是学历教育,学生的个体发展是与社会的发展交织在一起的。人才知识结构的确定不但要符合学生身心发展的规律,而且还要适应社会发展,使学生的交往合作能力、职业行为能力、自我完善与发展能力等得到全面提高,以保证学生目前和未来的社会生

活需要。

二、适应职业所需的专业特长和素质

为了满足现代社会发展的需要，按照现代职业人的特征，高职院校学生应具备以下几方面的素质：一是现代职业岗位素质。即相应职业岗位所需的专业理沦知识、操作技能和专门技术。二是现代职业意识和职业观念。能从观念上解决个人职业生涯的方向问题。三是良好的职业道德。爱岗敬业，诚实守信、顾全大局、做事专注，有职业责任，有职业信誉，享有做事的机会。四是现代职业礼仪。能尊重他人，仪表优雅、大方，行为举止规范，谈吐健康得体，享有机会的优先权。五是现代职业精神。乐观自信，追求卓越；勇于开拓创新，突破自我；胜不骄、败不馁，有责任感，享有永恒竞争力。六是适应变化。善于与他人沟通，善于推销自我和人际交往，懂得换位思维和赞扬他人，善于收集信息，并进行科学有效的管理，不断提升自己。现代职业素质是建立高职人才知识结构的基本依据，上述内容可以概括为两部分，即现代职业岗位素质和人文科技素质。高职人才应具备的能力相应可表述为：职业岗位能力和个人持续发展能力。2006 年，某知名民营企业到浙江省下沙高教园区进行高校校园宣讲招聘，共走访了 6 家高校，其中不乏省内著名的本科院校。当时计划招聘 15 名销售人员，有近 300 名大学应届毕业生应聘。经过初试、复试层层筛选，最后录用的 14 名学生中有 12 名是某高职院校的学生，另 2 名是本科生，很多本科生在选拔过程中被淘汰。分析原因是该高职学校学生营销专业知识扎实，在校期间参与了较多的社会实践，动手能力、组织协调能力、表达能力都较强，在应聘过程中也占有了一定的优势。

三、适应职业所需的职业技能证书

国家制定职业资格证书和劳动准入制度的一个基本出发点和落脚点，就是加快促进改善人力资源素质结构和提高人力资源素质水平。为了适应我国经济发展需要，帮助高职毕业生提高业务素质，更好地为企业服务，同时也为促进人力资源，高职学生在校期间取得一定的职业技能证书，在提高自身综合素质的同时，对增强今后应聘的竞争力有着很大的帮助。不同的专业有不同的职业技能要求，下面举例一些专业技能相关证书，供参考：

市场营销：中级营销师证书、助理营销师职业资格证

汽车电子技术：维修工证书、驾驶证

汽车检测与维修：汽车修理工证书、驾驶证

电子商务：电子商务师证书

人力资源管理：人力资源师证书

物流管理:物流师证书

保险:保险从业资格证

会计:会计从业资格证

数控:数控车工、数控铣工、加工中心操作工

计算机:网页设计师、硬件技术工程师、计算机水平考试(二级)、硬件维护工程师

图形图像制作、计算机多媒体技术:NACG Flash 动画工程师(一级)、NACG 三维动画工程师(一级)、NACG 网页制作工程师(一级)、NACG 图像处理工程师(一级)

水利工程:工程测量工

电力系统自动化技术:维修电工、电气值班员

工程造价:工程测量工

旅游管理:导游资格证

文秘:文秘资格证

新闻采编与制作:广播电视编辑记者证

应用电子技术:CAD 证书、Protel 证书、电工证书

第四章

毕业生就业求职的方法与技巧

高职毕业生正确的就业求职方法与技巧有助于就业目标的实现。在全球金融风暴肆虐的今天，就业形势日趋严重，对于毫无社会经验和工作经历的高职毕业生来说，就业求职中往往感到束手无策，主要原因是他们缺乏就业求职正确的方法和技巧。因此，高职毕业生在就业求职的环节中，采用正确的方法与技巧就显得十分重要。本章就高职毕业生如何搜索求职信息、求职自荐材料的编写方法、自荐的方式与技巧以及网络求职的方式与技巧进行介绍。

第一节　搜集求职信息

求职信息是毕业生求职择业的基础和必备条件。及时获得有效的求职信息，对于毕业生的就业至关重要，搜集求职信息是高职毕业生求职的第一要务。

一、求职信息的作用

21世纪是信息时代，信息与人们的各种活动息息相关，一个人获取的信息量的多少，会成为决定事业成功与否的关键。求职就业也不例外，拥有真实、准确、针对性强的丰富的求职信息，是高职毕业生迅速就业的可靠保证。

1.了解当前的求职形势及就业政策

了解当前国内外的经济发展形势，可以得到目前社会的人才需求和用工情况等信息，从而可以判断自己当前所面临的就业形势是否严峻，有助于高职毕业生在求职择业时，进行合理的定位与选择。而掌握国家和所在省、市的有关就业政策，更是高职毕业生求职择业的重要步骤。大学毕业生的就业政策是国家根据经济建设和社会发展的需求而制定的有关就业规则，它会依据国家政治经济形势的发展而不断变化，各地和各部门以及各高校也会根据国家的有关政策，结合本地区、本部门和本校的实际情况制定各自合适的就业政策。因此，高职毕业生在求职择业时，能了解和掌握所在学校和地区以及国家的就业政策及就业管理方面的工作流程，及时把握每一次求职机会，可以在求职择业过程中少走弯路，及早实现就业目标。

2. 得到更多的就业机遇，做到有的放矢

对于高职毕业生来说，上有研究生、本科生，下有中职生、技校生，就业的选择余地不大，一条有效的求职信息，就是一次就业机遇。随着全球金融风暴的演变，国内外经济发展形势不容乐观，企业效益直线下降，企业用工明显减少，有的企业甚至开始裁员。面对如此严峻的就业形势，高职毕业生获得的信息越广泛，求职就业的成功率就越高。同时，信息多，机会就多，可以针对自己的特长与技能选择合适的工作岗位，从而做到有的放矢。所以，高职毕业生掌握的求职信息越多，越能找到适合自己的工作岗位。

3. 可以发现自主创业的机遇

当前国家非常重视大学生的创新创业能力的培养，针对大学毕业生的自主创业，国家出台了不少优惠政策，例如浙江省十分重视大学生的“两创”（创新创业）活动，对应届大学毕业生的自主创业制定了具体的资金资助和减免税的优惠政策。因此，通过了解大量的求职信息，对于一部分已具备自主创业条件的高职毕业生来说，可以得到不少创业的有效信息，获取一些创业的机遇，从而使高职毕业生在自主创业和自我发展中实现人生的价值。

二、求职信息的内容

求职信息的内容是高职毕业生必须了解清楚的信息。这些信息归纳起来主要有这样一些：用人单位的全称、性质及隶属关系；用人单位的组织架构、投资规模、员工数量；用人单位的业务经营范围；用人单位的财务状况、绩效考核和薪酬体系（含工资、奖金、福利待遇等）；用人单位的工作地点、总部及分支机构的业务范围与地理分布；用人单位为员工提供的培训及发展空间；用人单位需要的专业技能、具体工作岗位及对所需人才的具体要求；用人单位的企业文化、工作环境、单位领导的相关信息；用人单位的发展历史、发展目标、效益以及在行业中的排名；用人单位的联系方式，如人事部门联系人的电话、E-mail、通信地址、邮政编码等。

此外，毕业生特别应了解用人单位的用人理念，如用人单位是强调学历呢还是注重实际工作能力；用人单位是否刻意强调具有工作经验等等。如有一家著名企业对求职毕业生的基本要求是：成绩优秀、品行优良，有良好的团队合作精神；毕业证、报到证、职业资格证三证齐全；非英语专业毕业生通过国家四级英语和计算机二级以上考试；身体健康、无精神病史、无传染性疾病。

全面了解用人单位的上述信息，可以使高职毕业生的求职就业目标更为明确，能更好地结合自己的特长与优势去寻找最适合自己的工作岗位，岗位贴近度更高，从而提高了高职毕业生的就业成功率。

三、求职信息的获取渠道

求职信息的获得对高职毕业生选择职业起着举足轻重的作用。在当今全球金融风暴发生之际，就业形势日趋严峻，就业不仅是实力的竞争，也是信息的竞争。大学毕业时的黄金择业期只有短短几个月时间，高职毕业生应该认真把握好这个时机，通过各种渠道广泛、全面地收集求职信息，为就业做好充分准备。

高职毕业生的求职信息获取渠道主要有以下六个方面：

1.学校就业指导机构

依据教育部有关文件精神，各高校均已成立了毕业生就业指导中心（许多学校的二级学院或系部也相应成立了就业指导服务小组）。在每年毕业生就业阶段，学校的就业指导中心都要向用人单位输送毕业生，与许多企事业单位保持着密切联系，并与用人单位的人事部门长期合作，建立相对稳定的工作关系。同时，学校的就业指导中心在每年11月至次年4月会专门组织各种形式的毕业生洽谈会，用请进来、走出去的方式，千方百计为毕业生搭建求职平台，在毕业生与用人单位之间架起一座座信息之桥，从而使毕业生获得求职的丰富信息。

从学校就业指导中心获取的求职信息针对性强、信息量大、可信度高、求职的成功率也高，它是高职毕业生获取求职信息的重要渠道。

2.各地人才交流中心、各种高校毕业生专场招聘会

国家为了推动每年毕业生的就业工作，各省市县（区）均成立了人才交流中心，各级人才交流中心定期会举办各种人才招聘会。针对每年毕业生求职时段，各级政府或教育主管部门根据不同的学历层次、不同的专业分类举办高校毕业生专场招聘会，如每年12月份浙江省教育厅举办的浙江省高职高专毕业生专场招聘会。招聘会是高职毕业生求职信息获取的重要途径，这种信息渠道具有信息量大、交流直接等特点，从中可以获得丰富和全面的信息，有利于高职毕业生求职视野的拓展。

值得一提的是，人才交流中心举办的招聘会具有一定的针对性，有些甚至以招聘有工作经验的人才为主，所以在赶赴人才招聘会前，毕业生应了解招聘内容，避免盲目赶场。而高校专场招聘会往往比较拥挤、人满为患，用人单位很难保证有时间与每个毕业生进行面对面的交流，因此，高职毕业生必须针对自己的技能与特长，有选择地找单位应聘，否则，会浪费时间，求职简历也会石

沉大海。

3.电视、广播、报纸等新闻媒体

在新闻媒介高速发展的今天，广播、电视、报纸等新闻媒体受到了用人单位和求职者的共同青睐。各种媒体在大学生毕业求职择业的关键时段发布用人单位需求信息和招聘信息。还有各地的《人才市场报》、《早报》、《晚报》等报刊以及电视、广播等媒体都会以不同形式定期或不定期地提供人才供需信息，为高职毕业生提供求职信息。

4.互联网信息

当今世界是互联网盛行的信息时代，互联网的信息资源已成为大众工作和生活的必需资源。越来越多的用人单位也开始选择在网上招聘员工或提供人才供需信息，高职毕业生可以快捷地从网上获取求职信息。必须注意的是，互联网是一把“双刃剑”，网上的求职信息良莠不齐，必须认真审核网上的求职信息，以防受骗上当。

5.社会关系网

高职毕业生求职过程中，应充分发挥学生拥有的社会关系网的作用，调动周围的亲朋好友为你的求职提供信息和帮助。以当今中国的国情出发，多数用人单位更愿意录用经人介绍或推荐的求职者，他们认为这样录用进来的人比较可靠、更放心。所以，高职毕业生必须有效地利用身边的亲朋好友等社会关系网资源，以推动自己的求职就业。

值得注意的是：社会关系要靠自己去充分发掘，使用途径也应正当，切不可为了求职信息的获取而不择手段。一般可以为你提供求职信息的社会关系网有家长、亲友、老师、校友等。

6.曾经实习过的企事业单位

高职生的假期社会实践和综合实习活动，不仅锻炼了高职学生的专业技能和社会知识，还为高职毕业生获取求职信息提供了又一重要的信息渠道。因为你实习过的企事业单位对你已经有所了解，同时你也了解实习单位的情况，包括它们的用人需求的情况，聪明的学生就会把握好实习机遇，展示自己的才华和综合素质，如果用人单位满意你的表现，会首先录用你这样的高职毕业生。所以在参加假期社会实践或毕业实习时，应注意选择的单位和自己的就业意向尽量挂钩。深入了解所去单位各方面的情况，并争取在社会实践或毕业实习过程中有突出表现，若你在社会实践或毕业实习过程中各方面表现优秀，该单位在录用过程中，肯定会在众多的应聘毕业生中首先选择你。

四、求职信息的筛选和使用

从以上各种渠道收集到的求职信息内容可能杂乱无章、虚实兼有，有些甚至真假难辨。因此,高职毕业生在广泛收集求职信息的基础上,应结合自己的实际情况,依据国家和当地的就业政策和法规,对求职信息进行一番去伪存真、去粗取精的整理筛选,使筛选后的信息具备准确性、全面性和有效性,从而使信息更好地为自己的求职服务。

1. 求职信息的筛选

对于多种多样的求职信息,首先要学会鉴别它们。一些招聘者出于损人利己的目的,利用毕业生求职心切、好高骛远、追求名利的心态,发出带有欺骗性、诱惑性的求职信息,一些高职毕业生常常兴高采烈去面试,过后却大呼上当受骗。轻则求职未成,浪费宝贵的时光和精力,重者人财两空,错过就业黄金时段。因此,在收集求职信息同时,必须鉴别它的真伪,要根据自己的实力筛选,更要去掉虚假信息。其次,要注意抓住重点,选择适合自己的求职信息,这也是筛选求职信息的重心所在。信息对自己是否重要,其依据就是是否适合自己。要面对现实、实事求是、与时俱进,高职毕业生求职定位一般不宜过高,切忌好高骛远、人云亦云、迷失自我、爱慕虚荣,而应根据自己的实力和技能量力而行,量"能"择业,量"才"定位。

2. 求职信息的使用

在初步筛选求职信息的基础上,必须从以下两点来使用信息:

一是迅速地做出正确的选择。择业的成败在很大程度上取决于对求职信息如何选择。求职信息有很强的时效性,高职毕业生必须在较短的时间内从已筛选的求职信息中迅速发现最有用、最重要的信息,作出正确的求职选择。

二是要善于开拓,迅速反馈。许多信息蕴含的价值往往不能直观体现,但经过使用者的深入思考、挖掘,才真正能发现它的重要价值,这就需要善于开拓信息渠道。同时,信息又具有很强的时效性,及时用之是财富,过期用之是垃圾。求职信息一旦选定,就应不失时机地主动与用人单位联系应聘,及时询问应聘方式、时间、地点和要求,并准备好自己的应聘材料,及时递上,使求职信息尽早成为供需双方深入沟通的切入点。否则,不能及时利用求职信息作出反馈行动,就会错失良机。

第二节　求职自荐材料的编写

求职自荐材料是求职者为了获得就业岗位的目的而向用人单位递送的有关个人学识水平、专业技能、综合素质等多方面情况的个人信息文本资料。

一、自荐材料的准备

求职自荐材料的准备是求职择业过程中一个重要环节，也是高职毕业生以书面形式与用人单位的第一次接触，它关系到求职的成败。

1. 求职自荐材料的内容

①个人简历。主要内容包括个人自然情况、主要经历、个人特长、担任过的社会工作和取得的各种荣誉等。最好设置成一目了然的表格形式，表格上方应贴上一寸免冠近照。

②毕业生就业推荐表。一般由系或二级学院填写推荐意见，这张表由于是组织对毕业生的全面评价，用人单位一般比较重视。

③学校出具的毕业生学习成绩单。这是反映毕业生在大学期间学习成绩的证明，应由学校教务部门填写、盖章。

④各种证书和证明。这包括在校期间的各类获奖证书、各种职业资格从业证书和技能证书、取得的各种成果证明、担任过的各种社会职务证明材料等。

⑤报刊上发表的论文或文章。

⑥实践环节的相关材料。这部分包括假期实习和顶岗实习等相关材料，用人单位非常重视毕业生的工作经历，因此，这部分材料不能漏掉。

2. 求职自荐材料的要求

对于个人简历，应简单明了、突出个人擅长和特点，不宜过于繁杂，只需实事求是就行。但高职毕业生准备求职自荐材料时仍需注意以下几点：

①只提供复印件。由于各种证书、证明，包括《毕业生就业推荐表》只有一份原件，且遗失无法弥补。若希望用人单位相信你的各种证书、证明没有虚假，毕业生不妨将你证书、证明原件出示给用人单位看一下立即收回，或者将原件给系或二级学院相关老师审核，让老师在你的证书、证明材料复印件上再加盖系或二级学院的公章。

②学习成绩单上的课程应重点突出专业背景较强的专业基础课程、职业能力支撑课程和职业能力核心课程（含选修课）。

③切忌弄虚作假。有些毕业生出于虚荣心等原因，擅自增加材料的“含金量”，把成绩“提高”，克隆证书、证明等等，到头来被用人单位发现，不仅丢掉岗位，而且还会影响毕业生的前途和学校的声誉。因此，所有求职自荐材料必须真实可靠，经得起推敲。否则，材料弄虚作假只会弄巧成拙。

④求职自荐材料应用字规范、条目清晰。可以把求职自荐材料装订成册，加以简单装饰，成为一份精巧的求职档案，给人一种耳目一新的感觉。

⑤联系方式明了准确。一定要留下本人的联系方式，但注意不要留家庭

地址和家庭电话，以防被别有用心之人利用。

二、求职信的撰写技巧

求职信实质上是求职者在筛选需求信息后，为了获得岗位有目的、有针对性地对不同的单位做自我介绍并表达求职愿望的信函。求职信无非要表达两层意思：一是表达你想去的岗位；二是表达自己竞争这个岗位的实力和优势所在。用人单位在阅读求职者个人资料时，首先会看到求职信。因此，求职信的撰写十分重要，求职信无论在文体上还是在内容上都必须给阅读者留下深刻的好印象。下面我们来谈一下求职信的撰写技巧。

(1)开门见山，有的放矢。求职信的一开始就应开门见山，挑明自己是针对某一具体岗位而写的。内容力求吸引对方，引起对方的兴趣和注意，应尽可能表现出自己对该用人单位的熟悉，切忌套话、空话等。

(2)简明扼要，言辞贴切。求职信不在于长，而在于精，内容集中、明确，语言精炼、篇幅短小精悍，既要行文如行之流水，酣畅淋漓，又要言简意赅、言辞贴切。求职信的阅读者大多是用人单位人事主管或单位负责人，他们不会把很多时间浪费在阅读冗长的文章上，废话连篇的求职信只会引起反感。

(3)富有个性，标新立异。写好一封求职信，也像精心策划一则广告，要不落俗套，立意新颖，以独特的语言及多元化的思维方式，给用人单位留下深刻的印象，引起兴趣和注意。写出自己的愿望、心情和信心等，表明自己所特有教育、技能和个性特征将会为用人单位做出特殊贡献。

(4)以情动人，以诚感人。求职信要有感情色彩，语言精彩纷呈，有助于交流思想、传递信息、感动对方。同时，以诚相待、坦诚言辞、以诚取信，只有诚于中才能开于外。要做到以诚感人就要言而有信，优点要突出，缺点不隐瞒，恭敬而不拍马，自信而不自大。

(5)求职信不能出现错别字，不能使用涂改液或橡皮擦，纸张不要沾上污迹，以表示对人的尊重。古人云："字如其人，文如其人"。工整的字体使人心情舒畅，潦草的字迹令人生厌。

一份漂亮精彩的求职信，向用人单位全方位展示你的风采，必将迎来你求职的成功之门。

三、个人简历的制作

个人简历是毕业生实际情况的自然陈述，是自己所受教育、学历、能力及实践经历等的描述。从某种意义上说，个人简历是通向求职择业的入场券，一份好的个人简历不一定会获得工作，但一份糟糕的个人简历肯定会让你淘汰出局。因此，个人简历的制作，对高职毕业生的求职十分重要。

1. 个人简历的内容与类型

个人简历的内容应包括个人信息和用人单位所要了解的信息。一般应具备以下几个部分：

(1)个人基本情况。包括姓名、性别、出生年月、籍贯、民族、政治面貌、学历、学位、毕业院校、主修专业、毕业时间、健康状况、身高以及爱好与兴趣等。

(2)教育和培训背景。主要包括大学阶段的主修、辅修与选修课科目(列出成绩单),尤其是要突出能体现所求职的岗位所需的相关教育科目和培训知识,使你所接受的教育及培训的专业技能与用人单位招聘条件比较吻合。建议这部分采用倒叙的方式来写,直接从最接近的事情入手,让简历的阅读者更容易获得重要的信息。

(3)所获的技能证书、从业资格证书、所获得的荣誉及个人特长。这其中包括外语、计算机水平的等级证书以及在校期间的三好学生、优秀团员、优秀学生干部、各级颁发的奖学金以及参加各种技能大赛的获奖情况等。这部分内容大多应附上证书、奖状的复印件,以表明材料真实可信。个人在某些方面有过人的才能,如高职毕业生取得了大学英语六级证书或者取得某一专业技能大赛的国家级、省级大奖等,都可重点阐述表达,以引起用人单位的兴趣。

(4)个人的实习、实践工作经历。当今社会,用人单位非常重视大学毕业生的实践经历和工作能力。因此,这部分应列出个人在大学阶段所担任的社会工作和职务,在校内外从事勤工助学、志愿者、义工、兼职、社团活动、实训实践中承担的工作(最好有实践工作单位盖章的社会评价)。

(5)求职意向及个人联系方式。求职意向应明确地表明个人对哪个岗位感兴趣,这样的岗位不能多选,一般写 1～2 个为宜。个人联系方式应列出你的电话号码、手机号码、E-mail 地址,QQ 或 MSN 等联系方式。在求职择业期间,高职毕业生应注意不要频繁地变换手机号码或 E-mail 地址,以免失去宝贵的求职面试机会。

2. 撰写个人简历应注意事项

个人简历的撰写应简单明了,思路清晰、实事求是、坦诚自信、格式新颖。同时,应注意以下事项:

(1)材料真实可信,基本要素齐全。上述所列出的五项内容必须实事求是、真实可信,且各项要素不能遗漏。

(2)突出个人擅长,展示过人之处。好的简历,不仅要把个人的基本要素陈述全面,更重要的是要体现自己与众不同之处。用人单位在毕业生招聘过程中会收到成百上千份简历,相同或相近的专业课程大同小异,能首先进入用人单位面试名单的无疑是简历上有擅长、有个性特点的毕业生,因此,高职毕业生在平时应注意培养个人的专长和个性,在撰写个人求职简历时更应突出自己的擅长与个性。

(3)简历描述应具有针对性。这里的针对性是指针对求职岗位。要有针对性地根据应聘岗位制作简历。高职毕业生可以准备几个不同版本的简历，针对不同的工作岗位，一定要投不同的个人简历。简历中突出展示自己的部分应与应聘岗位之需要相吻合，针对性越强越好。

(4)语言表达精炼，修饰得体。个人简历是以最简单的语言陈述个人的基本情况和阅历。因此，语言力求言简意赅，切忌浮夸、繁琐。对于个人简历的包装要以简洁、美观、大方为宜。

第三节　自荐的方式与技巧

高职毕业生经常会出现这样的情况：各方面条件相当的同学，有的选择的工作很理想、很合适，而有的则很不理想。除了求职机遇因素以外，方法和技巧问题也至关重要。本质上看，求职择业也是一门艺术，它是就业成功的重要因素之一，而自荐是高职毕业生走向就业成功的重要环节。自荐即自然推荐，让用人单位认识自己，了解自己并最终选择自己获得面试机会。

一、自荐的方式

自荐的方式多种多样，可以是口头的、书面的，也可以通过他人引荐或学校推荐等。常见的自荐方式主要有面荐、函荐、电话自荐、网络自荐、学校推荐和他人推荐等。

1.面荐

这种自荐方式，要求毕业生必须亲赴用人单位或招聘现场。其优点是直接面对用人单位，便于展示自己的风度和才华，容易给人留下深刻的印象。如果自己举止、谈吐较佳，临场发挥出色，可能会被用人单位现场录用。这种方式的缺点是，当前就业大军越来越庞大，企业经济效益滑坡，提供给高职毕业生面荐的机会越来越少，尤其是对路途遥远的单位更难实现。

2.函荐

这种方式是高职毕业生求职过程中最常用的。它涉及面广，可以大范围地进行自荐，不受时空限制。一些比较注重实际的用人单位，善于接受此类自荐方式。应注意的是函荐时，邮寄给用人单位自荐材料一定要内容丰富，材料准确、完备。

3.电话自荐

在通讯技术日益发达的今天，电话自荐已成为高职毕业生求职择业的一种重要方式。电话自荐是指通过电话推荐自己的一种求职方式。充分利用与用人单位通话的几分钟时间，用最简洁明了的语言清楚地表达自己的意思，充分展示自己的优点与特长，尽可能给用人单位受话人留下一个深刻的印象，从而为进一步面试带来机遇。

4. 网络自荐

网络自荐就是通过互联网的通信手段向用人单位进行自荐，如 E-mail、QQ、MSN 等。随着全球信息高速公路的开通，求职自荐将越来越多地利用互联网络，尤其是跨国就业方面，网络自荐更具有无可比拟的优势。

5. 学校推荐

这是一种间接的自荐方式。学校在长期的就业工作中，与许多用人单位建立了一种良好的、相互信任的工作关系。而学校对毕业生的情况比较了解。以组织负责的形式向用人单位推荐毕业生，有较高的可信度和权威性。因此，这种推荐方式容易得到用人单位的认可。

6. 他人引荐

这是通过老师、家长、亲友、校友引荐而达到自我推荐目的的一种方法。大学里有些教师与一些对口用人单位有较密切的联系，或在某行业中具有较高的学术威望，因此，经他们推荐的高职毕业生容易引起用人单位的重视和信任。同时，家长、亲友、校友等在一些企事业单位工作，也有助于毕业生扩大求职自荐范围，从而进一步促进毕业生自荐成功。

值得一提的是，上述介绍的六种自荐方式，不是独立存在或独立使用的，在当前大学毕业生就业竞争十分激烈的现状下，必须多管齐下，往往要综合应用以上自荐方式才会达到自荐的目的。

二、自荐的技巧

自荐是一种才能，也是一种艺术，掌握自荐过程中的一些技巧，有助于顺利打开求职之门。自荐时，应注意以下基本技巧：

1. 准备充分，胸有成竹

无论采用哪种自荐方式，事先都要将说的话和表达的意思理清、记住，找到自己最好的感觉，形成自己自荐的风格特点。同时，要准备好完整的自荐材料，如自荐信、个人简历、证书、证明材料、学校推荐意见等等。

2. 应选择恰当的自荐方式

自荐方式多种多样，选择恰当的自荐方式，有助于求职择业的成功。究竟应采用何种自荐方式，应根据自己的实际情况，并结合用人单位的选人用工做法来考虑，如毕业生善于语言表达且有一口流利标准的普通话，采用面荐方式更能打动用人单位；倘若毕业生能写一手隽永的好字和漂亮的文章，则选择函荐更能显示毕业生的魅力所在。当然，用人单位若比较相信熟人介绍或学校推荐的毕业生，那么毕业生应采用学校推荐或他人引荐为宜。

3.积极主动，展示优势，有的放矢

自荐是高职毕业生的主动行为，任何消极等待都是不可取的。自荐信、个人简历等自荐材料的递交、寄送要及时。要给用人单位一种“主动积极、求职诚切、胸有成竹”的感觉。

在介绍自己的情况时，应重点突出自己的能力和知识结构。个人基本情况和家庭情况简略介绍即可，对于自己的专长、经验、能力、兴趣等，应详细介绍。应突出介绍自己的优势和闪光点。向用人单位充分展示自己的优势所在。

针对用人单位招聘岗位的需求，更应有的放矢突出介绍自己与岗位对口的才能与特长以及在这类岗位实习或实践的工作经历等，这样才能使用人单位相信你是理想的应聘者。

4.自荐中应掌握的基本原则

(1)语言诚恳，态度认真；(2)展示全面、重点突出；(3)实事求是，文明礼貌；(4)方法得当，赢取好感。

第四节 网络求职的方式与技巧

网络求职是通过互联网搜索招聘信息，进行网上填写求职信和个人简历，并通过E-mail或者网上提交系统与用人单位联系，从而获得面试的机会的求职方法。在因特网全面渗透社会各个方面的今天，网络求职已成为一种趋势。网络信息浩如烟海、良莠不齐，要提高网络求职的成功率，必须掌握一些网络求职的方式与技巧。

网络求职一般有这样几种方式：一种是在网上发布求职信息，坐等用人单位和你联系。方法是打开任何一个人才招聘网站，一般是先要注册登录，注明求职意向、岗位要求、个人情况和通讯方式，完成登记就可以了；另一种方式是根据人才网上发布的招聘信息，发送个人的求职意向，或直接登录用人单位站点，主动发送E-mail联系。若用人单位对你发送的资料感兴趣，就会和你联系面试事宜。还有一种在线招聘方式，就是用人单位与你通过网络在线聊天工具如QQ、MSN等，以一问一答的形式来了解你的应聘意向及你的个人情况，对话后用人单位会决定是否进一步给你面试的机会。这种方式受网络时间、视频空间的限制，网上在线招聘给每个应聘者的时间是有限的。因此，对用人单位的提问一定要简明扼要，要突出个人特点和优势。要注意的是，在线应聘时,切忌一开口谈薪资,若希望了解用人单位的情况,应问最想知道的内容和最为关键的问题。在结束在线谈话之前一定要给用人单位留下自己明确的联系方式,以便用人单位联系你面试。

网络求职还须掌握以下基本技巧:

(1)明确求职目标,选择最适合自己的网上招聘岗位。高职毕业生要根据自己的所学专业和自己掌握的技能、自身优势等,进行正确的求职定位。针对自己的定位,在网上选择最适合自己的招聘岗位,进行网络求职。比如有的招聘岗位明确要求有一年以上工作经验的,我们高职毕业生即使网上投了简历也会被用人单位忽略。同时,也可将求职信息尽量发布在一些点击率较高的网站招聘专栏上,捕捉人才招聘网页上随时发布的招聘信息,以便直接与用人单位联系。

(2)要把握好网络应聘的最佳时机。网络应聘最重要的一点是不能急于求成,要把握好时机,恰到好处。赶在人最多的时候应聘,网络拥挤、网速慢,应聘结果不理想。你应通过网络等手段了解用人单位的一些情况,如作息时间等,可选择用人单位网上招聘人员较空闲时段及时应聘,这样的效果带来面试机会较大。

(3)电子自荐材料必须精炼,重点突出。电子简历是简历通过电子邮件方式发送给用人单位。电子简历必须放在 E-mail 的正文中,不能放在附件中(以防计算机病毒等原因打不开),所以应尽量简明扼要,以免用人单位阅读时引起反感。电子简历应重点突出与应聘岗位吻合的各方面内容,以引起用人单位的兴趣和重视。

(4)主动与用人单位联系。在网上招聘结束几天,要主动通过 E－mail 或打电话询问情况,向用人单位表示诚意,也让自己心中有数。不管用人单位的答复如何,都应保持平和心态。高职毕业生面临的就业形势严峻,网络招聘数量有限,要坦然面对挫折和困难,没有必要过分自卑。

(5)谨防网络求职时受骗。在网络求职中,要提高警惕、谨防受骗。网上信息良莠不齐,一些别有用心的人,利用毕业生的求职心切和网络的虚拟空间,在网上发布虚假的招聘信息,目的是骗取求职者的钱财等。因此,高职毕业生在参加网络招聘时,应尽可能地去了解用人单位的真实情况,为防止受骗,应尽量参加由学校、教育部门、人事部门组织的正规网上招聘活动。国内著名的求职网站有:前程无忧网(http://www. 51job. com)、中华英才网(http://www. Chinahr. com)、中国人才热线(http://www. cjol. com)、智联招聘网(http://www. zggz123. com)、中国企业人才网(http://www. job100. com)等。

第五章

毕业生就业笔试与面试技巧

笔试与面试是用人单位采取的两种不同的考察、选拔求职者的方法。笔试是采取书面形式对求职者所掌握的基础知识面、专业技能、文字能力、分析能力和思维能力等综合素质进行考察与评估。面试是通过当面交谈回答对应试者进行考核的一种方式。它是求职者全面展示自身素质口才和应变能力的最好机会。面试发挥出色,可以弥补笔试或基础条件不足。无论是笔试或面试,对求职者的应聘成功与否都有决定意义。

第一节　笔　　试

一、笔试的作用与种类

1. 笔试的概述及作用

笔试是对毕业生的阅读理解能力、发现问题、分析问题、解决问题的思维能力,以及知识面等综合素质的全方位测试。笔试是其中的重要环节,和其他环节相比,它具有成本较低、客观性较强等优势,对于初步选拔出那些知识结构、知识深度、能力、素质、潜在素质等方面符合职位要求的应试者具有重要意义。笔试的效度包括两层含义:一是笔试实际测试了它所要测试的东西的程度;二是所要测试的东西反映笔试目标的程度。科学地设计笔试的内容和方法,合理地取舍、利用笔试成绩,使笔试结果与目标更具有相关性,更趋于一致性,才能达到笔试的效度要求。此外,笔试还必须具有一定的难度和区分度。命题时在把握好广度、深度的同时,必须考虑试题的难度,并把难度分为若干等级。只有这样,才能把众多的应试者拉开档次,区分出素质和能力的优劣,选拔出符合职位需要的优秀人才。

2.笔试的种类

(1)专业测试

这种测试主要是检验应聘者担任某一职务时是否能达到所要求的专业知识水平和相关的实际能力。对于研究生,有些用人单位不考专业知识,只看本科生、研究生学习成绩和学习内容。有些特殊的用人单位要进行专业测试。如外资企业、外贸企业对应聘者要考外语,公检法机关录用干部要考法律知识。

(2)智力测试

主要测试应聘者的分析和观察问题能力、综合归纳能力、思维反映能力。

(3)技术测试

主要测试应聘人员处理问题的速度和效果,检验对知识和智力运用的程度和能力。

二、笔试的方法和技巧

参加笔试以前,应当了解笔试的大体内容。笔试一般包括以下几个方面的内容:一是知识面的考核,主要是一些通用性的基础知识和担任某一职务所要求具备的业务知识。二是智力测试,主要测试毕业生的记忆力、分析观察能力、综合归纳能力、思维反应能力、不断接收新知识的学习能力。三是技能测验,主要是对受聘者处理问题的速度与质量的测试,检验其对知识和智力运用的程度和能力。

1.复习知识

对大学专业知识进行必要复习是笔试准备的重要方式。一般说来笔试都有大体的范围,可围绕这个范围翻阅一些有关图书资料,复习巩固所学过的课程内容,温故知新,做到心中有底。

2.增强信心

笔试怯场,大多是缺乏信心所致。要客观冷静地对自己进行正确评估,克服自卑心理,增强信心。临考前,一要适当减轻思想负担,二要保证充足的睡眠,三要适当参加一些文体活动,从而使高度紧张的大脑得到放松休息,以充沛的精神去参加考试。

3.临场准备

提前熟悉考场环境,有利于消除应试时的紧张心理。还应仔细看看考场注意事项,尽量按要求做好。除携带必备的证件外,一些考试必备的文具(钢笔、橡皮等)也要准备齐全。

4.科学答卷

拿到试卷后,首先应通览一遍,了解题目的多少和难易的程度,以便掌握答题的速度，然后根据先易后难的原则排出答题的顺序，先攻相对简单的题，后攻难题。这样就不会因为攻难题而浪费太多时间，而没有时间做会答的题，遇到较大的综合题或论述题，则应先列出提纲，再逐条论述。

在答完试卷后，要进行一次全面复查，特别注意不要漏题，跑题。要纠正错别字，语法不通，词不达意等错误。

值得特别注意的是卷面必须做到字迹端正，卷面整洁。因为招聘单位往往从卷面上联想应聘者的思想，品质，作风，字迹潦草，卷面不整的人，招聘单位先不看你答的内容，单从你的卷面就觉得你不可靠；而那些字迹端正，答题一丝不苟的人，招聘单位认为你态度认真，作风细致，对你更加青睐。

三、案例及分析

近几年来，求职笔试的采用越来越广泛，笔试是进入面试的门坎，它直接决定着自己理想和个人价值的实现，同时它也决定面试的信心和努力的大小，一般来讲，笔试的成绩好，尤其是名列前茅的成绩，往往增强个人信心，被录取的几率相对较大，而笔试的成绩相对较差，往往需要在面试环节下很大工夫，才能把成绩拉平或者说总成绩赶上来。在很多笔试中，很多学生认为考题会比较死，题目较简单，但他们得高分的比例不大，原因有以下几个方面：

1. 审题不细，走马观花

有的考生看考题一目十行，不求精确，只求模糊，似是而非，导致大量的失分，令人可惜。

2. 死记硬背，不知变通

目前在考生中有一种不良的想法，认为对专业知识死记硬背，就能考高分，这是大错特错的。其实在这样的笔试中，都是考察考生运用知识的能力和掌握知识的程度。

3. 重点不清，思路不明

(1)死记硬背，平均用力。大家手中如果有教材，各个部分平均用力是大忌，其结果事倍功半。

(2)不抓重点，囫囵每章。课本里每章的内容都有重点和难点，而这些考试的几率非常高，应当对重点着重下工夫。

(3)敏感性差，关键字漏。敏感性差指的是专业敏感性不强，招聘公司主要涉及到的专业技能知识，是考试重点中的重点，而且是企业录用的一大标准，应当在考试前做好功课，灵活运用所学知识，自如解答此类考题。

4. 心态不稳，紧张兮兮

激烈的就业竞争让很多考生在临考前很焦虑，这反映的是心理素质的问题，也就是心态问题。调查发现，此类情况主要表现：一是临考前极度焦虑，休息不好，就业竞争大，父母的期待无形增加了压力。二是由于紧张，生怕做不完，考试追求的是速度，而不是质量和正确率。

第二节　面　　试

一、面试的目的和程度

面试，是通过招聘主试者与应聘者双方面对面地接触、交流，了解应聘人员素质状况、能力特征及应聘动机等信息，以确定应聘者是否符合职业要求的一种人员选拔方法。

面试中，用人单位可通过与应试者本人的直接对话，了解应试人的专业、学历、个人爱好、志趣、特长等笔试所反映不出来的一些情况，了解应试人的个人气质、谈吐、风度、知识结构等各方面的综合素质，为能否录用掌握第一手材料。在面试中，用人单位不仅在选择能干的职员，同时还在推销本单位。用人单位在面试时良好的展示和推销，也会使优秀的人才毫不犹豫地选择该单位。因此，面试对于用人单位和求职者的双向选择有着重要的意义。

面试没有一个固定的模式，也没有完美的标准答案，但却有一个检验答案的共同标准——你是否进行了理智的谈话。面试是推销自我的一系列行动中最重要的一个环节，也是具有决定性意义的一个环节。有些求职者具备用人单位多要求的一切条件，可是往往在面试时发挥失常，造成前功尽弃。那么，在接到面试通知时，我们又该如何应对呢？

二、面试的技巧

面试是用人单位招聘时最重要的一种考核方式。面试是供需双方相互了解的过程。面试是一种经过精心设计，以交谈与观察为主要手段，以了解被试者素质及有关信息为目的的一种测评方式。面试实际上还是你与其他条件相当的应聘者竞争的过程。因此，为了获得所求的工作，求职者应该充分做好面试的准备，在面试中适度地表现自己，要善于展示自己的知识、能力、特长、性格等情况，给招聘者留下满意的印象，争取最后的胜利。

1. 思考判断能力

用人单位一般观察被试者能否准确、迅速地判断面临的状况；能否恰当地处理突发事件；能否迅速地回答对方的问题，且答案简练、贴切。

作为被试者应在准确、迅速、决断方面重点准备。对自己的判断应该有信心，还要分析对方是逻辑判断还是感性判断。

2.操作能力

用人单位主要在于考察对方对于已认定的事情是否进行下去;工作节奏是否紧张有序;对于集团作业的适应性;是否具备组织领导能力。这样,被试者就应该强调自己的动手能力和写作能力,对于想到的事尽量明确地表达出来。

3.德性

用人单位主要在于考察对方责任感是否强烈;能否令人信任地完成工作;考虑问题是否偏激;情绪是否稳定;对于要求较高深的业务能否适应。被试者回答时应该突出自己的自信心,坚强的意志,强烈的责任感,很强的与人交往能力,以及有预见性和计划性。

4.态度

用人单位主要在于观察被试者遇到难堪问题后的反应;能否让人亲近,对他人有无吸引力等。被试者应该注意着装得体,举止文雅、大方,表情丰富,回答问题要认真、诚实。

5.在小组中脱颖而出

一次良好的面试不但要有相当的准备工作,而且在面试过程要充分发挥面试的技巧,一次成功的面试不但是对应聘者的考验,更是对主考官如何选择合适的人到合适的岗位的能力考验。

许多公司为考察应聘者的领导能力、语言能力及合作能力,会采用小组面试法,即将应聘者组织在一起就某个选题进行自由讨论,借以观察应聘者的综合素质及良好技能。那如何在小组面试法中“出彩”呢?

(1)放下包袱,大胆开口,抢先发言

对于每个小组成员来说,机会只有一次,如果胆小怯场,沉默不语,那就等于失去了表现的机会,结局自然不妙。如果能在组织好表达材料的基础上,做到第一个发言,效果会非常好,给人的印象也最深。

(2)逻辑严密,论证充分,辩驳有力

考官借小组讨论考察一个人的语言能力、思维能力及业务能力,夸夸其谈,不着边际,胡言乱语,只会将自己缺点暴露无遗。语不多而在于精,观点鲜明,论证严密,一语中的,可起到一鸣惊人的作用。

(3)尊重队友,友善待人,不恶语相向

为过分表露自己,对其他人进行横加指责、恶语相向,往往只会导致自己最早出局,哪个公司愿聘用一个不重视团队意识而为满足自己私利不择手段的人呢?

(4)掏出纸笔,记载要点

别人在滔滔不绝,你却掏出纸笔,将其观点记下并作分析,会使自己“鹤立鸡群”,让主考人员眼睛一亮,很快记住了你的名字。

(5)逐一点评,最后总结,充当领导者

在讨论结束之前,你将各成员交谈要点一一点评,分析优劣,点评不足,并适时拿出令人信服的自己的观点,使自己处于讨论中心,无形中成了领导者的角色,自然就为自己成功“入阁”增加了筹码。

(6)上交讨论提纲,再露一手

将最后讨论纪要迅速整理成文,一目了然,上交主考官,既展示了自己流畅的文字功底,又给人办事得力、精明能干的好印象,这样的人才谁不爱。

三、面试的种类

1.情景式面试

情景式面试根据工作岗位的一些情节设计问题,让应试者面对一定数量的考官有针对性地发表个人看法,这种情景式面试通常分为以下几种类型。

(1)主题式提问。为了缓解应试者的紧张情绪,面试开始初,主试人引出与面试内容关系不大的话题与应试者海阔天空一交谈,让应试者自由发表看法,尽量使应试者情绪放松,自我调节到正常状况之下,然后,再进入主题提问。

(2)模式化提问。由主试人围绕选拔人才的要求预先准备好若干题目,当应试者进入正常面试状态时,逐一提问。用人单位这样做的目的是为了获得应试者全面、真实的材料,测试和观察应试者的知识面、能力和谈吐行为、仪表风度等。

(3)问题式提问。由主试人对应试者提出一个问题或一项计划,请应试者予以完成解答。其目的是为了观察应试者在特殊情况下的表现,判断其解决问题的能力。

2.能力式面试

能力式面试由主试人通过多种方式综合考察应试者多方面的才能,通常采取以下几种方式:

(1)任意写一段话。主试人不加任何限制,任意让应试者写一段话。这样做的目的是观察应试者的字写得是否工整、流利,同时也考察了临场发挥的能力。

(2)分析一段文章。为了考察应试者的口头表达能力、分析判断的能力,主试人让其分析文章,现场观察应试者的分析、归纳、综合演讲能力。

(3)现场计算机操作。为了了解应试者的计算机操作水平,主试人往往请应试者当场用计算机进行一些演示或文档处理,有时甚至进行软件设计,现场考察应试者的计算机操作能力。

3.压力式面试

由主试人有意识地对应试者施加压力，针对某一问题开展一连串的提问，不仅详细，而且追根求源，直至无法回答，甚至有意识刺激应试者，看你在突如其来的压力下能否做出恰当的反应，观察其机智程度和应变能力。

4.问卷式面试

用人单位为了掌握应试者的全面素质，包括个人兴趣爱好、处世能力、合作精神、个人利益、吃苦精神、战胜困难的勇气等方面的内容，往往采用书面的素质测试卷，让每个应试者在规定时间内，处在毫无戒备的状态下完成问卷答题工作，通常素质测试卷分以下几类：

(1)心理测试卷。用人单位在选拔过程中使用智力和个性测试，主要了解应试者的性格种类、道德水准，与同学的相处情况，敬业精神，耐挫力，做事是属于指挥型的还是属于踏实型等有关内容，一一进行测试摸底，所有这些内容在心理测试卷上都是隐含的，应试者在规定时间内必须完成所有测试内容。

(2)英语水平测试。英语水平测试分为笔试和口试两种，笔试是当场完成一定数量的翻译或写作练习，看看应试者英语功底究竟有多深。口试，即当面用英语和你对话，看看你的口语表达能力。中国加入 WTO 以后，用人单位更注重外语口语人才的选拔。因此，应试者去用人单位面试之前，先作如下准备：①写一篇英文文章。包括自己的兴趣爱好、学业背景、社会活动等，然后背下来，因为面试中此类问题大都需要。②有针对地准备几个问题。如为什么选择我们公司等等。③参加英语口语面试时，多做笔记，记些时兴的单词和表达法。④英语面试时，一定要大胆讲。只要能表达完整的意思，发生一点小错误无关紧要。

5.被邀请实地考察

用人单位为了扩大对外宣传，免费邀请应试者实地考察。在实地考察期间，对方热情做好接待服务工作，频繁地与应试者双向交流，考察毕业生的内在素质和综合能力。有些用人单位将企业的发展蓝图展示在高校毕业生面前，暗中考察应试者对新事物的接受能力，同时，收集改进本单位工作的意见和建议。总而言之，实地考察时将应试者放到现实社会中加以考察，用人单位和应试者对彼此的情况都能了解得更详细、具体、全面，如果双方都有好感，就给协议书的签订增添了几分踏实感。

以上几种类型在实际面试过程中，主试人可能只采取其中一种进行面试，也可能同时采用几种进行面试。

四、面试十忌

某公司人力资源部经理曾经遇到这么一位应聘者的父亲。他的儿子各方面的条件应该还不错，也已经安排了一次面试。因为该岗位要求到位的时间还为时太早，因此，人力资源部还在继续进行对其他候选人面试。他的父亲等不及了，就迫不及待地跑到公司来打听情况。第一次，人力资源部热情地接待了他，并且向他说明了暂时不能够确定录取人员名单的情况，让他转告其儿子耐心等待。结果，没过几天，他又跑来了。当受到保安人员的阻拦时，他大声地与保安争执起来。当人力资源部经理试图了解情况时，他还不依不饶地数落着保安。其实，他的过分热心以及过分的行为只会成事不足，败事有余。

下面就列举十大常见的禁忌。

忌迟到和失约　迟到和失约是面试中的大忌。这不但会表现出求职者没有时间观念和责任感，更会令面试者觉得求职者对这份工作没有热忱，印象分自然大减。守时不但是美德，更是面试时必须做到的事。因此，应提前 5～10 分钟或准时到达。如因有事迟到或缺席，一定要尽早打电话通知该公司，并预约另一个面试时间。另外，匆匆忙忙到公司，心情还未平静便要进行面试，自然表现也会大失水准。但是太早也会影响面试单位的工作安排。

忌说谎邀功　面试是说谎，伪造“历史”，或将不属于自己的功劳“据为己有”，后果可大可小。即使现在能瞒天过海，也难保黄炎将来有被揭穿的一日。因此，面试时应实话实说，虽可扬长避短，却也不能以谎话代替事实。

忌准备不足　无论学历如何高，资历如何好，工作经验如何丰富，当面试者发现求职者对申请的职位知之不多，甚至连最基本的问题也回答不好，印象分自然大打折扣。面试者不但会觉得求职者准备不足，甚至会认为他们根本无志于在这方面发展。面试前应做好充分的准备工作。

忌长篇大论　虽说面试是推销自己的机会，不过，切勿滔滔不绝、喋喋不休，面试者最怕求职者长篇大论，说个没完没了。来应聘的人不止一个人，招聘人员一般会在同一天内安排几个人面试，分配给每个人的时间是有限的。如果你没完没了，只会让招聘人员反感。

其实，回答问题只需对问题重点回答，没必要高谈阔论。相反，有些人十分害羞，不懂得把握机会表现自己，无论回答什么问题，答案往往只有一两句，甚至只回答“是、有、好、可以”等，这也是不可取的。如果性格胆小害怕，则应多加练习，以做到谈吐自如。面试过程中的交流应该是互动的，无论是面试前还是面试中，应试者应善于寻找合适的话题打破沉默，这是一种自信的表现，也是一种能力。

忌语气词过多　使用太多如“呢、啦、吧、大概、可能、也许、好像”等语气词或口头禅会让面试者感觉心烦意乱。语气词或口头禅太多会让面试者误以为求职者自信心和准备不足。有些男生在口若悬河时，尤其是发觉与面试者有些共同语言时，会在不经意间带出一些不文明的口头禅。还有一些女生说话语气过于“嗲声嗲气”，让人感觉不够成熟，或者太娇气。这些都会给面试者留下坏印象。

忌欠缺目标　面试时，千万不要给面试者留下没有明确事业目标的印象。如当问及对什么工作岗位感兴趣时，只是回答：什么岗位都可以，只要能够进入公司就行，虽然一些求职者的其他条件不错，但无事业目标就会缺少主动性和创造性，给企业带来损失。面试者倒情愿聘用一个各方面表现比较逊色，但具有事业目标和和热忱的求职者。

忌过于谦虚　职场中，如果一味的谦虚，明明自己能够胜任，却说恐怕力不能及；明明是自己的长处，却说水平一般，一心想给对方留下谦虚谨慎的好印象，结果只会适得其反，给人造成无能的错觉。有些人为了拿到面试官手里的 offer，对面试官极尽阿谀奉承之能事，卑躬屈膝，唯唯诺诺，甚至对无理的要求也都照单全收。不要以为这样就会让面试官对你另眼相看，公司是招人才，而不是招奴才。奴才总是不讨人喜欢的，而且还让人增加了警惕性：这人会不会当面一套背后一套，乘人不备捅人一刀。

忌抬出大人物压人　有的人面试时开口就说：“我认识你们王总经理，我和他儿子是同学，关系不错”等等。这种以上压下的话谁听了都会反感，面试者会认为你是抬出大人物压人，这不但会使他产生反感，还会一脚将你踢出。因为，如果与你这样的人做了同事，让他以后难以管理。另外，也有可能给人的感觉是，你缺乏自信，想以拉关系的方式混进来。

忌见面就打探薪酬福利　那种一开口就问“工资报酬多少，福利待遇如何?”的求职者最令面试者反感。求职者关心收入和待遇的心情是可以理解的，但八字未见一撇，一开口就讨价还价，是不成熟的表现，求职毕竟不是谈生意做买卖，“金钱第一”怎么说也容易让人产生反感。或者在对方询问你对薪水要求时狮子大开口，让对方觉得即使想录用你，也怕你因为薪水达不到要求而不愿意来。所以，面试后可能经过考虑而不发给你录取通知书。有些求职者在经过初次面试后已经接到复试通知，这时招聘人员可能会主动告诉你薪酬福利。而此时你如果表现出“斤斤计较”，也会让招聘人员对你的印象大打折扣，甚至会在最后决定不录取。

忌将自己包装成完美的人　金无足赤、人无完人。说自己是最完美的人，不但没人相信，还会弄巧成拙地让人怀疑你是自命不凡，目中无人的人。一些学生，特别是一些在学校读书时成绩比较优秀或者担任学生干部的学生，带着一副在学校里培养出的优越感，却眼高手低。他们有时连面试者都不放在眼里，说话的口气大得能撑破天。这样的人只会让面试者讨厌——您厉害，那您就另谋高就吧。

五、面试时常见的情况及问题

1.面试时常见的情况

根据调查分析，发现在面试过程中，很多毕业生都存在着一种错误的心理，总结如下：

(1)不善打破沉默

面试开始时，应试者不善“破冰”(打破沉默)，尴尬等待面试官打开话匣。面试中，应试者又出于种种顾虑，不愿主动说话，结果使面试出现冷场。实际上，面试者主动致意与交谈，会留给面试官热情和善于与人交谈的良好印象。

(2)与面试官套近乎

“套近乎”会在客观上妨碍应试者在短短的面试时间内作好专业经验与技能的陈述。聪明的应试者可以列举一至两件有根有据的事情来赞扬招聘单位，从而表现出您对这家公司的兴趣。

(3)为偏见左右

误认为貌似冷淡的面试官或是严厉或是对应试者不满意，因此十分紧张。还有些时候，面试官是一位看上去比自己年轻许多的小姐，心中便开始嘀咕：“她怎么能有资格面试我呢?”其实，在招聘面试这种特殊的采购关系中，应试者作为供方，需要积极面对不同风格的面试官，即客户，摆正态度很重要。

(4)缺乏积极心态

面试官常常会触及一些让应试者难为情的事情。很多人对此面红耳赤，或躲躲闪闪，或撒谎敷衍，而不是诚实地回答、正面地解释。比如面试官问：为什么5年中换了3次工作？有人可能就会大谈工作如何困难，上级不支持等，而不是告诉面试官：虽然工作很艰难，自己却因此学到了很多，也成熟了很多。

(5)抨击原来雇主

有些应试者面试时各方面表现良好，可一旦被问及现所在公司或以前公司时，就会愤怒地抨击其老板或者公司，甚至大肆谩骂。这样做，你有没有想过，人家会认为你哪一天或许也会骂这家公司。

(6)没有职业生涯计划

对个人职业发展计划，很多人只有目标，没有思路。比如当问及“您未来5年事业发展计划如何?”时，很多人都会回答说“我希望5年之内做到全国销售总监一职。”如果面试官接着问“为什么?”应试者常常会觉得莫名其妙。其实，任何一个具体的职业发展目标都离不开您对个人目前技能地评估以及您为胜任职业目标所需拟定的粗线条的技能发展计划。

(7)佯装完美

面试官常常会问：您性格上有什么弱点？您在事业上受过挫折吗？有人

会毫不犹豫地回答:没有。其实这种回答是对自己不负责任的。没有人没有弱点,没有人没有受过挫折。只有充分地认识到自己的弱点,也只有正确地认识自己所受的挫折,才能造就真正成熟的人格。

(8)主动打探薪酬福利

有些应试者会在面试快要结束时主动向面试官打听该职位的薪酬福利等情况,结果是欲速则不达。其实,如果招聘单位对某一位应试者感兴趣的话,自然会问及其薪酬情况。

(9)不知如何收场

很多求职应试者面试结束时,因有成功的兴奋,或有失败的恐惧。面试结束时您不妨表达您对应聘职位的理解;充满热情地告诉面试者您对此职位感兴趣,并询问下一步是什么;面带微笑和面试官握手并谢谢面试官的接待及对您的考虑。

2.面试时常见的提问

面试时遇到的问题会因用人单位的性质而有所区别,甚至会大相径庭,常见的问题如下,供读者参考。

介绍你自己及你的家庭,你有什么优缺点?

你是否有出国、考研究生等打算?

你有什么特长和爱好?你对自己的学习成绩是否满意?

你如何评价你的学校和大学生活?

你懂何种语言、熟练程度如何?

你担任过何种社会工作、组织或参加过什么社会活动?

你为什么应聘本单位?你找工作重要的考虑因素是什么?

你认为你适合什么工作?

如果单位的安排与你的愿望不一致,你是否愿意服从?

如果工作安排与你的专业无关,你怎样考虑?

你觉得公司一个月该给你多少薪资?

如果本单位与另一单位同时要聘用你,你如何选择?

你还有什么想问的?

第六章

高职毕业生实习期与试用期

实习期是指高职学生在校期间通过到用人单位参加实际岗位工作，提高其自身技能和素质的过程和时间。试用期是指用人单位和劳动者相互了解，选择而约定的不超过6个月的考察期。对于实习与就业相结合的高职毕业生来说，这种实习期实质上就是试用期。无论是实习期还是试用期，都必须认真对待，这也是完成就业十分重要的一环。

第一节　实习期与试用期的概述

一、实习期的概念

1. 实习期的概念

实习期是指学生在校期间，到单位的具体岗位上参与实践工作的过程，其目的是为达到理论联系实际和更好地学习理解科学文化知识。实习期是针对在校学生的。在实习期内与单位没有形成劳动关系，拿低于当地最低工资不违反法律规定。

2. 实习的意义

高职院校培养毕业生是面向生产、建设、服务和管理等第一线工作岗位的，要重视在校学生的实践能力培养，因此要把实习作为高职院校教学的一个重要环节来对待。实习的关键是运用所学理论知识，提高实际工作能力，并获得第一手工作经验，以便在将来的学习和工作中加以应用。这些亲身经历和感受，对他们将来的职业发展无疑会大有裨益。实习对于一名初出茅庐的高职大学生来说有着非同寻常的意义，实习是他们个人职业生涯的一个崭新开端，是他们学习专业的必修课，是他们人生的一个重要转折点。

(1)实习是高职学生从课堂走向社会的第一步

借助实习,学生可以初步完成从理想到现实的心理转换和从学生到职员的角色转换。顺利的心理转换可以减轻学生初入职场将要经历的现实冲击,完整的角色转换能为他们将来尽快适应新的工作岗位打下良好的基础。对即将毕业的学生来说,通过实习,他们可以将自己所掌握的理论知识运用于工作和生活实际。除了学习书本上的知识以外,学生还可以通过实习增长见识和提高动手能力。这不仅有利于加深对书本知识的理解和巩固,还能提高他们在理论知识的指导下观察、分析和解决问题的实际工作能力。通过实习,他们将学会如何解决工作中的实际问题,认识到敬业精神的重要性。

(2)实习有助于了解职场现实

实习最大的益处就是可以看到不同的世界。实习的过程能让人认清自己的能力,也认清实际工作究竟是怎么一回事。因为看得多,你的视野就会更开阔,在学校或报道看到的都只是片面情况,多数是纸上谈兵,会把事情想得比较简单,有可能以前在学校自认为很棒的东西,实习后才会发现根本不是那样。经过实习之后,才会比较清楚工作的流程,积累一定的实践经验,也才真正体会到工作不是那么简单的事情。实习能够更早接触现实环境,企业讲求获利及时效性,这都和在校时不同,因而思考层面会比较切合实际,也进一步知道自己要补充哪些东西。只有在实际工作中,他们才可以知道工作到底是怎么一回事,自己更适合做什么,哪些知识是有用的,对自己的知识结构做哪些补充和调整,如何处理工作中的人际关系等等,这将有助于他们更全面地认识自己和了解职业,能够得到更多的收获,并据此科学地设计自己的职业生涯,为未来的职业生涯奠定基础。

(3)实习是学生展示自己能力和才华的舞台,有的实习单位会根据工作需要录用优秀实习生为正式员工

现在一些单位用这种用人模式,即通过招聘大量的实习生进入相关实践岗位工作,从中筛选到满意的员工,以保证在后期员工扩招时能找到自己培养的熟练职员。据悉,国外的一些企业如惠普、西门子、诺基亚、IBM 等,国内的一些企业如阿里巴巴、阳光财产保险、中国金融网等,都有比较成熟的实习生招募计划。因此从某种程度来说,实习是进入名企的捷径。招聘和培养实习生已成为很多企业储备和选拔人才的重要手段。如国际商业机器 IBM 中国公司校园招聘负责人曾表示,在 IBM 中国公司 2004 年举行的实习生暑期训练计划中,大概有 70%的实习生顺利留在 IBM;西门子中国有限公司校园招聘负责人介绍,现在西门子每年有不少实习生经过实习检验成为西门子的一员。从实习生中挑选优秀员工的做法,已经成为了一种通行的做法。相关资料表明,超过 20%的实习生留在了原实习单位工作。

(4)实习有助于开拓有效人脉圈

在实习时,人脉关系的建立非常重要,但做法不是说好话、拍马屁,而是凭借你的工作努力及表现,赢得企业的认同。这样做有两个益处。首先是得到人脉,其次是赢得别人对你的良好印象,无论毕业后是否选择这家单位,这些都是你累积起来的资源。若想进入某个企业,有实习经验的好处在于,主管已经对你有相当程度的了解,不需要重新适应,彼此甚至已建立起一定的情谊。

二、试用期的概念

1.试用期的概念

试用期是指用人单位对新招收的合同制职工进行思想品德、劳动态度、实际工作能力、身体情况等进行进一步考察的时间期限。对于实习与就业相结合的毕业生来说,这种实习期实质上也是试用期。

2.试用期的作用

试用期内一般有专人负责管理与考核,试用期的表现如何,将直接关系到毕业生能否被录用,这对于初出茅庐的大学生来说尤为重要。在劳动合同中规定试用期,一方面可以维护用人单位的利益,用人单位可以考察了解劳动者是否符合录用条件、能否适应生产岗位和所从事的劳动,其技术水平、业务能力、身体状况以及道德素质能否适应所担任的工作任务的要求。另一方面,可以维护新招收职工的利益,使被录用的职工有时间考察了解用人单位的工作内容、劳动条件、劳动报酬等是否符合劳动合同的规定。在劳动合同中规定试用期,既是订立劳动合同双方当事人的权利与义务,同时也为劳动合同其他条款的履行提供了保障。为了更好履行劳动合同,订立劳动合同的双方当事人在订立劳动合同之前,应当如实地介绍各自的情况,回答对方提出的询问。如果在规定的试用期内,当事人双方发现实际情况与对方介绍的情况不相符,有权在试用期内随时解除劳动合同。毕业生还需要明确,如已在一个单位工作六个月以上,且工作岗位未发生变化的,签订劳动合同时就不用再实行试用期。

三、试用期的期限与待遇

1.试用期的期限

1994 年《劳动法》规定,劳动合同可以约定试用期,但最长不超过 6 个月。在《劳动法》实施的十几年内,滥用试用期侵犯劳动者权益的现象比较普遍。针对试用期被企业滥用的现状,2008 年 1 月 1 日实施的《劳动合同法》第 19 条对试用期做了严格的限制性规定:劳动合同期限三个月以上不满一年的,试用期不得超过一个月;劳动合同期限一年以上不满三年的,试用期不得超过两个月；三年以上固定期限和无固定期限的劳动合同，试用期不得超过六个月。以完成一定工作任务为期限的劳动合同或者劳动合同期限不满三年的，不得约定试用期；试用期包含在劳动合同期限内；劳动合同仅约定试用期的，试用期不成立，该期限为劳动合同期限。

2. 试用期的待遇

2008 年起开始实施的《劳动合同法》，对试用期进行了明确规定。同一用人单位与同一劳动者只能约定一次试用期；劳动者在试用期的工资不得低于本单位相同岗位最低档工资或者劳动合同约定工资的百分之八十，并不得低于用人单位所在地的最低工资标准；试用期中，除劳动者不符合录用条件、严重违纪、医疗期满或不能胜任工作外，用人单位不得解除劳动合同。用人单位在试用期解除劳动合同的，应当向劳动者说明理由。

四、实习期与试用期的区别

实习期是指在校学生通过参加实际工作，提高其自身素质的过程或时间；试用期是用人单位和劳动者为相互了解、选择而约定的不超过 6 个月的考察期。试用期与实习期主要有以下区别。

1. 当事人的身份不同。处于试用期中的自然人一方只能是劳动者；而处于实习期间的自然人一方是在校学生。

2. 当事人的目的不同。在试用期间，主要体现用人单位目的，即为了得到满足需要的人力资源；在实习期间，对于实习学生所在的单位来讲，学生的实习活动，和劳动者的生产经营活动有相同或相似之处，但在目的上有本质的不同，学生实习活动主要体现的是学校与学生的共同目的，为了提高实习学生的自身素质。

3. 主体间的关系依据不同。用人单位与劳动者，包括在试用期的权利义务关系由劳动法及其相关规定进行规范。试用期包括在劳动合同期限内。劳动合同的试用期超过规定期限的，劳动者可以要求变更相应的劳动合同期限，或者要求用人单位对超过的期限，按照非试用期工资标准支付工资。而在实习期间，学生与所在的实习单位不成立劳动关系，因此不受劳动法调整。

4. 权利义务关系不同。试用期的当事人双方存在着劳动关系，用人单位对劳动者承担无过错责任，与劳动者共同履行缴纳社会保险费用的义务，向劳动者支付的工资报酬不得低于当地最低工资标准。而学生实习所在的单位对于实习学生，不承担无过错责任，不需执行最低工资标准。

至于实习期结束后是否可以再约定试用期，结合上面的介绍可以看出，实习期与试用期是完全不同的两个概念。实习学生与用人单位之间不具有劳动关系，如果该学生毕业后被实习单位聘用，则自签订劳动合同之日起双方建立劳动关系。如果企业需要对其进行考察的,可以再约定试用期。

企业应为实习人员提供补贴。一般所说的实习,是学生在校期间到用人单位进行实际工作锻炼。实习期间,学生实习活动是学校教学活动的延伸,与企业之间不是严格意义上的劳动关系。但实习生为企业付出了自己的劳动,企业收获了实习生的劳动成果,故企业应该给实习人员提供报酬。但报酬的种类往往比较单一,目前普遍的做法是结合当地消费水平,以及实习人员工作性质等情况,给予足以维持基本生活和工作必须支出(如上班期间的交通费用等)的报酬。但这种报酬不是工资,而是实习补贴。在整个实习期间,补贴数额一般不会变化。如果实习人员在实习期间为企业作出了重大贡献,企业也会给相应的奖励。各公司的具体奖励方式和水平不同,一般采取与实习生签订毕业后到公司工作的协议,或者给予一定的物质奖励。除此之外,有的企业也会采取一些比较人性化的措施,例如为实习人员提供一次远程旅游的机会等。

第二节　把握实习机会

一、高职学生实习现状

对于实习难,大学生们都深有同感。大学已从精英教育从大众化教育转变,从1999年扩招后,大量大学生已经陆续进入了就业高峰期。实习难发生在整个社会就业难的大背景下,大家纷纷选择实习来增加实践经验,实习难由此产生。从收集到的信息来看,找实习单位时,女生比男生要难;经济发达地区的学生比落后地区要容易一些;传统的营销类、医学类、师范类专业的实习问题比较好解决,而比如会计类等专业就很难解决——公司不会让实习生来给他们做账、管钱。实习,如今成为大学生就业首先要面对的挑战。一方面,用人单位看重应聘者的社会实践经验;另一方面,部分企业以追求利益最大化为目的,压低用工成本,利用实习生求职急切的心理,在实习期上做文章。值得关注的是,实习、打工期间的大学生只有极少数人和用人单位签订了劳动保障协议,致使大学生在实习期间一旦出现工伤、医疗等事故时没有相关的法律可依。尽管大学生已经是成年人,但他们还缺乏必要的社会经验和心理素质去应对各种突发事件,自我维权意识缺乏,自我保护能力较弱。如何给他们提供必要的保障,需要各方共同关注。

二、寻找实习机会策略

(1)宜主动出击。找实习岗位和找工作一样，要讲究方法。公司一般不会对外公布实习机会，可以主动和其人力资源部门联系，主动争取实习机会。可特别留意正在招聘人选的公司，说明其正缺乏人手，在没有招到合适员工的情况下，很有可能会暂时选择实习生替代。

(2)宜知己知彼。求职信和求职电话要稳、准、狠，即稳当地了解公司所处的行业大背景及所申请岗位的要求，准确地阐述自己的竞争力，自信自己就是对方要找的人；同时很诚恳地表现出低姿态，表示实习的热情和决心。此外，规范的简历，良好的面试技巧都有助于提高实习成功率。

(3)宜避热趋冷。寻找实习单位时，宜避开热门的实习单位和实习发布网站，勇于找冷门公司，回避热点信息和实习高峰期，实习成功的可能性反而更大。

(4)忌免费午餐。实习生与实习单位之间是双赢关系，主动跟对方说我不要钱来干活是很糟糕的开始，说明自己缺乏自信。有价值的付出一定要有价值的回报，不存在施舍性的实习岗位，能够为雇主创造价值的实习生才是对方所需，而理性考虑到实习生价值的单位会给予实习生更多的锻炼机会。

(5)忌盲目实习。未来求职拼的是专业度而不是态度。谋职实习不应是简单的劳动经验积累和态度培养，比如端盘子一类的工作，可能会增加挫折体验；与专业不对口的实习在未来求职竞争时含金量很低，从找工作的角度，这样的实习弊大于利。

三、实习期存在问题

经过几年的学习，大学生终于走出了无忧无虑的象牙塔，夹起公文包，开始为每天的面包而奋斗。这些“职场新生代”，平时在家在学校都不免有些养尊处优，大事做不好，小事不屑做。据有关人员从一些人才市场、企业了解到，初涉职场的大学生有五类问题令人头痛。人力资源专家提醒大学生，优秀学生不等于合格员工，大学生要想在职场立足，必须学会吃亏、学会吃苦，尽快给自己在职场上合理定位。

1.没有礼貌

某女生 A 大学毕业后的第一份工作是经理助理。刚上班，经理让她给副总裁打个电话，请副总裁处理一件工作。于是她就打了电话，“是于副总吗？刘经理叫我告诉你，你把某某某事情赶紧处理一下，刘经理很急的。”刘经理在那里摇了几下头，办公室里的人听完她说的话都笑了。

她在打电话时，语言里面就已经有了不礼貌的言辞，刘经理并没有权利要求于副总去执行什么工作，这种命令式的语气虽然是转告，却显示出对副总严重的不礼貌。大学生在学校里自由散漫惯了，习惯性地以为这些都是理所当然，但刚参加工作的大学生却忘记了礼貌问题。礼貌是多方面的，包括语言、行为、举止，甚至包括暗示性、级别性的礼貌。对于礼貌方面的考虑，大学生们相当欠缺，然而，这些却是职场里升迁的最大因素。没有人希望培养提拔一个不懂礼貌的职员。

2. 独来独往

某男生 B 担任某公司开发总工程师助理。总工经常要到下面的企业去考察，了解下属企业的人员配置、设备配置、加工能力、工艺、交通、生产能力等情况，以便考虑如何去组织产品生产。但 B 生从来没有要求与总工一起下车间，一直都是自己直接去下属单位，自己跟下面单位的负责人交流。

学生在学校多强调的是“个性”，学校也鼓励学生的个性发展。但企业强调的是团队精神和严谨的工作纪律。在这里需要的不是你的个人独秀，而是你与团队默契的配合，用集体的智慧和力量完成工作。新人应该了解，无论你在学校里学业成绩有多优秀、社会活动能力有多强，也不论你的雄心壮志有多高，成功绝不会是孤立的，你所处的环境、你的机会，都是影响你成功的重要因素。如果能认识到这一点，就会抱着学习的态度走向你人生的又一个起点。

3. 经常迟到

某女生 C 上班期间，经常迟到，迟到后，又马上找到班长求情，说“我今天肯定把我的工作做完，不影响班里的工作。”几次迟到后，班长无奈找到总经理请教对策。

大学生的一个通病，认为实习期间或试用期期间，只要把自己的工作做好就可以了，跟其他人无关。但企业并非如此看待，从整体组织出发，纪律性是企业正常生产的基本保证，如果纪律问题不首先处理好，如果纪律依然散漫，不注意融入团队，团队的集体力量就始终无法得以体现。对企业来说，这样的学生是没有任何保留培养价值的。

4. 自视清高

某男生 D 是学机械设计的，毕业后到某加工公司做设计工程师，刚开始要到车间跟老师傅学习加工制作工艺。但他在工作中认为自己的学历比老师傅要高，所以对老师傅提出的一些加工建议总是不以为然，并且经常擅自做主改变工作流程。

进入企业后，应该尽快放弃“精英意识”，以平常心看待工作、看待同事。要时刻问自己“你可以为团队做什么贡献”，而不是急于表现自己。另外，企业强调的是结果，谁能出成绩谁就是好样的。这与你的学历和来自什么学校无关。你要知道，越是名牌院校的学生，企业寄予的期望就越高，一旦达不到他们的预期，你带给企业的失望就会很大。

5.乱嚼舌头

某男生E刚进一个企业，总是害怕不清楚单位的人际关系而无意中触雷影响自己的前途，于是特别热衷搜集小道消息。有一次跟同事聊天时，男生E得意洋洋地说，“你知道吗？人事部的张经理是老板的小老婆。”同事警告他不要瞎说，但他并没有吸取教训，在又一次的传话中，他说某人偷窃了公司的财产，在查无实据的情况下，公司开除了他。

大学生们习惯性地想到什么说什么，很少认真地去想一想所说的话是否确实合理。尤其对一些小道消息，最是热衷，却不知道，小道消息很有可能是某些人故意放出来的，如果你跟着继续放风，像该同学这样，实际上等于是被人利用充当了一次工具，不但害人而且害己。此外，乱嚼舌头的人在企业里是不可能受到重用的，因为没有办法保证一个乱嚼舌头的人会严守企业秘密。

四、实习期注意事项

实习期是个特殊的时期，是学生向职业人过渡的时期，是理论知识向实践转换的时期，每一个应届生都应该走好过渡期，几点忠告供参考：

(1)在实习期间要有一个好的心态，明白实习期是我们工作的始发站，你要到达的理想目标就从这里出发。心态不好，这山望着那山高，不看就业大势，又不脚踏实地做事，就是每天在那里选大公司，即使大公司的机遇到了，你可拿什么做“敲门砖”呢？没有养成良好的工作作风，在大公司里还不是被炒对象。什么样的心态将决定我们什么样的生活。唯有心态解决了，你才会感觉到自己的存在；你才会感觉到生活与工作的快乐；你才会感觉到我所做的一切都是理所当然。另外还要学会妥协，向职场妥协、向现实妥协。

(2)努力工作，并在实习期里取得一定成绩。大学生实习是为了学到实践知识，找实习单位应该追求客观、理性、深度、广度，只要能达到学到东西的目的，就算取得预期效果。在实习期间，虽然自己是个新人，没有工作经验，但只要自己已经尽心尽力，愿意学习，企业都是会喜欢这样的人，老板也会给你施展才能的机会。需要逐步提炼自己的职业含金量和竞争优势，如果能化被动为主动，那么工作与成长的意义就真正体现出来了。

(3)严格遵守公司的各项规章制度，千万不要把在大学里养成的坏习惯，迟到、早退、请假当成家常便饭，让人感到没有敬业精神，很难作为企业长期培养的人选。不仅需要具有创新意识，更要有脚踏实地、认真做事的态度。千万不要采取消极的态度，要么不去做，要么推诿、拖拉，要么敷衍了事，无论哪一种情况都会给工作带来损失。做事一定要克服马马虎虎的习惯，谨小慎微，遇事多想，仔细认真，反复检查；提前做些准备，以免措手不及。对一些拿不准的事情，一定要请示领导或请教同事。

五、体现实习价值

找到了实习机会，就要好好珍惜，真正体现实习的价值。一个优秀的高职毕业生能在实习期间多问多学，展现良好的工作态度，而且处理好人际关系，说不定有机会成为正式员工，实习的价值是很大的。

1. 成功实习“五要素”

(1)融入企业，积极沟通是关键。在公司内，一个项目的完成，甚至平常的业务，也需要和其他同事或者部门进行合作。良好的沟通意识和沟通能力能使实习生更快地适应工作环境，而且可以让实习生从前辈那里学习到成功的经验。沟通是多方面的，在和同事交流沟通的同时，也要和主管进行沟通，由此可以更好地了解自己在工作上的表现，认识到自己的不足和缺点，以便及时改正。与主管的交流也可以使主管对你的印象深刻，更能得到主管的青睐。

(2)主动参与，善于观察，适当建议。高职学生应该抱着积极的态度参与实习，不要坐等带教师傅来安排，说一步做一步。许多时候单位事情很多，很难有专职人员来辅导或者带教，因此要求实习生主动学习。企业对于那些有想法、勤于思考、有创造力的人才也更为青睐。

(3)自我加码，提高业务素质。实习生是否表现出色，最终体现在工作能力上，也就是业务能力。业务素质是在大学期间所学习和掌握的知识，这一点后期无法改变。掌握知识和发挥知识并不是一回事，实习生应该把自己所学的尽可能地发挥在工作上。高职学生要在实习岗位上尽量发挥出最大的潜能。学校里所学的知识可能已经落后于时代的发展，需要快速地学习，更新知识内容，以适应实习岗位的要求。

(4)完美收尾，要一份正式实习鉴定。实习结束后，通过自己努力争取被用人单位留下。如果不能留下，聪明的实习生都应要求实习单位给出一份详细的实习鉴定，对你的实习事实及付出的努力给出认可。很多高职学生参加实习不少，但在简历上，只有很简单的某年某月在某单位实习过的描述，这在求职过程中是很没有说服力的。实习鉴定上写明实习的岗位、岗位描述、实习过程中完成的工作或项目、工作评价或项目评价等，工作评价一般是从其工作态度、工作能力、特点、是否遵守规章制度等方面进行评价，最后由指导老师或部门负责人签字盖章。

2. 成功实习的“三忌”

(1)忌实习薪资太计较。据了解，目前许多企业尤其是一些大型的正规企业会对实习生的工作支付一定的报酬，而且有些公司开出的薪资并不低；但是有些公司给实习生支付的薪资并不高。其实，实习最大的目的并不是为了获得多么丰厚的薪水，而是为将来的职场道路加码、作铺垫。薪资是一时的，学习到的知识却是一辈子的，实习生不必太计较薪资问题。

(2)忌做点小事先烦恼。实习生刚到单位，接触实质性的岗位，单位同事、领导并不熟悉，因此通常情况下，部门人员会要求实习生帮忙做点小事，比如复印、打字、买东西，这些都非常正常。但是不少实习生却不能忍受这些小事情，觉得这样的实习没有意思，等于浪费时间，坚持不了多久就走人。实习是一个较长远的过程，用人单位和实习生之间需要慢慢彼此熟悉，才能较好地磨合。因此，实习生不可太心急。

(3)忌自由散漫少约束。很多实习生认为自己是来实习的，并不是正式员工，放松了对自己的要求，想来就来、想走就走，遇到一些小事情就不去实习单位，而且连最起码的招呼都不打；上班迟到、下班早退。被用人单位录用为实习生，虽然在待遇问题上可能不太一样，但是单位仍然把实习生当作“半个员工”。因此，实习生必须严格自律，避免实习单位对个人甚至对实习生所在的学校产生不良印象。

第三节　如何成功渡过试用期

一、试用期存在的现象

高职毕业生初到工作岗位，会发现很多现象与预想的不一样，较高的工作期望所面对的却是枯燥无味和毫无挑战性的工作现实；或者工作压力过大超过了自己的承受力而被淘汰。面对其工作期望与工作实际之间的差异，很多毕业生会有一个心理落差，感到很不适应。

作为初涉职场的毕业生，个人对组织尚不十分了解，与领导、同事之间尚不熟悉，处于相互适应期，由于未能了解彼此的需要和适应组织的要求，可能会引起某些矛盾和问题。主要表现在以下几个方面：

1. 同岗不同薪

同岗不同薪是试用期普遍存在的现象。虽然同样的岗位，甚至你付出的更多，但是却不能和正式员工享有一样的待遇。学的是热门专业，但却没有获得期望的薪酬和机会。拿到工资时你会感到不平衡，甚至是感到不可思议。要知道任何一个单位在接受新员工时都不会与老员工一个待遇，他们在公司工作多年，对公司的贡献要比你大，工资比你高是很正常的。你所做的就是要慢慢赶上他们，甚至超过他们。所以，在试用期里，要早到晚归，不要计较加班费等等小利。师傅和同事没有下班，不要急着下班。要有“舍得”的精神，只有

“舍”,才可能“得”。

2. 任务重,事情繁杂

到单位之后,你会发现你成了一个打杂工,往往被指派做一些技术含量较低的工作,或被频繁轮岗,曾经是学校里的优等生,如今却只是一名普通员工。这是缘于个人刚刚进入组织,彼此之间缺乏全面的了解,因此,往往很难立即取信于直接上司。在这种情况下,上司会认为只有等到新员工真正了解公司运作的实际情况之后,才可分配其承担重要的工作,因此最初交给新员工的工作往往过于简单或者很乏味。而大学生初入职场,被人认可的愿望十分强烈。有些毕业生就会感到自己的能力得不到认可,才华得不到施展,感到没有前途。这会压抑新员工的工作积极性和才能的发挥,并将直接影响其未来的职业生涯发展。

这种情况下,要求毕业生要摆正心态。要知道有些工作具有连续性,不会因为你的到来而打乱这种连续;有些工作具有复杂性,需要较长时间的学习和适应才能胜任;还有一些工作涉及单位的商业秘密,在单位确定正式录用你之前,是不会让你接触、不会让你去做的。很多单位在试用期考查学生也不单单考查工作能力,还要考查敬业精神及职业素养。

所以,高职生一定要慎重、正确对待这一现象。在试用期所要做的就是给自己的工作目标定位,只有这样,才会脚踏实地地把精力用在工作上,不再被身边复杂的事所干扰,无论干什么事都会显得胸有成竹。相反,没有基本目标的新员工无论知识程度高低,都会感到心里空虚,思维乱成一团麻,遇事犹豫不决,更不会知道怎样把握机会。初为上班族,对于上司或同事交办的每一件事,不管大小,都要竭尽全力,克服一切困难,力求在最短的时间内尽善尽美地完成。因为只有做好每一件事,才能逐渐取得上司、同事的好感与信任。切勿养成拖沓、马虎的习惯,或者自视清高,以为大材小用,对小事不屑一顾。下面这则小故事对你或许有所启发。

陈光陆的成功之路

台湾著名的电视制作人陈光陆,第一次到电视台工作时,台里只是试着让他担任一个很小的节目助理。在当时那个环境,助理的职务等于是小伙计,所有的杂务必须一手包办,几乎是没日没夜地工作,而薪水却很低。不久,陈光陆对自己干这些杂活就失去了兴趣,觉得前途暗淡无光,曾经动过跳槽的念头。但他的朋友告诉他,外面的好工作不好找,还不如先在这一行认真地干下去,边干边等,或许能等到机会。朋友的一番话引起他的深思,他从中得到启发,明白了眼下所做的每一件杂活,都是为未来的发展作积累,都是在为获得成功的机会作铺垫。于是他在节目助理的职位上继续干下去，慢慢地也对电视制作产生了兴趣，并决心将来也要走制片的道路，尽管担任助理，但他已经在心里埋下了以影视为业的使命感。紧随制片人苦学两年后，机会终于让他等到了：他策划了著名歌星邓丽君的专题节目《君在前哨》，得到电视台的首肯。结果，陈光陆的处女作推出后，在当时的台湾获得了极大的轰动，他因此被提名角逐金钟奖。

3.角色转换困难

大学生在学校里角色比较单一，所面对的群体也非常简单，所以心理还比较单纯。在学校时渴望工作，向往工作后时间上的自由。但是真正走上工作岗位后，对企业的生活都有着不同程度的不适应，尤其在试用期过程当中，这种不稳定的心态表现得更加明显。步入社会，意味着学生角色向职业人角色转化的真正开始。评价标准的差异，期望值跌落，让许多优秀大学生无所适从。也正由于此，很多学生在试用期未结束就折了职业路。

事实上，很多同学在校时并不能真正体会工作中的艰辛，不能了解社会的复杂，工作中面对的同事、上级，还有客户，也会千差万别。工作中加班加点是正常的事情，自己的工作不能按时完成时要主动加班。

4.淘汰率比较高

一方面是因为当前的就业形势非常严峻，应届毕业生的数量每年都在增加，一些单位用人优中择优，导致了试用期淘汰率较高。另一方面是学生自身的原因，由于年少气盛，难免表现出浮躁和冲动，依赖性强、不能吃苦等现象，导致了试用期淘汰率高。麦当劳的代表说，他们接收的大学毕业生都必须经过基层锻炼，在实习期都要安排最累最苦的活给他干，如先到前厅去端盘子、刷厕所等，但往往是，实习三天后就有人因为吃不了苦而被淘汰，淘汰率高达50%。所以，很多人被淘汰可能有单位的因素，但更多的是自己的因素。

5.忽视小节引发不满

众多企业对新员工要求专业技能的同时，都非常看重其综合素质。有将近四成的企业，对所聘用的新员工在细节上的表现不太满意，表现在职业道德，尤其是为人处世等方面的问题更多。比如，有不少新员工诚信意识薄弱，动辄“跳槽”；有的不能很好地与单位里的老员工沟通，在工作中配合不主动，甚至产生矛盾。虽然都是小事，却在个人的综合素质上打了折扣。

老员工对新员工最不满意的三个问题是：煲电话粥，没有“眼力见儿”和不注意检点个人言行。机关的工作人员提起办公室新员工时的反映是：在小事上做得不周到，比如打扫卫生、整理报纸文件、接电话等，不主动去做，比较懒散。私企的员工对新员工最大的不满是：不能很好地体现企业形象，不能积极主动地为客户提供服务。比如，有的新员工在接电话时不使用礼貌用语，生硬地说:“你找谁?”“我不知道。”让对方很不舒服。还有很多新员工每天泡在电脑前,做的却都是自己的私事。这些批评其实都是针对小事,但这些小事却影响了同事们对新员工的好感,甚至影响了工作中的配合。

初入职场有一些毛病是难免的,但不要因小失大影响工作。注意工作中的小细节,并不是要年轻人学习圆滑,而是要有礼貌、有修养、有不怕吃苦的精神。在处理人际关系时,要虚心、谨慎,但是也要有自己的原则,做一个高素质的新员工不是件容易的事,要从小处做起。

所以做好这些帮助新员工融入单位和同事中的小事,也就成了最简单的表现方式。比如打扫办公室卫生、整理报纸架、擦洗计算机、倒纸篓、接听电话,等等,这些杂活大都属于工作以外的辅助性工作,因此也成为很多团队员工的工作死角。如果你看到身边的这些杂活时,能主动去做,并逐渐地养成习惯,相信你在团队同事中的人气也会得到急剧飙升。

6. 挨批评,遭遇职业挫折

职业挫折,即个人从事职业活动和个人职业生涯发展方面的需求不能得到满足,行动受到阻碍、目标未能达到的失落性状态。产生职业挫折的原因包括以下几种:因个人专业与职业不匹配导致的职业挫折;因才能不能发挥导致的职业挫折;因人际关系不佳导致的职业挫折;工作非人性化(如工作过于单调);职业的社会评价不高等。这些都可能造成人的工作不顺利和工作成果得不到承认,进而导致职业挫折感。

刚出校门的大学生,由于缺乏经验,经常理论与实际脱节,在实际工作中,领导会进行工作指导,或者提出善意的批评,有时候会在出现失误时受到严厉的批评。

这就要求大学生能够正确认识、虚心接受别人的意见,关键时候要经得住委屈,要顾全大局,要卧薪尝胆,要把委屈和挫折当作进取的动力。除了下次尽量避免,同时要不断鼓励自己,下次我会做得更好!以增加自信心,提高工作热情。只要你不放弃努力,机会总会有的。如果你不求上进,那么一旦危机和机遇同时与你不期而遇,你很可能就会因此迷失目标方向,成为危机的牺牲品;如果你在委屈和挫折中还能保持良好的心态、清醒的头脑,你就能变坏事为好事,化危机为机遇。用心观察那些成功的人所走过的路,你会发现他们几乎都有一个共同的特征:能正确认识自己的价值,牢牢瞄准目标,在危机中将事业进行到底。

7. 企业对员工缺乏职业规划

在无职业目标的情况下,员工只是被动地参与工作,时间一长,一成不变的工作让他们觉得烦闷,使他们失去了工作的激情。正如有的员工经常抱怨:“从进公司的第一天起,我们就只是接受任务,一天到晚埋头干活,我们工作是为了什么，虽然有人指挥，但我是真的不想再继续下去了。"许多企业的教育培训制度不健全，而且缺乏灵活的升迁任用机制，员工总固定地呆在原来的岗位上，完成一个又一个企业的目标，而自身的目标却总是达不到，于是对自己的前途感到茫然。枯燥乏味与他们追求新奇的愿望是相抵触的，员工们总会按他们的愿望去寻求一种更适合他们的工作和职位。

二、如何成功渡过试用期

既然试用期存在种种问题，那么高职毕业生应该如何应对？

试用期实际上就是考核期、观察期，多听、多观察、多问、多学习是毕业生作为职场新人留给领导和同事第一印象，是顺利渡过试用期最好的办法。

1. 四个"熟悉"

进入工作角色后，最重要的事情就是要尽快熟悉公司环境和自己所做的业务。要知道，任何公司都是不能容忍只拿工资不干事或是把事情干不好的员工的。所以做好自己的本职工作是最主要的，它是决定你将来发展前途的最主要因素。因此，刚参加工作的年轻人无论如何要把所有心思放在工作上，在最短的时间内熟悉公司各项规定，并把自己的本职工作做好。

(1)熟悉企业基本情况和内部组织。初入公司，你必须首先了解公司的基本情况，虽然应聘前已有大致了解，仍需进一步落实，比如公司的经营方针和工作方法，生产的产品情况和公司的运行情况等。其次需要了解公司的内部组织、管理层的情况等。如有哪些部门或哪些科室，每个部门主管是谁，所负责的主要工作是什么。

(2)熟悉本人岗位职责。进入单位后，要明白单位录用自己的主要意图，主动询问自己的岗位职责，自己做好哪方面的工作(哪些需要做，达到什么样的标准，哪些不需要做等)。只有明确了自己的岗位职责，才能按照岗位职责的要求，主动去完成自己的任务，避免出现在单位不知道做什么和乱做的现象。

(3)熟悉企业规章制度。你在员工手册中已经看到了公司的规章制度，那么在现实生活中你还得领会：哪些规章制度正被严格地遵守着？哪些不是？公司里不成文的规章制度又是什么？如果你不能很好领会，就会在日后的工作中"碰钉子"，并且永远意识不到你在哪里犯了错。

(4)熟悉企业文化。企业文化是企业生产经营实践中形成的一种基本精神和凝聚力，以及企业全体职工共同的价值观念和行为准则，通俗地讲就是企业经过时间长河沉淀下来的习惯。试用期虽然给企业和个人双方都提供了了解和磨合的机会，但是企业显然在其中占据着主动地位，作为新员工，只有充分了解到企业文化、规则之后，才能掌握公司的工作尺度，在工作、处事之中把准分寸。

熟悉文化、融入环境要注意两方面的内容：一方面是企业显形、成文的资料。包括企业的发展历史、企业精神、企业战略等等；另一方面是企业里一些隐性的、不成文的、约定俗成的规矩。很多新员工对于前一方面的资料非常关注，作了深入了解，却往往踩到后一方面的隐形“地雷”上，工作机会就这样被“炸”走。

如今，企业越来越看中员工与企业文化的融合，在新员工求职时还会安排很多的培训，这样的培训能够帮助员工了解企业的行为规范、福利待遇、可用资源等等，更重要的是将企业文化灌输到员工的大脑。如果有这样的机会，千万不要放过，参加了这些培训，渡过试用期就会更加顺利。

职业生涯是选择工作的重要因素，如果你感觉到自己选择的工作单位与预想存在差距，那就立即对该企业相关的企业文化以及企业战略作必要的深度了解。深度了解是为了让自己更能有目的地实现自身的角色转换，使自己尽快地树立正确的职业理念和良好的职业心态，尽快获取各项基本职业技能，尽早地找到自己的位置。

对于毕业生来说，未来充满了不确定性，虽然说找工作不能决定一生的路径，但还是希望第一份工作能给自己打下一个坚实的基础，为以后的职业发展做好铺垫。所以，新员工要在思想上树立这样一个理念：找到了好的工作，那也只是成功的第一步，要以积极的态度去适应企业，稳定情绪，树立职业使命感，接受单位对你的试用期考察。

2.四个“做到”

(1)做到角色转换。大学生到单位后首先应该调整自己的角色，尽快完成由一个“学生”到一个“职业人”角色的转变。主动了解企业的文化和员工行为规范，树立符合企业要求的职业形象。面对不同的角色要及时调整心态，面对上级的时候，要求自己以服从上级领导的管理为主要标准；面对同级要以协作、互利为准则投入工作。

(2)做到尽快适应工作岗位。你必须有丰富的业务知识，才能完成上司交代的工作。这些知识与学校所学的有所不同，学校中所学的大部分是理论知识，而工作所需要的是实践经验。时刻不忘记学习业务知识，增强业务能力，为企业创造最大的价值，是一个好员工的最根本的素质。自觉地掌握过强的岗位技能，使自己尽快成为骨干精英。

(3)做到按时完成任务。成功人士都是那些时间观念强，善于运用时间，做好计划安排的人。他们绝不会在不能给自己带来好处的人和事上浪费一分一秒，他们总是清楚自己下一步要去做什么。在“时间就是金钱”的现代社会里，一个具有时间观念的人是受人欢迎的，尤其是在进行工作时，更要注意按时完成。一项工作从开始到完成,必定有预定的时间,而你必须在这个时间内将它完成,绝不可借故拖延,如果你能提前完成,那是再好不过的了。

(4)做到能缓解工作和生活压力。工作的人更多想的是生活,学生想的是理想。有理想是好事,但社会不是理想的,甚至与理想相悖。也就是说,象牙塔里的压力与工作以后承受的心理、生理压力是不可同日而语的,学生必须为自己的理想付出艰辛的努力。

毫无疑问,对比校园生活,工作之后的生活是紧张的、繁忙的,生活节奏一步紧似一步,毕业生应以一个职业人的眼光来重新定位自己,重新安排生活节奏,管理时间,从而克服个人想象与社会、公司实际情况的差异所带来的不安全感。新员工在试用期中最容易遇上两种压力:一种是工作压力,一种是心理压力。而工作压力若是加重了,很可能也会上升到心理压力。正常的压力并不足惧,可怕的是重压之下,对自己的工作状态形成了负面影响。如果发现自己已经有这个苗头,就意味着你的心态出了问题,试用期可能要出现危机了。为此,缓解心理压力对新员工是很有必要的。

①要努力去“享受”压力。不管你从事什么职业,只要你处于试用期阶段,辛苦与焦虑都极有可能会与你相伴,甚至还会产生烦躁和倦怠。要消除心中的压力,关键就是要把自己的心态调整平衡。遇到工作量大或强度高时,应采用积极的办法,迎着压力而上,不能采取忍受、掩饰、找借口逃避等办法,以免造成心理上的疲惫。消极态度不但会增加工作动力,反而还会耗费能量。

②为自己做好职场压力管理,努力不让压力“升格”为心理忧郁症,以免给自己带来莫名的苦恼。管理的重点是了解自己优缺点,修正不正确的自我特质。此外,要设定合理的工作及人生目标,要求完美大多只会失败,从开阔、弹性的角度来看待人生中的挑战,危机也许会变成转机。

③要学会合理使用“减压法”。减压不是忍受,也不是逃避,而是为自己在压力面前营造一种积极的心态,让自己的工作和心理更轻松。比如:你想象一件你认为最有趣的事情,并持续回味一会儿;站起来向窗外眺望,仔细观察远处的某种东西,然后刻意地描述出相关细节;尽可能快地把你的办公室或办公场地清扫一遍或替别人跑跑腿出去放松发泄一下……减压的办法有很多,不管用什么办法,只要你认为做些别的事后,可以让你感到心情轻松许多,不会再为压力而烦恼了,你就毫不犹豫地去做。

3.警惕毕业生“试用期陷阱”

试用期陷阱一般有以下几种:

(1)灰领变杂工。有一些单位根本不需要管理人员,却虚设空位引诱应聘者试用上当受骗。或者工作岗位根本不需要高学历人员,为显示自己的档次,却对应聘者学历要求苛刻、大材小用。

(2)永远不会及格的考试。一些用人单位,在试用期间,与新员工只是口头协议,工资也是随便给。许诺等试用合格了,正式签约后给高薪待遇。而到试用期即将结束时,则找出种种理由辞退员工或者找个冠冕堂皇的理由,要求与新员工重新约定一个试用期,再进一步考察。他们的考试永远没有人及格,只是用人单位使用廉价劳动力的一个幌子而已。这时毕业生完全可以拿起《劳动法》和《劳动合同法》的法律武器来保护自己的正当权益。

(3)鱼目混珠。由于人们经常将试用期和实习期这两个概念相混淆,所以有些用人单位就故意用实习期来代替试用期,因为通常实习期长达半年到一年。

如果遇到以上情况,毕业生可以向学校反映,以便提醒其他同学注意,并由学校与人事局等主管部门联系,通过法律手段来维护自己的合法权益。但是对于刚刚步入社会的学生来说,无论时间还是财力,都存在一定的局限性,很多学生往往采取自认倒霉、不了了之的处理方式。这要求毕业生们增强法律意思,加强对相关法律的学习,擦亮眼睛,尽量避免发生此类事情。

第七章

毕业生就业签约与报到

就业签约与报到是高职毕业生择业的最后一个环节。毕业生与用人单位在洽谈、协商或试用的基础上决定相互接纳，达成工作意愿后，便以就业协议的形式将这种关系确定下来，这叫签约。在签约的基础上，毕业生在完成大学学业后，领取了就业报到证，去用人单位上班，并按规定到人事部门办理相关手续，即为报到。

第一节　签　　约

一、签约的内容

签约即签订就业协议。当毕业生与用人单位经过“双向选择”，在相互了解和协商的基础上决定彼此接纳后，一般以签订就业协议的方式将这种意愿确定下来。毕业生与用人单位签订协议，并经学校主管部门签证盖章，即为签约。就毕业生而言，协议的签订就意味着就业，因而也称为就业协议。

我国目前高校毕业生通用的就业协议是由教育部制定，省、自治区、直辖市就业主管部门印制的《高等学校毕业生就业协议书》。该协议书包括以下内容。

(1)毕业生的基本情况及意见。包括姓名、性别、年龄、民族、政治面貌、培养方式、健康状况、专业、学制、学历、家庭住址、应聘意见等。

(2)用人单位的情况及意见。包括单位名称、单位隶属、联系人、联系电话、邮政编码、通信地址、所有制性质、单位性质、档案转寄地址、用人单位意见、用人单位上级主管部门意见等。

(3)学校意见。包括学校联系人、联系电话、邮政编码、学校通信地址、院系意见、学校毕业生就业部门的意见等。

随着毕业生就业制度改革的不断深化，毕业生就业协议的内容也在进一步规范化、法律化。目前，一些用人单位或学校在就业协议中明确用人单位与毕业生之间的权利和义务。这些内容主要包括服务期、工作岗位和工作内容、劳动保护和工作条件、工资报酬和福利待遇、劳动纪律、协议终止的条件、违反协议的责任等。

协议书一经签订，便视为有效合同，签约各方都要遵守。如一方违约应在征得其他各方同意后，方可解除协议。

二、签约的程序

就业协议的签订是在毕业生和用人单位供需见面、双向选择的基础上，达成一致意见的结果。签约一般需经过以下程序。

(1)毕业生本人须在协议书上以文字的形式，用蓝黑或者黑色钢笔清楚地填写本人的姓名、专业、培养方式等基本情况，并明确表达自己同意到选定单位应聘工作的意愿，同时签署本人的姓名。

(2)由用人单位人事部门负责人代表单位用蓝黑或者黑色钢笔清楚地填写本单位的情况，签署同意接受该毕业生的文字意见，并签字盖章。如果该单位没有人事决定权，则还需要报送其上级主管部门签字盖章，或人才交流中心，予以批准认可。

(3)毕业生所在院(系)和学校主管部门签署意见并签字盖章。

(4)学校上级主管部门审核，编制就业方案。

在完成上述程序之后，协议就正式生效，并列入国家就业方案，下达学校和有关部门、地区执行。

现行的高校毕业生就业协议书一式四份，协议正式签订以后，其中一份由毕业生本人收存；一份交用人单位，作为接收毕业生就业的凭证，并以此做好相应的人事及其他安排；一份报学校上级主管部门作为审核批准和编制就业计划的凭据。

三、签约应注意的事项

签订就业协议书应注意哪些问题?

毕业生就业协议明确了毕业生和用人单位的权利和义务，具有法律约束力，一经签订，便视为有效合同，不能随意更改。签约双方都要遵守协议，不能做与协议书内容相违背的事情。协议书的签订涉及毕业生的切身利益，在就业签约时应注意以下几个问题。

1.查明用人单位的主体资格

签订就业协议的当事人必须具备的主体资格，一般而言用人单位必须具有从事某项经营或管理活动的能力，单位应有录用指标和录用自主权。由于就业市场招聘单位类型多样，不乏鱼目混珠的情况，因此毕业生在与用人单位签订就业协议时应慎重，要仔细了解用人单位基本情况，才能做出正确的判断，以避免浪费其他的就业机会。

2.按规定程序签订协议

毕业生就业协议的签订应按照规定的程序进行，一般而言，毕业生应使用学校下发的就业协议书与用人单位签订就业协议，经所在系登记后报校毕业生就业指导中心签章，最后交省高校毕业生就业指导中心签证。

3.有关条款的内容必须明确

毕业生就业协议一般由主管部门事先拟定，对毕业生与用人单位起示范作用。毕业生与用人单位经协商对有关条款进行修改，还可以增加相关条款。因而毕业生与用人单位在签约时，应尽量采用示范条款。如确有必须进行变更或增加，亦应在内容上必须明确，不要产生歧义，尤其是涉及福利待遇、工作期限、违约责任等应明确，否则一旦发生争议，由于事先约定不明确，不利于自身合法权益的保护。如无附加条款，应当将协议书中的空白部分划去，注明以下空白。

4.注意劳动合同的衔接

由于毕业生就业协议签订在先，为避免在日后订立劳动合同时产生纠纷，应尽可能将劳动合同的主要内容体现在就业协议的约定条款中，并明确表示在今后订立劳动合同时应予确认。否则双方日后就劳动合同有关内容达不成一致意见，且事先无约定时，若毕业生表示不愿在该单位工作，用人单位反过来要毕业生承担违反就业协议的责任。因此毕业生在就业的过程中应就劳动报酬、试用期、服务期限等劳动合同的主要条款与用人单位事先协商，体现在就业协议中，并将协议结果书面化，而不应只作口头约定。

5.合同的解除条件做事先约定

毕业生就业协议一经订立，就对当事人具有约束力，一方不得随意解除，否则应承担违约责任。毕业生如对用人单位的情况不是很了解，或感到不完全如意，但又担心就业市场的变化，一旦放弃后落实就业单位可能更困难，或本人在考研等。在这种情况下，毕业生可与用人单位在就业协议中就解除条件先作约定。若约定条件一旦成立，毕业生可依约解除协议，而无须承担违约责任，避免产生经济损失或其他争议。

第二节 协议的生效与约束

在高校毕业生的就业协议活动中主要涉及毕业生、用人单位和学校三方面，毕业生一旦与用人单位签订了就业协议，并经学校签证后，则协议正式生效，对三方均有约束力。三方均有义务履行协议，以保证三方享有的权利和义务。

一、毕业生的权利和义务

毕业生与用人单位签订就业协议后，双方由此产生了相应的权利和义务关系，并负有相应的责任，双方应遵循国家《劳动法》和有关就业的各项法律法规。

1.毕业生在就业工作过程中的权利

毕业生在就业过程中享有如下权利：

(1)了解国家就业工作的方针、政策和规定；

(2)向就业工作机构和就业工作人员咨询并要求提供相应服务；

(3)获得用人单位及其人才需求的有关信息；

(4)获得就业工作人员的客观、公正的评价；

(5)在国家就业政策和学校就业工作规定的范围之内以及符合用人单位录用条件的情况下，参与公平竞争，选择用人单位；

(6)用人单位违约后，可重新选择用人单位；

(7)依法对就业工作进行监督，对就业工作中的违法违纪行为有批评、检举、揭发的权利。

2.毕业生就业工作过程中应履行的义务

毕业生在就业过程中应履行的义务：

(1)认真学习、正确理解并执行国家就业方针、政策，根据需要为国家服务；

(2)接受学院毕业教育和就业指导；

(3)服从院、系就业工作的安排和管理，完成院、系布置的与就业工作有关的任务或事项；

(4)如实向用人单位反映情况；

(5)遵守择业道德和院、系就业工作纪律；

(6)履行就业协议；

(7)及时如实向学院通报就业工作落实情况；

(8)按时办理离校手续,文明离校。

二、用人单位的权利与义务

用人单位在招聘毕业生过程中享有的主要权利有:根据国家就业政策和规定自主选择毕业生;按规定到高等学校招聘毕业生;向学校及有关方面了解拟录用毕业生的学业情况及在校表现;按就业协议规定,要求违约毕业生承担违约责任;依法享有的其他权利。

用人单位在毕业生就业过程中应履行的主要义务有:执行国家的就业方针、政策及有关规定;在招聘过程中实事求是的介绍本单位情况;向学校和地方毕业生就业主管部门申报需求信息;公开、公正、公平、择优录用毕业生;严格履行就业协议,及时接收毕业生并帮助毕业生办理就业手续;依法应履行的其他义务。

三、学校的权利与义务

学校是有目的、有计划、有组织地进行教育教学活动的重要场所,在走向教育法制化的进程中,学校正日益成为教育法调整的重要对象。为使学校能充分地行使自己的办学自主权,并且切实地履行自身在教育和管理方面的职责义务,学校必须依法行使其权利和义务。

根据《中华人民共和国教育法》第28条,学校的权利包括:

(1)按照章程自主管理;

(2)组织实施教育教学活动;

(3)招收学生或者其他受教育者;

(4)对受教育者进行学籍管理,实施奖励或者处分;

(5)对受教育者颁发相应的学业证书;

(6)聘任教师及其他职工,实施奖励或者处分;

(7)管理、使用本单位的设施和经费;

(8)拒绝任何组织和个人对教育教学活动的非法干涉;

(9)法律、法规规定的其他权利。

根据《中华人民共和国教育法》第29条,学校的义务包括:

(1)遵守法律、法规;

(2)贯彻国家的教育方针,执行国家教育教学标准,保证教育教学质量;

(3)维护受教育者、教师及其他职工的合法权益;

(4)以适当方式为受教育者及其监护人了解受教育者的学业成绩及其他有关情况提供便利;

(5)遵照国家有关规定收取费用并公开收费项目;

(6)依法接受监督。

四、协议的解除与改签

解约是指就业协议签订后,若情况有所改变,使协议不能履行,办理双方当事人协商,可以解除。就业协议解除分单方面解除和双方解除。

1. 单方解除

包括单方擅自解除和单方依法或依协议解除。单方擅自解除协议,属违约行为,解除方应对另一方承担违约责任。单方依法或依协议解除,是指一方解除就业协议有法律上或协议上的依据,如学生未取得毕业资格,用人单位有权单方解除就业协议;毕业生考上研究生后,可解除就业协议;如应聘公务员的毕业生未通过用人单位所在地组织的公务员考试,用人单位有权解除协议。此类单方解除,解除方无需对另一方承担法律责任。

2. 双方解除

是指毕业生、用人单位经协商一致,取消原订立的协议,使协议不发生法律效力。此类解除因是双方当事人真实意见的表示,且协议一致,认为原协议的履行没有必要,故双方均不承担法律责任。双方解除协议,应签署解除协议文件。若单方擅自解除,有责任方按就业协议规定承担违约责任。有关解约或违约手续完备后,学生可重新择业。

毕业生解约手续办理程序:

(1)毕业生向所在各分院(部)主管领导提交书面个人解约申请,经批准同意并派署意见后才可以办理后续手续。

(2)经双方协商,用人单位开出同意解除协议的证明并返还推荐表原件。

(3)毕业生持个人解约申请及用人单位同意解除协议证明,到所在各分院(部)申请新的就业协议书;如原单位证明无法退还推荐表原件,可向各分院(部)申请新的推荐表。

(4)毕业生持个人解约申请、原签约单位同意解除协议证明、新的用人单位盖章后的就业协议书,到各分院(部)填写《学院毕业生解约改签申请表》以下简称"解约改签审批表",由学院就业指导中心进行解约资格审核。

(5)各分院(部)将个人解约申请、解约改签申请表、单位同意解除协议证明,以及新签订就业协议书上报学校毕业生就业办公室(就业指导中心)审核,如符合条件,学校毕业生就业办公室(就业指导中心)注销学生管理信息系统原签约数据。

(6)各分院(部)登录学生管理信息系统,录入新派约数据,并在新签约就业协议书上派字盖章,新协议生效。

毕业生解约申请必须在有新的就业意向的前提下才能受理,办理过程中上述材料不可缺少，程序不可颠倒。如因用人单位违约，毕业生也有权要求用人单位承担违约责任，解约和用人单位违约办理程序可从第2条开始。

五、违约责任与毕业生违约的后果

就业协议一经毕业生签字、用人单位签字盖章后，即具有法律效力，任何一方都不得擅自解除，否则违约方应向另一方支付协议条款所约定的违约金。但从实际情况来看，违约多见于毕业生。毕业生往往与一家单位签约后，仍马不停蹄，频频出入于招聘洽谈会，继续与多家单位洽谈、面试，结果总有新单位优于原签约单位，于是义无反顾，抛弃前者，选择后者，违约就此发生。毕业生违约，往往会产生诸多不良的后果，主要表现在：

一是损害了签约单位的利益。用人单位为录用一名毕业生需做大量工作，有的单位甚至对录用毕业生的工作岗位都做了具体安排，一旦毕业生违约，不仅使用人单位为录用这个毕业生所做的一切付诸东流，而且会因延误时机，增加用人单位继续选择其他毕业生的难度，这样势必影响用人单位的进入计划，继而影响工作的正常开展。

二是影响学校的声誉和信誉。用人单位往往会将毕业生的违约归责于学校管理不严、教育无方，从而影响学校与用人单位的长期合作关系。从历年情况来看，一旦毕业生违约，该用人单位会几年不到该校来挑选毕业生。面对激烈的就业竞争，用人单位的需求就是毕业生择业成功的前提，势必影响学校的毕业生就业工作。

三是影响其他毕业生的顺利就业。用人单位到学校挑选毕业生，往往有许多毕业生竞相应聘。用人单位一旦与某毕业生签约，其他同学必须另起炉灶、改换门庭。若日后该毕业生违约，就会使当初希望到该单位工作的其他毕业生痛失机会而扼腕叹息。用人单位因时间关系，无法补缺，从而造成就业信息的浪费，影响其他毕业生的顺利就业。

第三节　报　到

高职毕业生在顺利完成学业，根据与用人单位签订就业协议，应在规定的时间前，向所签约的接受单位报到上班，并到人事部门办理相关落户等手续。

一、报到需要准备的材料

就业协议书、报到证、户口迁移证明、毕业证、学位证、身份证、党、团组织关系、英语和计算机等级证等相关证件等必备的证明。

报到证、户口迁移证明、身份证、党团组织关系是报到时必备的证件，要妥善保存，一旦丢失会给你带来许多不必要的麻烦。报到时往往要填写有关的登记表、办理工作证、更换身份证等，所以请预先多准备几张免冠照片。

二、报到的时间和地点规定

大学毕业生的报到期为毕业后的三个月。毕业生自派遣之日起，无正当理由超过三个月不去用人单位或指定的毕业生就业主管部门报到的，学校经主管部门批准，不再负责其就业派遣工作。

毕业生应在规定的时间内报到。如果由于不可抗拒的原因(如生病、外出遇灾未归等)无法按期报到，应采取信件、电话、电报、传真等方式向接收单位说明和请假。如果逾期不报到，又未向接收单位说明和请假的，就可能产生接收单位拒绝接收的后果。

三、报到可能遇到的问题及处理方法

1. 毕业生报到时用人单位拒绝接收怎么办？

国家规定："未经高校和用人单位双方复议并报地方主管调配部门批准，学校不得随意改派毕业生，用人单位不得拒收和退回毕业生。"当遇到用人单位拒收时，毕业生应主动向用人单位说明情况，不要与对方争吵，更不要贸然返校，应及时与学校取得联系，由学校分清责任，按有关规定妥善处理。

若属因学校工作失误造成方案不落实，误派毕业生的，应由学校负责提出调整意见报批。

由于用人单位发生重大变化(如撤并、破产、倒闭等)，无接收能力的，应及时与学校协商，合理调整。若是用人单位对毕业生提出难以达到，又不符合政策规定的过高要求，则不能作为退人理由。

属于毕业生本人身体有病而提出退回的，若是学生在校期间就有传染病史、精神病史，用人单位不知道，待毕业生报到时才发现的，应允许提出退回；若是报到后才患病的，应按在职人员病假的有关规定处理。如果是因毕业生离校后违法或严重违纪，被用人单位拒绝接收的，学校不再负责其就业事宜。

2. 毕业生个人要求用人单位退回，学校还受理吗？

按照有关政策，用人单位未经学校同意，不得随意退回按计划派遣的毕业生。但有的毕业生却提出种种理由，要求用人单位退回。对于报到后不服从单位安排或无正当理由要求用人单位将自己退回学校的毕业生，将由学校报本省毕业生就业主管部门批准后，将其档案、户籍关系转至生源所在地，学校不再负责其就业事宜。

3.健康检查不合格的毕业生的就业如何办理？

(1)学校在派遣前要认真负责地对毕业生进行健康检查,因身体原因不能坚持正常工作的,让其回家休养。一年内治愈的(须经学校指定县级以上医院证明能坚持正常工作的)可以随下一届毕业生就业,一年后仍未治愈或无用人单位接收的,户口关系和档案材料转至生源所在地,按社会待业人员办理。

(2)用人单位对毕业生身体如有特殊要求,原则上应在与毕业生签订协议前单独进行体检。

(3)根据教育部《普通高等学校毕业生就业工作暂行规定》第四十四条规定:“高校毕业生报到后,发生疾病不能正常工作的,按在职人员有关规定处理,不能把上岗后发生疾病的毕业生退回学校。”

4.毕业生报到后找不到档案后怎么办？

毕业生落实工作单位后,学校一般在一个月左右的时间内将档案通过有关部门转递出去,用人单位也可以开具证明材料后,派人到学校取。但毕业生本人不得自己携带。毕业生报到后超过三个月的时间还找不到档案,可以通过学校查找。

5.对毕业生违约如何处理？

毕业生若是通过“双向选择”确定的接收单位,并与用人单位签订了就业协议,毕业生应认真履行协议。倘若毕业生单方面违约,应承担违约责任。

6.《报到证》在报到期限内丢失,如何办理补办手续？

遗失就业报到证的,应持档案管理部门开具的补办证明信、个人申请、档案内的《报到证》副本到当地或就读学校所在地日报登报挂失,并持报纸、毕业证、向学校就业指导中心提出申请开具补办证明,复印当年录简表和就业方案复印件(须加盖学校招生与就业处的公章),然后由学校或毕业生本人自行到省级就业主管部门申请补发。

7.若毕业生报到时误期怎么办？

毕业生在领取报到证后,应在规定期限内到用人单位报到。倘若因故不能按期报到的,必须在规定期限内向用人单位提出申请,否则,用人单位有权拒绝接收。

8.毕业生的档案、户口关系如何转递？

毕业生档案由其高考档案和在校学习期间的材料两部分组成。在校材料包括学业成绩、毕业生登记表、体检表、奖惩情况及毕业论文等,由所在学院整理、学校招生与就业处转递。

档案转递一般采用直接送达。档案转递原则:升学的毕业生档案,由毕业生本人直接转至录取学校招办或录取院系总支;未落实单位的师范类毕业生,档案转至生源地地市人事局或教育局(或县区人事局、教育局)毕业分配办公室；到省（市）直机关事业单位、部队或驻地单位就业的，直接转至用人单位人事部门；到各类企业就业的，根据协议要求，转至用人单位或用人单位所在地人才服务机构；到省外就业的，按协议书注明的地址转递。

户政部门按照学校就业派遣方案转出毕业生户口关系。详细说明请参考户籍科的要求及说明。

第四节　关于改派的问题

一、什么是"改派"？

"改派"是指对毕业生就业方案所做的一种调整。对于毕业后已派遣的本、专科生原则上不改派，但对于因特殊原因或跨地区就业的、的确需要改派的毕业生，由毕业生提出改派申请，经浙江省教育厅或有关市、县人事、教育部门批准后，可以办理改派手续。

二、如何办理"改派"手续？

改派一般可分为三种情况：

第一种是毕业后跨省就业；

第二种是在省内跨大市就业；

第三种是在原派遣地所在大市范围内跨县（市、区）就业。

第一种情况需要到省高校毕业生就业指导服务中心办理相关手续。例如浙江省，地点为杭州华星路203号（米兰洲际酒店斜对面），受理时间为每个工作日上午8：30—11：30、下午2：00—5：00。联系电话：0571—88008635，88008653，88008656。就业调整手续的受理范围是，毕业后两年内跨省（自治区、直辖市）调整就业去向，从市县调整到省级、中直单位，或从省级、中直单位调整到市县的毕业生。对已经落实就业单位并领取就业报到证的毕业生，原则上两个月内不予受理调整手续。

毕业生办理就业调整手续时，须携带如下材料：

（1）就业报到证；

（2）毕业证书；

（3）以前已落实就业单位的，须出具原就业单位同意解除协议并经上级就业工作部门审核同意的书面意见；

（4）现已落实就业单位的，须出具与就业单位签订的、并经上级就业工作部门审核同意的就业协议书，或是由就业单位出具的、并经上级就业工作部门审核同意的书面接收意见。

对第二、三两种情况，按照《中共浙江省委办公厅、浙江省人民政府办公厅转发〈关于做好2004年高校毕业生就业工作意见〉的通知》（浙委办[2004]39号）规定，毕业生在本市范围内跨县（市、区）调整就业去向的，由本市毕业生就业主管部门办理调整手续；跨市调整就业去向的，由两市毕业生就业主管部门办理调整手续。所需材料与到省里办理的基本相同，具体手续需根据相关市、县毕业生就业主管部门的规定办理。

根据现有规定，毕业生无论属于哪种改派都不必来校，只要到省或市、县有关毕业生就业主管部门办理手续就可以了。

三、"改派"后如何办理户口改签手续？

毕业生在办理改派手续后，凭改派后的报到证、原发的户口迁移证到相应的省地市服务中心办理户口改签手续。

申请办理改派的，应承担违约责任，并提供以下材料：

(1)放行函（退函）。原接收单位及主管部门出具的、同意毕业生另行择业的函（说明辞退原因）；

(2)接收函。新接收单位出具的经上级主管部门签章同意接收毕业生的函（就业协议书）；

(3)个人改派申请和原报到证。

凭材料按下列原则办理：

(1)不跨地市调整改派的，直接到地市就业主管部门办理；

(2)跨地市改派的，由两地市就业主管部门协调办理，不再报省就业主管部门审批；

(3)由市地改派至省、部队或省外单位的，持上述材料至省就业主管部门办理手续。

四、改派毕业生的户籍关系如何办理？

未在原接收单位所在地落户的，由毕业生持改派后的就业报到证、原户口迁移证到原就读学校主管部门办理户口改迁；已在原接收单位所在地落户的，由毕业生持改派后的就业报到证到当地派出所办理户口迁出手续。

第五节　人才流动与人事代理制度

一、人才流动服务机构

人才流动服务机构是指在人才流动过程中，为人才择业和单位用人提供社会化服务的中介组织。近几年，我国的人才流动服务机构发展很快，正在形成一个覆盖全社会的服务网络。

我国人才流动服务机构可分为三种：一种是政府人事部门所属的人才流动服务机构，面向社会提供服务；一种是由行业或部门创办的人才流动服务机构，主要是为本行业、本部门或系统的人才流动服务；另一种是民间自筹资金开办的人才流动服务机构，包括大小“猎头公司”、私营的人才职业介绍公司等。其中，由政府人事部门培育发展起来的人才市场又可分为三类：一类是区域性人才市场，现有中国沈阳人才市场、中国北方人才市场（天津）、中国上海人才市场、中国武汉人才市场、中国成都人才市场、中国南方人才市场（广州）和中国西安人才市场第七家；第二类是专业性人才市场，是专门为某一专业或某一类人才以及需要这些人才的用人单位服务的人才市场，如中国唐山企业家人才市场、中国化工人才市场、中国中原毕业生人才市场、中国宁波乡镇企业人才市场、中国江汉平原农村人才市场等，一些省市根据当地经济发展需要，也在本省内组建了不同类型的专业性人才市场；第三类是基础性人才市场，是除区域性和专业性人才市场以外由政府人事部门培育发展起来的人才市场，目前全国各省、地（市）和95％以上的县市都建立了基础性人才市场。

二、人才流动社会化服务

人才流动服务机构在搞活人才流动的过程中，积极为人才和用人单位创造“双向选择”的条件，提供大量的社会化服务，主要有以下几个方面：

（1）建立人才供求信息库，收集、整理、贮存和发布人才供求信息，为各类人才及用人单位提供信息咨询服务；

（2）进行流动人才的求职登记，通过举办交流大会等多种形式开展人才交流活动；帮助交流成功双方签订合同，办理合同签证等有关手续；

（3）开展人才择业、转岗的技术、技能培训，提供就业指导；

（4）以管理流动人员人事档案为核心，办理流动人员档案工资调整、因私出国政审、专业技术职务评审、大中专毕业生定期转正、初级专业技术职务认定以及接转流动人员党（团）组织关系等；

(5)组织人才的智力流动,为人才的兼职、技术开发、技术服务等提供社会化服务;

(6)为回国留学人员提供择业服务,开展国际人才交流;

(7)为外商投资企业、乡镇企业、区街企业、民营科技企业、私营企业等非国有企业提供人才招聘和管理的社会化服务。

各地人才流动服务机构在广泛开展上述业务的同时,还根据人才流动的需要,开展了人事代理、人才测评和人事争议仲裁工作。人事代理是指人才流动服务机构通过签订代理合同接受个人或用人单位的委托,为其提供全方位、一条龙的人事业务的代理服务。人才测评是指通过建立科学的人才能力测评体系,对人才的心理素质、求职倾向、知识技能和发展潜能等进行客观、公正的测试、考核和评价,为人才择业和单位用人提供依据。人事争议仲裁是处理个人与用人单位之间人事争议的有效途径。

大中专毕业生是流动人员大军中的一个特殊群体,需要解决初次就业问题。人才流动服务机构通过定期或不定期地举办毕业生人才交流会、发布人才供求信息、开展就业指导与咨询、开展人才培训工作等。

开展不同范围、不同类型的毕业生双向选择和供需见面活动,对毕业生双向选择协议进行鉴证;开展毕业生需求测评、毕业生人事委托代理、毕业生素质测评、毕业生择业培训工作,进行毕业生待业试点工作;开展毕业生就业政策及就业服务等方面的宣传和咨询,调解和仲裁毕业生流动争议;组织跨地区毕业生的引进和输送,为各地利用本市场开展国内外人才交流提供服务。中原毕业生人才市场建立以来,在促进毕业生人才的合理流动、合理使用、合理配置等方面,发挥了积极作用。

三、人事代理制度

人事代理是指各级行政部门所属的人才流动服务机构或者人事代理机构,受代理对象的委托,根据国家、省、市人事政策法规,运用社会化服务方式和现代科学手段,为诸如“三资企业”、私营企业、股份制企业、民办科研机构等无主管单位以及不具备人事管理权限的单位要求委托人事代理的其他企事业单位,自费出国、以辞职等方式流动后尚未落实单位的专业技术人员和管理人员提供档案保管或有关人事方面的服务工作。它是一种人事管理与人员使用分离的新型人事管理方式。

委托人事代理可分为单位委托人事代理和个人委托人事代理两种类型。单位包括事业单位、国有企业、集体企业、个体企业、私营企业、股份制企业、外商投资企业等。个人包括被辞退、退职、解聘、下岗、解除劳动合同的原机关工作人员、企事业单位专业技术人员和管理人员,毕业后暂未落实单位或自谋职业的大中专毕业生、毕业研究生，户粮、人事关系在外地被借调在本地工作的专业技术人员和管理人员，自我安置的军队转业军官，非国有企业和境外、外地驻本地代表机构录（聘）用的专业技术人员、管理人员，其他需要人事关系委托管理的专业技术人员和管理人员。

单位委托人事代理，各级人才服务机构可提供人事政策咨询、人事档案保管、聘用（任）合同鉴证、代办养老保险、失业保险、代办户籍粮油关系迁移和档案工作定级（晋升）手续。代为申报专业技术职称资格等人事代理服务。

个人委托人事代理，各级人才服务机构可集体正式接收的，由其委托代理的人才流动机构凭接收单位人事主管部门的接收函件办理其人事关系及档案的转递手续；被其他单位重新聘用的委托人事代理人员，及时变更人事代理手续。

目前各地都根据本地实际情况开展了范围内容各有不同的人事代理服务，一般来说，毕业生与当地人才服务中心签订委托代理合同后，可以得到以下代理服务：

（1）人事档案保管；

（2）鉴证聘用合同及负责办理代理单位接收的应届大中专毕业生见习期转正手续；

（3）按有关规定代办养老保险并计算工龄；

（4）接受人事关系、党团组织关系及户粮关系的挂靠；

（5）按国家政策规定代办档案工资定级、调资手续；

（6）代办专业技术职务任职资格初定、申报手续；

（7）办理人才流动手续；

（8）办理挂靠人员考研、出国、出境的政审（签署意见）；

（9）协助推荐尚未落实就业单位的代理人员就业；

（10）商定的其他人事代理事项。

人事代理制度还改变了以往大中专毕业生单一的就业模式。未就业的毕业生在人才服务中心办理了人事代理手续，便可办理户口、粮油关系落户手续，办理手续之日即为参加工作时间之始，以后若被用人单位接收，人才服务中心将负责办理行政关系接转手续、工龄连续计算。同时，将所有委托人事代理的大中专毕业生情况编入人才信息库，便于用人单位充分选择。有的地方还规定，委托人事代理的大中专毕业生在一至两年内，享受原毕业生就业待遇。

第八章

高职女生择业心理指导与策略

我国女性接受高等职业教育的比率在逐年递增。据统计，浙江省 2008 届高校毕业生中女大学生已达 51%，并且还有上升的趋势。越来越多的高职女生进入许多传统上女性较少涉及的工作领域。女生比例也有大幅度提高，尽管如此，女大学在就业中仍受到传统观念和自身不良心理的双重困扰，使得一些女大学生在择业过程中丧失了机会。因此，女生在就业过程中要克服择业的不利心理和因素，提高择业技能，以积极进取的心态参与就业市场竞争。

第一节　影响女生择业的不良心理因素

女大学生就业难已是一个不争的事实，它困扰着女大学生的成才自信心，已成为女大学生们心头挥之不去的阴影。造成这个问题的原因很多，有传统文化造成的社会对女性持偏见的因素，也有男女生理差异造成的女性择业处于"劣势"的因素，但最主要的还是女性自身对自我认识的偏差造成的心理劣势，在女大学生择业过程中构成了不利的影响。因此，正视性别差异，走出心理误区，消除不利影响，是女大学生在择业过程中应过好的第一关。女大学生择业的不良心理，主要表现在以下几个方面：

一、自卑心理

由于许多用人单位"宁要武大郎，不要穆桂英"，女大学生无论是一次性就业率还是就业质量均明显低于同等条件的男大学生。劳动力市场上用人单位出现"男性偏好"的情况，除了女大学生天生的生理弱势外，更重要的是我国不健全的社会保障机制造成的。从生理上说女性的生理特点("三期"：经期、孕期、哺乳期)决定了她们在某些工作上天然处于劣势。从政策设计上说，由于我国社会保障机制还不健全，没有建立女职工生育基金补偿制度，女性在生育期间的工资和福利必须由用人单位承担，无疑加重了用人单位的经济负担。此外，在中国，女性一般比男性早退休 5—10 年，退休金、医药费和福利支出高于男性，为获得自身利益的最大化，“舍女求男”自然成为用人单位的理想选择。久而久之，形成了自卑心理，在求职过程中表现得更加明显。

二、恐惧心理

长期以来，社会强调女性应同时扮演好家庭主妇和职业女性两种角色，要求女性首先是贤妻良母，然后才是事业成功的职业女性。当女性为了事业而忽视家庭，她们就会遭受来自家庭与社会的指责，当二者出现矛盾时，社会压力常促使女性放弃事业而成全家庭。社会对女性的这种双重角色期待和重家庭的评价标准所形成的巨大压力使女大学生不敢或不想把自己的职业发展目标定得太高。女大学生中存在的这种“成功恐惧”心理制约了她们职业发展的成就动机。

三、职业期望值过高诱发的失落心理

与当前大学生就业市场上“僧多粥少”的现实不相符的是，不少女大学生职业期望值偏高。相比男大学生而言，女大学生对自己的职业发展有着更美好的憧憬，她们希望经过几年大学的专业学习和技能培训后，能够获得高起点高回报的工作，过上稳定舒适的生活。在就业地域的选择上，存在着固守城市、开放地区，而不愿意去老少边穷地区的倾向。有部分女大学生把“三大”(大城市、大企业、大机关)和“三高”(高收入、高福利、高地位)单位作为自己的择业首选。由于把未来职业设计得过于理想化，对现实缺乏足够的了解和心理准备，一旦进入就业市场，屡次被拒的经历便会使她们产生巨大的心理落差，困惑、焦虑、无所适从，严重的甚至产生躯体不适及精神疾病症状。

四、依赖心理

不少女大学生从小是在父母悉心的呵护和学校老师的表扬声中长大的。在家听从父母的安排，在校听从老师的教导，是顺境中长大的“乖乖女”。诸事依赖长辈的安排，读什么大学，选什么专业大多也是父母拿的主意。毕业在即，将择业的任务又推给了父母、男友和亲戚。这类学生往往缺乏主动参与竞争的意识和积极进取的精神。还有些女大学生在择业时不愿离开父母身边，缺少志在四方的勇气，即使是外地一些相当不错的单位也不予考虑。受传统观念影响，一些女大学生认为女性最终还是以家庭为重，因此更愿意找一个安逸舒适的工作，不愿选择一些具有挑战性的或者比较辛苦的工作。甚至出现了一些学理工科的女大学生不愿进实验室，而宁可专业不对口，改行做办公室

工作的情况。

五、盲从攀比心理

部分女大学生在择业时往往不是考虑专业是否对口，个人的条件是否适合岗位的要求，而是听信与盲从，人云亦云。还有的女大学生攀比心理比较严重，尤其是与同班级同寝室的同学相互攀比，如果别人找到了理想的工作，而自己的工作还未落实，或者用人的单位不如他人，便会产生自卑妒忌的心理。往往还未出校门，已失去了对即将从事的事业的信心与热情。还有的女大学生各方面素质虽都不错，但面临在多家用人单位中进行选择时，不能当机立断，这山望着那山高，既不愿意放弃眼前的机会，又期待着更好的机遇，在观望与徘徊中，往往失去了许多机会，到头来后悔莫及。

第二节　女生择业的独特优势

女性不是弱者的代名词。虽然社会上还存在诸多歧视女性的现象，但作为女性自身应当正视现实，正视自身的优势，也看到自身的不足，扬长避短，发挥优势，才能成功择业。

一、女大学生的择业优势与不足

男女大学生在智力发展上没有多大的区别，而在气质、性格等方面却存在着一定的差异，这对择业会产生一定影响。据调查发现，在气质上，男大学生多血质和胆汁质的人数比例高于女大学生，因而男生显得活泼好动，精力旺盛，比较容易接受新事物，适合那种要求做出迅速反应和活力强度大的活动。而女大学生则往往表现出沉着稳重，善于忍耐，做事较为小心谨慎，观察事物敏锐细致，比较适合那种要求持久细致而又不易疲劳的活动。气质无所谓好坏，只是不同气质的人对不同的工作效率有显著差异，因此，女大学生在择业时应了解自己的气质，选择今后的工作类型。

从性格上看，男大学生的性格特征比较明显偏向于意志型、独立型、外向型，表现出目标明确、处事果断、主动性强。而女大学生的性格特征则比较明显偏向于情绪型、顺从型、内向型，比较重视人与人之间情感的交流，情绪的体验，感知事物注意细节。因此女大学生择业时往往选择以人为对象的职业（如教育工作者、社会学家等），以及工作要求细致的职业（如护士、财会人员等）。

从兴趣上看，女大学生一般在兴趣爱好方面比较倾向于与人有关的内容和对象，如文学、艺术等，而对探索性较强的自然科学学科则缺乏足够的兴趣，因而造成知识结构的不完善和能力培养的不平衡。这是女性择业时的一个不利因素。

从成功的愿望上看,男大学生成功的愿望十分强烈,认为男子汉应成就一番事业,体现其自身价值。而女大学生成功的需求相对来讲就没有男大学生那么强烈,不少女大学生常处在事业与家庭的矛盾冲突中,感到困惑与烦恼。对女大学生来讲,自我信心不足、缺乏强烈成功的愿望,是她们成功择业的最大障碍。

总之,女生不应总是盯着灰暗面,要充分发扬令众多的用人单位所青睐的优势:①比男生较强的逻辑思维能力和语言表达能力;②比男生具有较强的形象思维能力以及思考问题的缜密周全的能力;③比男生具有较强的忍耐力;④比男生具有更强的待人接物的能力。其实每个女生都如一座金矿,有的能歌善舞,有的能言善辩,有的善解人意,有的心灵手巧,有的善于扮靓,有的在礼仪、模特表演、插花、茶艺、唱歌、演讲等某一方面比较出色,只要积极参与竞争,克服依赖心理,不断完善自己,树立自信心,一定能迎来求职的一片蓝天。

二、实施决策,成功择业

自我评价、自我定位是择业的前期准备;而实施就业决策则是对择业的实践检验,是择业的关键。对女大学生来讲,在客观评价自我、准确职业定位后,如何抓住机遇,展示自我,讲究择业技巧,从容应对面试是关系到择业成败与否的关键。在实施就业决策时应注意以下几个方面:

(1)择优选择目标,不要人云亦云。

许多毕业生在选择择业方案时,面临多种选择时常常容易为周围人的意见所左右,盲目追求社会时尚,为了某一个条件的满足而忽视有利于成才的原则,影响了个人的发展,也造成人才资源的浪费。作为一名有理想有抱负的大学生,应当坚定自己的职业理想,不人云亦云,在设计职业计划时应从实际出发,准确定位,必能找出一条适合自己的发展道路。

(2)广泛收集信息,获取选择的主动权。

对于毕业生来讲,要作出择业决策,首先要获取信息。有些女大学生总觉得就业信息少,看中的岗位往往又不需要女生,为此感到十分苦恼。其实岗位是不少的,少的是自己适合的岗位。从进入高校后就有意识地获取就业信息,根据自己的专业与行业的要求,着意提高自己相关方面的能力与技巧,从而在择业中取得主动权,这是一种值得提倡的做法。

(3)从容选择,及时拍板。

择业是人生的大事,能选择一家自己满意的单位是每位毕业生的心愿。高校毕业生就业市场的特点之一是它的群体性,毕业生就业是毕业生群体的整体行为。各类信息并非唯我独占，这就是决策的时机性。如果时机到了仍摇摆不定，在迟疑犹豫之间，别人就可能捷足先登。因此当机遇到来时，应当当机立断，及时拍板。有的女大学生往往会有攀比心理，总在期待更好的机遇，结果与机遇失之交臂，造成不应有的遗憾。

第三节　女生就业面试的技巧

女生面临就业时，综合素质和技能等方面已经基本定型。这时求职者就应该给单位留一个比较好的印象，这一点非常重要，需要注意细节，千万不要自乱阵脚，如果在就业面试中注意一些技巧能使面试的成功率大大提高，比如注意着装的细节，注意交谈的细节等等。

一、女生面试的着装问题

1. 发型

在很多商业企业中都能够看到一些精明、干练的职业女性，她们具有的共同特点之一就是"一头短发"。当然，也不是所有的优秀职业女性都留短发。这里没有必要强调每一位准备参加面试的女生都去剪断长发，只是将较为普遍的情况提供给大家作为参照。

长发并非不可，公司里的女秘书通常都留披肩发或中长发。并不是所有的人都善于打理好自己的长发。面试过程当中，满头秀发甩来甩去地难免会被招聘经理认为是故意"放电"，头发染得发黄暗淡无光的看起来缺乏营养没有精神，爆炸头又过于前卫。在发型上我们不做任何要求，也不提任何建议，无论是短发还是长发、卷发还是直发都应打理得恰到好处，既能体现干练而又能适当的体现女性美，这样才能给你的总体印象加分。

2. 面部妆容

一般去正规中外企业面试，女性需要稍微化一些淡妆，显得更有朝气，如果素面朝天地去面试，很容易因为"面黄肌瘦"、"灰头土脸"的本色而丢分。通常，女性至少应该在眉、唇、颊三个部位上稍下功夫。面色红润、朝气蓬勃才显得更有亲和力，更加干练，也更会受到同事及客户的尊敬。

切忌浓妆艳抹，那不是职业女性尤其是年轻女性应该有的精神风貌。一来与崇尚效率的公司风格不相符，你很可能因为早上"刷墙"而迟到个把小时；二来万一碰上挑剔的女上司，你的浓妆艳抹加上青春的朝气有可能会招致她的嫉妒和排挤；三来作为尚未毕业的学生，带有朴素学生气质的淡妆既符合自己身份，也与面试的要求很吻合。面试时稍化淡妆即可，切忌浓妆艳抹。对于一些前来面试的“鲜艳女郎”，招聘经理的感受是一致的，浓妆只会招致反感。

3.指甲

如果你不是艺术家，也不是阔太太，而是一个追求正规职业的女性，就不要涂指甲油，不要留长指甲。作为求职的毕业生，一切装扮都应当以专业化为原则。你不妨观察一下正规公司的女性，她们很少有涂抹指甲油的，而且会经常修剪指甲。

4.饰物

可以在过于素净的套装上做一些点缀来提点精神，有些女性会选择一些小巧、精致的饰物来进行搭配。所配饰物不用名贵，只要简单、明快、大方就可以了，过于扎眼和繁琐的饰物反而会喧宾夺主，徒增累赘。面试评估表上招聘经理的评分与你身上佩戴饰物的市场价格并不构成正比。

5.服装

服装要得体，那就是要与自己的身材、身份相符，表现出朴实、大方、明快、稳健的风格。在面试时，着装应该符合时代、季节、场所、收入的程度，并且要与自己应聘的职业相协调，能体现自己的个性和职业特点。比如应聘的职位是机关工作人员、管理人员或教师、律师等，打扮就不能过于华丽，而应选择庄重、素雅、大方的服装，以显示出稳重、严谨文雅的职业形象；如应聘的职位是导游、公关、服务员等职位，则可以穿得时髦、艳丽一些，以表现热情、活泼的职业特点。一般说来，服饰要给人以整洁、大方得体的感觉，穿着应以保守、庄重一点为好，女式套装和裙装都是不错的选择。

女式套装在选配方面较男士西装更为讲究，也更为繁复。男装要求同色配套，而女士套装可以在不同套之间进行搭配，不同颜色之间也可以互相映衬。但总的原则是以深色为宜。不同季节和不同的区域可以适当变通，秋冬季节宜选深色，春夏颜色可稍浅，南方可穿浅色，北方深色更适宜，但不论什么季节和地区，如果只买一套正装，深色套装是最稳妥、保险的。可以在招聘会及平时多观察正规公司的职业女性如何穿着。很多人都知道，在外国极正规的公司，职业女性只能穿着裙子和长袖套装，且无论春夏秋冬、天气冷暖都如此。但是在中国，许多外企女性穿着裤装和短袖上班同样非常专业，而且已经被外企文化所接受，所以在准备面试着装时不必完全拘泥于外国的规矩。

女性的裙装不要太短、太暴露，开叉不能太高，否则稍一动作就会很尴尬。在坐着的时候，双腿还需并拢。讲到裙装的风格，建议大家平时多观察外企公司职业女性着装的色调和品位，在不同风格中找出适合自己体形与气质的样式。

女装如果讲究起来，无论从款式、搭配还是档次上都有无穷无尽的变化，有多少钱也能全部“赔”上。按照最高要求，办公室女性应该每天换一套衣服，可是刚刚毕业的学生只有区区千元到几千的收入，必然入不敷出。因此我们还是希望女生着装尽量朴素自然，质朴美胜过豪华美。我们只要求女生能够保持衣服的干净整洁，西服外套和裙子不要皱皱巴巴，这些要求都无需多花钱就可以办到。

6. 袜子与鞋子

袜子以肉色为宜，黑色和白色只要与服装搭配得当也是可以接受的，搭配的风格和品位可以在平时的观察中多积累经验。另外至少准备一至两双备用袜子放在包中，以便“丝袜钩破”时可以随时换上，免得尴尬。丝袜的长度应该以坐下来之后不会露出腿的本色为宜。

如果穿深色服装，那么鞋子选择黑色的皮鞋最为传统，也最为保险。鞋子上不要有太多的花饰点缀，不要太花哨。鞋跟不能太高，走起路来容易崴脚，每一步都小心翼翼也会显出你不自信。鞋跟也不宜太低，平底皮鞋通常是休闲时穿的，正规场合不合适。应挑选最适宜的鞋跟高度，并与服装的色彩相配。

7. 包包

一些大企业在进行国际商务礼仪培训时，培训师会当堂提问：纽约职业女性必备的三个包是哪三个？多数人只能猜出化妆包和公文包这两个，而第三个包就是运动包。化妆包通常有 B5 纸大小，用于盛放化妆品、钱包和钥匙等，公文包则至少要可以放下 A4 纸大小的文件，运动包是用来盛放去健身房用的运动服装。

对于去面试的学生，建议只带一个能放下简历和其他证明材料的公文包大小的包包就可以了，包包不能太鲜艳扎眼，也不宜挂很多挂件乱晃。包里还要准备一些补妆用的工具、身份证件和钱包等。个子较高的女生可以使用比较轻薄的包包，个子瘦小的女生若使用大号的包包，会显得比例失调，行动不便。

8. 装扮风格

有一个女生去应聘一家著名国企，身穿一件大号的西服套装，由于衬衣过于宽松而且低胸，里面的性感内衣一目了然，很容易被误认为“靠女性本钱”而应聘“小蜜”的候选人。

这位女生显然对于正规公司有所误解，爱美之心人皆有之，清秀端庄的外表自然能赢得不少好感，但妖艳性感就不是正规公司所追求的了。一般的正规公司不会雇用一名性感而不检点的女性职员来兴风作浪、扰乱军心。因此招聘经理很容易把这种人打入冷宫。

短、露、透的服装是绝不可取的，内衣外穿、内衣外露也都不被正规公司所允许，反而是越保守的着装越能获得招聘经理的好感。有的公司一到夏天，就要迫不及待地张贴着装规范，以避免眼花缭乱的“非典型性”工作氛围。

作为中资机构雇员，我们并不要求女生在穿着上多么讲究，只是有一点想提醒各位，千万不要穿得太性感。企业里的高级管理层对此很有看法，也很警觉，唯恐招来一些“花瓶”摆在办公室里晃眼。

二、女生面试的谈吐细节

先看个例子，某大学的女毕业生在校时曾加强了文秘知识的自我培训，毕业后到一大公司应聘秘书职位，面试双方谈得很愉快，招聘单位也非常满意，准备录用她，在临结束时，招聘负责人随口多问了一个问题：“对你来说现在找一份工作是不是不太容易，或者说你很需要这份工作？”如果这位女孩回答“是的”，被录用是必然的事，可这位女孩却想证明有自己非常有能力胜任，回答说“我看不见得”，就这一句话使在场的招聘负责人认为这位女孩很骄傲，于是打消了录用她的念头。一句话便毁掉了一个就业机会，尽管这位女孩在面试前期表现得很优秀，尽管事后这位女孩也非常后悔，但已经于事无补了。

如果招聘方给了你面试的机会，说明你已经初步入围，把握住机会就可能改变你一生，反之你就必须再次努力寻找机会。所以说，面试中的交谈细节是求职成功与否的关键环节，那么，如何迈过面试这道“坎”儿呢？女生除了面试前做好充分的准备外，还应该把握好以下几个细节。

(1)心态很重要。面试考官性格特点的不同决定了他们面试风格的不同、提问问题的角度不同，但他们面试的目的却都一样，就是为单位录用优秀的人才。俗话说“心态决定状态”，女生在心理上一定要淡化面试气氛，调整心态，保持冷静，把自己当作公司的一分子，把面试当作领导与下属的谈心，把节拍与面试考官的节奏保持一致，才能方寸不乱，思维不乱。还有一点就是这是面试、是求职，而不是拉家常，在“自尊心”要求上可以宽松，但在“自信心”要求上必须强化。

(2)礼貌但不轻浮。人的第一印象至关重要，讲礼貌会给自己增添不少的分量，女生把握好面试的三个环节：一是进入考场时。主动地、亲切地向考官问好，等考官让你坐下时再坐下，如果不打招呼就自行坐下，考官会认为你是来应付差事的，没有诚意。二是面试过程中。不能到处张望，要正视考官，如果考官发现你眼光飘忽不定，会认为你不尊重他；考官说完问题后，稍微思考、理顺思路后再回答，不能张口就来更不能抢答，这样做考官会认为你没礼数；不能把平时跷二郎腿、摸鼻子等小动作表现出来，那样会显得对面试不重视。三是面试结束后。要对考官的辛苦和为你提供机会表示感谢，还可以在等候通知过程中主动打电话、写信或发电子邮件等表示谢意。

(3)语言要得体。现在的就业市场基本上属于“买方”市场，供明显大于求，给招聘方选择的空间很大，女生面试时言语表达也要十分重视，唯唯诺诺不行，趾高气扬更不行，言语表达应简练清楚、语速适中流利、观点切中时弊，尽量突出个人优势和特长，还可适当举实例；展示自己个性，恰如其分的引用别人的言论，加谈自己的感受，使个人的表述有一定新意切记少用虚词、感叹词、方言和口头语。

(4)答题讲逻辑。有经验的面试官往往会用不同的面试方法和问题来考察应聘人的分析能力、思考能力、反应、思路。不管是什么问题，女生都要顺着面试考官的思路，依据问题稍加思考后慎重回答，但思考不宜过长，回答时要有条理性，分出一、二、三条，显得逻辑性比较强；还要注意该说的一定要说，不该说的一定不说；对于不懂的地方，不能胡编瞎说，应把自己的不足，委婉的讲成是今后努力提高的地方，让考官觉得你谦虚、诚恳、好学和上进。

三、女生求职该怎样答敏感问题

女大学生在求职时表现出沉着、稳重、不卑不亢更能给人留下好的印象，摆脱社会上某些人的性别歧视。在面试的时候，考官可能故意挑衅，提出一些令女生不好回答的问题，面对这样的提问，一定要沉着。这也许是用人单位的一种战术。在提问中，让你不明其意，故意提出不礼貌或令人难堪的问题，其意在于“打击”应试者，从而考察你的适应能力和随机应变的能力。那么，究竟该如何应对这些让人感到尴尬的问题呢，让自己和对方都满意呢？

问题一、你喜欢出差吗？

考官提出这个问题，并不是真的想知道你喜不喜欢出差，工作需要时，你不喜欢出差也得出，考官的目的是想通过此问了解你的家人或者你的恋人对你的工作持何种态度。不少刚工作的年轻女性面对这一问题可能会马上回答：“我现在年轻，在家里坐不住，特喜欢出差，一方面为公司办事，另一方面又可以领略到美妙的自然风光。”而有一位女士是这样回答的：“只要公司需要出差，我会义无反顾。这两年因忙于求学和谋职，几乎没出过远门，尽管家人不反对，男友也想陪我出去转转，但终未成行。出差很可能会成为我今后工作的一部分，这一点在我来应聘前，家人早就告诉我了。”两种回答都体现了不错的口才，但第一种回答在表达效果上要差一些，出差顺便逛逛风景名胜本在情理之中，可这样一表白，难免会让人对你产生将出差与游览主次颠倒的感觉；第二种回答妙在那位女士深知考官提问的目的，回答切中了要害。

问题二、你如何看待晚婚、晚育

别以为这个问题与工作没有多大关联。你对此的回答是否得体，可能会直接关系到你的应聘能否通过。招聘者之所以提出这个问题，是想知道你在工作与生育的关系问题上持一种什么态度。女性求职为什么普遍比较难？这就是症结之一。为了工作晚结婚、晚生育，当然是用人单位所希望的，但如果真的这样做了，恐怕也会令人产生疑惑：一个连孩子都可以不要的人，如果再有其他利益驱动，会不会抛弃一切，包括她曾经为之自豪的工作呢？

"谁都希望鱼和熊掌能够兼得，当二者不能同时得到的时候，在一段时间内我会选择工作，因为拥有一份好的工作，将来培养孩子就会有更为坚实的经济基础。我想总会有合适的时候让我二者兼得"。这样回答，或许真的能提醒上司在你生孩子休息时仍把原来的位置给你留着，而不让别人取而代之。

问题三、你认为家庭与事业之间存在着难以调和的矛盾吗？

这是一个老问题，也是一个难题。招聘单位自然非常希望你以事业为重，但也希望你拥有一个幸福美满的家庭。"后院不失火"，才会使人无后顾之忧，集中精力干工作，才能发挥出你的聪明才干。显然，直接回答事业与家庭之间存在难以调和的矛盾或根本不存在矛盾，都是不合适的。建议你这样回答："我以为无论在工作上还是在家庭中，最大目标都是要使自己活得有价值。虽然我是一个很想通过工作来证明自己的能力、体现活着的意义的人，但谁能说那些相夫教子培养出大学生、博士生的农家妇女就活得没有价值呢？"这样回答，能恰到好处地体现出女性特有的刚柔相济的特征。

问题四、面对上司的非分之想，你会怎么办？

招聘女职员，往往会问及这类话题。回答此类问题，最好委婉一些："您提出这个问题，我非常感激，这说明贵单位的高层领导都是光明磊落的人。不瞒诸位，我曾在一家公司实习过一段时间，就是因为老板起了非分之念，我才没有继续在那里工作的，而在当初他们招聘时恰恰没问到这个问题。两相比较，假若我能应聘进贵单位，就没有理由不去为事业殚精竭虑。"这位女士的应答就堪称精妙，妙就妙在没有直接回答"该怎么办"，因为那是建立在上司"有"非分之想的基础之上的。而是通过一个事例来表明自己态度的坚决，又没让问话者难堪。即使新老板确有投石问路之意，日后也不会轻举妄动了。

总之，在面试中除了注意言行举止以外，还要寻找机会巧妙的展示自己与他人不同的特长。如：在一次面试时，某女生有宣传方面的特长，她把自己的绘画作品带入面试场所，放在桌上明显位置，并在自我介绍中伺机提及自己的绘画作品；另一女生有舞蹈方面的专长，就把参加演出的相片一并给用人单位，结果这两位女生都如愿以偿。

第四节　女生就业存在的问题及对策

女大学生在求职的过程中往往会犯这样或那样的错误，主要源于本章第一节所阐述的自身的不良心理因素，如自卑心理、恐惧心理、职业期望值过高诱发的失落心理、依赖心理、盲从攀比心理等。往往不相信自己是优秀的女人容易过高地要求自己，而很优秀的女人却有可能过低地评价自己。

求职过程中没有突出自身的经验和技能。不少女生在简历中只是列出了曾经的工作情况，而没有对自身优良的技术水平以及从工作中得到的经验加以详细说明。对掌握新知识的能力轻描淡写。“能做”实际上比真实的经验更重要，工作单位更看中你接受新知识的能力。

等待招聘单位给她们打电话。通常应该一直与人力资源部门保持联系，而且不时向对方提供你的近况，直到对方正式拒绝你为止。不谈薪水、利益和工作条件。如果你想要更高的薪水，又不想失去这份工作的话，可以向对方提出别的要求。当你没有得到那份工作，但你又非常希望到那家公司去工作时，那就向对方要求一个试用的机会。这样做的好处是，你获得了好的经验，并且他们也有了另一个空位时，他们首先想到的便是聘用你。

不去了解为什么未被聘用。你对自己未被聘用的理由知道得越多，以后就越能提高自己的求职能力。重复自己犯过的错误。承认并面对自己所犯的错误，告诉自己，你已经尽力了，这样在下一次面试时你便不会再犯同样的错误了。

求职过程中女生应该用清晰的语言表达你的意图，说明情况，使对方迅速领会；表明你对该公司的兴趣和胜任所聘岗位的信心，引起招聘主管的重视，给他良好的第一印象，这样你才有可能进入下一轮竞争。面试时，女大学生应发挥女性的语言优势，把握时机。因为良好的语言是双向交流的关键。在面试过程中与用人单位的关系是一种双向交流关系，应聘者既要向用人单位推销自己，同时也要主动认识、了解和评价用人单位；不但要回答问题，还应向招聘者提出问题。你如果能够提出有意义的问题，不仅证明你有诚心做这份工作，还能证明你有较强的能力。女生可以从以下几个方面去提升自己的综合竞争力：

(1)克服自卑，增强自信。自卑是女性走向成功的大敌，没有应有的自信，就不可能有竞争的勇气，从而失去择业竞争的主动权。应该看到，随着科技的进步和经济的发展，女性的择业领域会更加宽广，关键是女大学生自己应树立起足够的信心和勇气，抓住机遇，投入到竞争的大潮中去。

(2)摆脱依赖，勇于竞争。在充满求职竞争的今天，靠关系、走捷径，对自己的成才、择业都是极为不利的，女大学生只有摆脱依赖心理，牢固树立自主、自立意识，才能为在竞争中生存奠定良好的主观基础，才会让用人单位更信任你并录用你。

(3)去"娇"、"骄"二气，勇于"眼光向下"。同男大学生相比，女大学生在择业过程中，更多的人求职期望值过高，不愿到一些普通的职业岗位上去。这实际上是"娇"、"骄"二气在作祟，是女大学生择业中很不利的一个因素。因此，女大学毕业生要"眼光向下"，彻底去掉"娇"、"骄"二气。

(4)自强不息，争做强者。不庸讳言，女大学生在未来的社会中要担负社会妇女与家庭妇女的双重责任，扮演妻子、母亲与社会创造者的多重角色。但受过高等教育的女大学生，其社会价值的主体应体现在对社会事业的贡献上，体现在女性自身的成就上。女大学生在择业中要恰当地展示自己自强不息、争做强者的勇气和决心。

(5)努力提高自身素质。求职择业的竞争，归根结底是人才素质的竞争，女大学生要想在择业竞争中显示出较强的竞争力，必须对市场经济对人才素质的要求有更加清醒的认识，充分发挥自身优势，努力提高自身素质，这样才能在择业中立于不败之地。

(6)树立良好形象。在求职面试过程中，每个毕业生都不能忽视仪表和举止，而女大学生在应聘中的外在表现更为重要，而其总的原则是热情、大方、端庄、优雅，体现形象美、涵养深。要注重仪表，选择与自己的兴趣爱好、内部气质相符合的衣着打扮；要表现出良好的风度，落落大方，表现自然；要谈吐得当，充分发挥语言表达上的优势。总之，一切行动都应体现出内在的修养和自我的个性，给人留下美好的形象。

第九章

自主创业的策略和方法

自主创业是高职学生转变就业观念，利用自己的知识、才能和技术，自筹资金、技术入股、寻求合作等方式创造新的就业岗位。通过自主创业，高职毕业生不仅可以为社会带来财富和价值，实现自己的人生价值，而且，可以磨炼自己的意志，完善和发展自我。

第一节　自主创业者应具备的素质与能力

一个创业者要想取得创业的成功，不仅需要有适宜的外部条件，诸如国家有关政策导向、市场环境、人力资源等，更需要创业的内在条件，即创业者个人必须具备创业所需要的素质能力。创业能力是大学生创业素质的一个重要方面，是创业者顺利完成创业活动所必须具备的心理特征。它总是和创业活动相联系并表现在具体的创业实践之中，是决定创业成功与否的关键因素。

一、自主创业者应具备的基本素质

1. 创造性思维素质

创造性思维是指能够以较高的质量和效率获取知识，并能根据市场需求灵活运用所学知识开发出新产品和新技术的思维方式。长期以来，我国大学生偏重于知识的接收、记忆和吸收，而忽略创造性思维素质培养。创造性思维素质不仅注重知识的学习能力，更强调发现问题和解决问题的能力。

2. 经济与管理素质

创业者不仅要精通本专业的知识，更需要具备经济头脑和管理素质。科技必须应用于生产，生产出的产品或服务必须适应市场需要。在这一过程中，开发、生产和销售环节必须符合市场原则和机制，创业企业才有生存和发展的可能。同时，在激烈的市场竞争中，企业目标是要追求利润最大化，在这一目标引导下，企业不仅要靠产品、技术来追求效益，更要靠科学管理来提高效益。因此，创业者必须掌握现代管理的理念和方法，能从系统整体观念出发，统筹、协调、控制和优化各项资源。

3.法律意识和素质

市场经济本质上就是法治经济。随着市场经济的逐步成熟与完善，相关法律规范已经渗透到经济领域生产、交换、分配、消费的各个环节和层面。加入WTO、与国际市场接轨、风险投资、企业股份制改造、法人治理结构的建立以及各类新型市场的培育与发展都离不开法律。具备法律素质、懂法并善于用法已是人才素质结构中不可或缺的重要元素。创业者必须熟悉和了解市场、社会和企业等内外部环境的法律法规及其运行机制，更为重要的是要能以法律为武器，规范自己和企业的行为，保护自己和企业的合法权益。

4.修养与心理素质

创业者还必须具备良好的道德修养与心理素质，具体表现为：富有理想、乐观与自信、紧迫感、勇于面对风险、坚韧的毅力等，这些潜质在校学习期间就应当得到培育与塑造。心理健康可以使人心情愉快、精力充沛、头脑敏锐、想象丰富、行为协调，可以从根本上提高工作效率，激发创造性。

二、创业者应具备的能力

1.综合知识的能力

创业者需要良好的知识结构，其内容主要包括：经营管理学知识，有关的法律法规知识和创业领域涉及的有关专业知识。在这些众多的知识领域中，任何人都不可能通晓一切，但创业者应根据自己的创业方向，设计自己的知识结构，具有综合知识的能力。

2.创新能力

创业者在生产经营活动中要善于发现和捕获商机，准确地捕捉萌芽的新事物，提出大胆的推测和设想，继而进行周密论证，拿出可行的解决方案的能力。不断地创新把企业家与一般管理者区别开来，创业要成功，或者是你进入了一个新的市场，或者是你比别人提供了更好的产品与服务，或者你以更低的成本来提供同样好的产品与服务。这三者都需要创业者具有卓越的创新能力。

3.计划与组织能力

事先制订计划可以为个人和工作部门提供今后活动中应遵循的清晰图景。创业者根据企业外部经营环境和内部经营实际，再选定经营项目，确定企业发展方向和目标，企业发展战略等方面，预先决定采取恰当的行动来完成这些目标。它使得创业者能够对自己和雇员清晰描绘未来的图景。光有计划还不够,有了计划还需要把各种资源组合起来,以实现计划所确定的目标,这就是组织的任务。从企业经营的角度讲,组织要确定个人和部门的任务和权力,还要确定通过一种怎样的过程来利用资源以实现目标。从公司创业的历史看,往往是创业者的计划与组织才能使一个小型企业能够发展成为一个大型公司。

4.整合团队的能力

在这个知识爆炸、环境复杂多变的时代,许多事情仅靠个人的力量很难完成,因而团队整合能力就成为创业者必备的基本能力。团队整合能力的主要表现是通过合作有效地协调个人目标与团队目标,相互尊重,相互信任,使整个团队更具有凝聚力和战斗力。对创业者来说,最重要的事情之一就是分散权力。随着业务的增长,不要试图让自己做所有事情,因为创业者不可能有足够的时间、知识和技能来处理好每件工作。其次使成员明确团队的目的,建立公认的限制条件和会及相互交流的习惯等等。一个积极向上的工作环境,会培育团队的合作精神。一个成功的创业家的关键技巧,就是能把投资人、分析师、合伙人、客户和员工等人的能量转化为积极向上的动力,给员工创造自信的心态和向组织注入自豪感的目标,激励团队把工作做得最好。

第二节　自主创业能力培养的途径

创业者的素质和能力,除了具备强烈的创业意识和良好的心理品质外,还必须培养和提高良好的创业能力,而实践是培养和提高创业能力的唯一途径。对于高职生来说,培养和提高创业能力,可以从以下几个途径得到锻炼:

(1)利用大学社团得到实践锻炼。学校社团的任何一项活动,从策划到最后执行是个综合过程,参与全局,体验全局,可锻炼组织、协作、资源利用等能力。这是锻炼综合能力最基本的途径。

(2)利用大学课余和寒暑假打工。现在社会留给学生的打工机会很多,利用打工可充分锻炼自己的综合能力。市场调研、销售、组织、人力资源管理、财务管理、物流管理等各方面能力都可以在打工的过程中或多或少地得到锻炼,加上相关书籍的对照学习,积累经验是完全可能的。大学生打工实际工作往往都是烦琐的或者重复性强的工作,但不能小看这些工作。例如做销售,在此过程中,大学生可以观察消费者的消费能力、消费观点、对公司产品及市场相关产品的评价等,掌握市场消息、预测市场需求、洞察市场空白,以市场指导生产。如果担任市场销售的学生团队领导,还可以借机向公司相关销售人员讨教经验,申请到生产现场参观等。担任学生领导,可以带领学生充分发挥团队协作能力，超额完成任务，积累人员管理、物流管理、财务管理等方面的实践基础经验。以后，从事相关的项目创业，在市场方面便有了对照和参考。在其他内容的打工实践中，同样可通过简单的工作综合积累相关经验。

(3)参与学校的科研项目获取实践经验。参与学校科研项目的同学，有更多接触项目导师的机会。项目导师跟社会的接触往往很紧密，在导师那里能学到很多实践经验。参与科研项目，能通过实验充分锻炼动手能力，找出创业金点子，锻炼策划能力。

(4)毕业后在企业实际锻炼。企业就是个实际创业团队。在这个团队里，锻炼能力积累经验都是可取的。但在企业里，要想独立创业，还需要善于发现全新的创业点子，或在所在企业市场空白处找到创业契机，或自己组建的团队高于所在企业的团队，那么独立创业才会有成功的把握。

“眼高手低、纸上谈兵”是一些急于创业的同学的特点，经验不足，缺乏从职业角度整合资源、实行管理的能力，是大学生创业失败的一个重要原因。因此，要做成功一个项目，没有实践经验没必要盲目尝试，没有在人生独立之初就体验重大失败的必要。

第三节　自主创业准备

一、做好自主创业的心理准备

创业者应善于进行独立的选择，不受传统和世俗偏见的束缚及舆论和环境的影响。在众多心理素质当中，创业者最需要的是信心、胆识、恒心和诚心。

在创业过程中，对很多预想不到的问题和挫折要有思想准备。自主创业有成功也有失败，并不是每一个人都适合自主创业。既要有成功的期盼，也要有遇到失败和挫折的预备方案，用平和心态面对创业初期坐“冷板凳”的可能。要有良好的心理承受能力和风险意识，还要有破除畏难情绪。创业要有风险意识，要有应对风险的措施；但不要有害怕意识，遇事怕字当头，必将一事无成。

每个人都有选择的权利，你可以选择生活，但千万注意：你也是被生活选择的对象。既然你与生活之间是双向选择的关系，你应该明白，一厢情愿是没有用的，一意孤行是行不通的。那么，何不接受生活的选择和挑战呢？如果你自己没有看不起自己，通过自己的努力，创造自己的价值，没有人会歧视你。如果不是你自己感到受到了伤害，没有人会伤害到你。亚洲首富孙正义说过：“没有任何人，任何事情可以让你自卑，除非是你自己想自卑。没有任何事情可以让你感觉到受到伤害，除非是你自己感到你受到了极大的伤害。”

中国改革开放，实际上也是越来越多的中国人不断创业、连续创业的过程。刚开始的创业最大特点是逼迫性、自发性和盲目性。所以这一时期的高失败率是难免的。与过去相比，今天的环境完全不同，通过系统的学习和训练，创业者前面的路被知识的光明所照亮，完善的帮助支持系统给创业者提供了最初的支持和引导，不可控的风险已大为减少。只要有爱心、决心、信心、恒心和专心，有强大的精神能量，创业成功的可能性就很大。

二、加强自主创业的能力准备

创业者的能力是专业技术能力、经营管理能力和综合能力。自主创业需要各方面的知识积累，还需要社会经验和处理人际关系的能力。高职学生创业一般是从小企业开始，而小企业要生存发展需要靠我们良好的经营管理能力：

1. 勇敢跨出第一步

日本“企业之神”坪内寿夫说：“只要肯做，任何事情都可以做到。但大部分人还没有去做，就说做不到。首先要除去这种心理。一旦努力作为，七成以上的成功率是跑不了的。”没有游过泳的人站在水边，没跳过伞的人站在机舱门口，总是越想越害怕，人处于不利境地时也是这样。治疗恐惧的办法就是强迫自己行动，做起来就不知道害怕了。

2. 学习相关知识，培训所需技能

学业扎实，技能娴熟，才能在激烈的就业、创业竞争中一显身手。缺乏必要的知识和技能储备，会给自己的创业生涯多制造几分障碍。

3. 广泛利用社会资源

20世纪最伟大的成功学大师美国学者卡内基说，成功＝15％的知识＋85％的人际关系。国际级激励成功学大师陈安之先生指出，成功＝30％的知识＋70％的人脉。无论这两者的比例关系如何界定，但都说明了一个道理：一个人光有知识积累是远远不够的。国内财经专家指出：成功的创业者至少需要具备五个条件：强烈的创业冲动、敏锐的市场感觉、广泛的社会资源、深厚的知识累积、健全的人格特质。有道是“好风凭借力，送我上青云”，利用广泛的社会资源为自己的成功创业插上一双翅膀，何乐而不为。

4. 训练自己求人办事的能力

俗话说：“一个好汉三个帮”。要想事业成功，难免求人帮忙办事。虽然人生在世，谁愿求人？但人生在世，谁又能不求人？有人身负旷世奇才，行走世上却步履维艰；有人“资质”平平，却干出一番惊天动地的大事业。原因何在？哪怕有惊世奇才，也必须放下架子，巧妙利用社会资源助自己一臂之力。如何

巧妙利用社会资源？必须训练自己求人办事的能力。怎样求人办事呢？利用在校期间多学习。在校期间除了学习知识以外，还可寻找机会深入社会，了解相关行业的基本运作模式，学习管理知识，学会处理资源、信息。如果毕业时就打算创业，那么你在读二三年级时就要积极主动参与社会实践。如果确实认为能力不足可以选择不同专业、不同经历、不同年龄的合作伙伴一起创业。

三、积累自主创业的经验

长期呆在校园里，学生对社会缺乏了解，特别是市场开拓和企业运营方面，很容易陷入眼高手低、纸上谈兵的误区。因此，高职生创业前要做好充分的准备。一方面，去企业打工或实习，积累相关的管理和营销经验；另一方面，积极参加创业培训，积累创业知识，接受专业指导，提高创业成功率。有些立志创业的毕业生或由于缺乏创业的经验，或由于缺少创业的资金，先加盟与自己创业目标相符的公司，经过一段时间的实践，积累了经验，积蓄了资金，在时机成熟的时候再独立创业，这也许是更理智，更稳妥的选择。

一位毕业生告诉我："自主创业要积累必要的资金和社会经验才不会失败。"他是一位学环境艺术设计的大三学生，在学院附近的装饰材料市场一家小店兼职一年多。收集了各种装饰材料的资料，掌握了多种主要装饰材料的质量数据和价格，在家庭和老师的支持下毕业时就在城里开了店。从开始找房子到装修都亲自动手，营业执照和税务登记也是自己办理。现在小店已步入正轨，因为自己懂室内装饰设计，因而一边卖材料，一边搞设计，月收入3000元以上，下一步再积累点施工经验，自己还可组织施工，他的创业会更有起色。

第四节　创业的一般步骤

一、正确选择创业项目

精心选择适合本人的创业项目。创业者本人要从市场供给缺口、社会的生产与消费矛盾等问题分析入手，采用科学方法，从中开发出符合国家产业政策、拥有良好市场前景、具有现实可行性和与自己的兴趣爱好优势相符合的创业项目。

(1)可充分利用国家有关项目库资源系统来寻找有科技含量、技术成熟的好项目，用合作的方式直接拿过来运作。只要有创新意识，任何产品服务都有创新的可能，无论是功能的增加、材料的减少、工艺的改进、费用的降低、消费的个性化都有无限的创新空间，即有无穷尽的创业机会。

(2)从以往情况看，大学生创业走的多是高科技的路子；现在看来，这些行业留给毕业生特别是知识和学历相对较低的高职生的空间已经很小。因此，高职生创业时可适当“降低”身份，寻求其他发展空间。比如，在缺乏高素质人才的那些行业，选择符合自己的专业特长、有地区特色、市场急需专业、国有和集体企业尚未经营和经营不当的行业，刚毕业的大学生较容易抢得先机。

(3)可以选择从个体经营起步。个体经营的最大优势是规模小、灵活、主动性强、能随时根据市场的变化而调整生产经营。劣势是资金少、技术力量弱、起步时一般都困难。明确行业形势才能顺利迈出创业第一步。

二、认真分析创业环境

(1)创业宏观环境分析：对社会文化环境、经济环境、政治环境、法律环境、技术环境和自然环境等因素进行分析。

社会文化环境中如文化风貌、风俗习惯、生活方式、消费心理等因素对创业活动有很大影响，不能忽视。

经济环境中创业地区的经济发展水平、人员状况、经济结构、产业结构、生产原料、能源交通等因素对创业活动有很大的影响，也不能忽视。

技术环境中行业技术发展状态、国家技术投资重点和倾斜政策等，可能会给创业带来风险等都进行分析。

(2)创业微观环境分析：企业竞争环境，比如竞争对手的分析、自己的竞争能力、技术水平、市场占有份额分析；产品价格和生命周期的分析，任何产品从投入市场到被淘汰都有一个生命周期；家庭和社会交往环境等的影响均不可忽视。忽视任何一点都可能会给创业带来致命的打击。

三、撰写创业计划

撰写创业计划是指决定创业“怎么干”，好的计划是创业成功的一半。撰写创业计划的目的一是为创业活动提供有的放矢的计划，减少失误，提高创业成功的把握度；二是为投资人或贷款人提供决策依据，获得资金投入。撰写创业计划应把握以下原则：

1. 市场导向原则

创业计划应以市场导向的观点来撰写，要充分显示对市场现状的掌握与未来发展的预测；要明确指出企业的市场机会和竞争威胁；同时要说明市场需求分析所依据的调查方法与事实证据等。

2. 客观性原则

创业计划中的一切数字和分析要尽量可观、实际，要尽量用实际资料作证，切忌主观臆断的估计。

3. 可行性原则

创业计划是创业者的行动蓝图，其中的经营、营销、组织、财务、风险评估等方面的方法与策略，必须具有可操作性。

4. 呈现优势原则

创业计划要体现自己的竞争优势，并明确指出投资者渴望获得的报酬，具体可从市场机会、产品特点、营销措施、竞争状况、投资汇报等方面的分析说明中来体现。

四、筹集创业融资

常言道，"巧妇难为无米之炊"。开创新的企业，最大的困难就是怎样获得资金。筹资的方式与来源有：债务融资、权益融资。债务融资是指利用利息偿付的金融工具来筹措资金的融资方法，通常也就是贷款。形式有向亲友借钱、商业银行贷款、政府资助。权益融资是指无须资产抵押，它赋予投资者在企业中某种形式的股东地位。主要筹资方式有两种：寻找合伙人投资和利用风险投资。一种融资类型是否较另一种方式优越，关键的决定因素就是获得基金的可能性、企业的资产以及当时的利率水平。通常，创业者会将债务融资与权益融资结合起来，满足自己的资金需求。在进行创业筹资时，需要注意以下几点：

(1)合理选择筹资方式，力求降低成本；

(2)进行科学筹资决策，确保收益；

(3)寻找合适的筹资机会，确保筹资成功；

(4)正确预测资金需要量，确保资金不闲置、不浪费。

五、创业管理

有的研究学者将企业成长中的问题归结为三个方面：昙花一现的企业规模；内部管理的极端混乱；资源的黑洞。昙花一现的企业规模会使企业员工产生不满情绪，管理成本增加，并使现有的组织系统资源出现严重不足。大量招募新人常常会导致组织内部管理的极度混乱。这些新人互不了解，也不明白企业寄予他们的期望。结果企业会发现，尽管因为高速成长使得企业在公众眼中是非常成功的，但是，他们急需现金，各种资源奇缺，到了捉襟见肘的地步。解决这些问题需涉及机构与组织设计、人力资源管理及财务管理等方面。办法包括：给予员工一定的股份，减少企业内部层级，引进大企业的运作机制和现有的运作机制相补充，强调企业原来的远景规划，避免方向的偏离，雇佣和培训新的人员以备将来急需，预先考虑企业在一个更大的组织形态下的运作方式等。

第五节 减少创业风险的策略

大学毕业生创业之初,总要经历各种各样的挫折。自主创业要学会减少失败的风险:

一、避大误区

许多初出茅庐者的想法和计划总很“伟大”,总是想尽可能多地开辟市场,似乎可以做任何事情。然而一个人的精力是有限的,一个公司的能力也是有限的,触角伸得越多,力量便越分散,会使自己失去深度开发的机会和能力。

二、避小误区

“勿以善小而不为”。做企业与做人一样,不要因为是小利,便看不上眼。任何一家企业都是从最小、最底层做起的。

三、趋利误区

赢利是创业生存的基础,作为公司来说,赢利是第一位的。但是不能为了赢利而“东一榔头西一棒槌”,今天看到网络不错,便想做网站;明天看到广告业挣钱,便想投入去做广告。企业的发展应该有一个长期的规划,而不是“撞大运”,为了赢利而放弃自己坚持的目标和核心业务。

四、受挫误区

战场上没有常胜将军,商场上同样也没有只赚不赔的买卖。大学毕业生社会经验少,对风险的承受能力较差,遇到挫折,往往容易心理负担过重,因患得患失而裹住了自己的手脚。所以,在创业时必须清醒地认识到,只有在失败中吸取教训,才能够争取更大的发展。

五、. 获得创业的第一手资料

一个想创业的人要有冷静的头脑,对自己有清楚的认识,认识到自己并非无所不知、无所不会,从这一点出发,努力获得第一手详细的资料,做好充分的准备将是成功创业的首要策略。

六、如何选择创业要进入的行业

国家劳动部商业司对创业行业的选择曾做过的调查显示：第一是考虑行业的发展前景；第二是选择的行业要有比较完善的管理制度和经济策略；第三是从中可以获得经营管理的专业技能与知识。当许多人一窝蜂地抢着进入某一行业时，你看到前面的创业者赚钱，等你进入后并不见得赚钱，因为可能市场在你加入之前已经饱和，你加入后不管如何努力经营恐怕也难有起色。

七、慎选合作伙伴

这里的合作伙伴包括股东、共同经营者、员工、加盟总部等。如果选错合作伙伴，双方一天到晚把大量精力耗费在吵架、沟通和冲突之中，事业不垮掉才怪。

八、减少自己的压力

随时保持轻松愉快的心情。要符合这种策略的要求，首先自然不能找容易紧张、发怒的人做合作伙伴。其次在处理问题时不要一根神经老绷着，在适当时间放松一下自己，很多棘手的问题或许都能找到出路。

其实创业中的挫折和压力可能是由于你在创业过程中缺乏组织和系统，但这并不是一件多么庞杂的工作，只要自己和别人沟通良好，彼此了解心中的期望和要求，并制造出一个有系统、不浪费时间的工作环境，就可能将大部分时间用于实业的发展，而不会栽在被繁杂事物纠缠不清的雾水里。

九、随时关注财务变化

财务要随时注意，账款要及时巧妙地追讨，很多小创业者就是被人积欠贷款而拖垮的。因此你在决定创业之前，最好先学会向债务人催收账款的秘诀。

当事业有所成就后，要防止野心的滋长，需谨记"创业不易，守业难"。许多优秀的创业者到后来黄粱梦醒被打回原形，就是被一时的成功冲昏了头脑，忘记了这个道理的缘故。

第六节　创业的政策和法律

一、创业的政策

国家实行有利于促进就业的金融政策，增加中小企业的融资渠道；鼓励金融机构改进金融服务，加大对中小企业的信贷支持，并对自主创业人员在一定期限内给予小额信贷等扶持。

(1)毕业生在毕业后两年内自主创业,到创业实体所在地的工商部门办理营业执照,注册资金(本)在50万元以下的,允许分期到位,首期到位资金不低于注册资本的10%(出资额不低于3万元),1年内实缴注册资本追加到50%以上,余款可在3年内分期到位。

(2)毕业生新办从事咨询业、信息业、技术服务业的企业或经营单位,经税务部门批准,免征企业所得税两年;新办从事交通运输、邮电通讯的企业或经营单位,经税务部门批准,第一年免征企业所得税,第二年减半征收企业所得税;新办从事公用事业、商业、物资业、对外贸易业、旅游业、物流业、仓储业、居民服务业、饮食业、教育文化事业、卫生事业的企业或经营单位,经税务部门批准,免征企业所得税一年。

(3)各国有商业银行、股份制银行、城市商业银行和有条件的城市信用社要为自主创业的毕业生提供小额贷款,并简化程序,提供开户和结算便利,贷款额度在两万元左右。贷款期限最长为两年,到期确定需延长的,可申请延期一次。贷款利息按照中国人民银行公布的贷款利率确定,担保最高限额为担保基金的5倍,期限与贷款期限相同。

(4)政府人事行政部门所属的人才中介服务机构,免费为自主创业毕业生保管人事档案(包括代办社保、职称、档案工资等有关手续)2年;提供免费查询人才、劳动力供求信息,免费发布招聘广告等服务;适当减免参加人才集市或人才、劳务交流活动收费;优惠为创办企业的员工提供一次培训、测评服务。

二、创业的法律

1.接受管理、守法经营

(1)必须经有关部门批准办理营业执照等相应的手续、证件,一些特殊行业,例如餐饮业和娱乐业还需办理健康证和治安管理、消防管理证。

(2)严格要求自己在法律允许范围内开展经营活动,即使利润再高,也不能从事例如贩毒、拐卖儿童等非法的、国家禁止的经营活动。

(3)一定要依法纳税,做一个合格的纳税人,不逃税、漏税。

2.扩大规模,依法用工

(1)不能用童工。

(2)特殊工作要聘用有资质的员工。例如电焊工、司机、会计从事工作时必须持有上岗证书。

(3)必须与员工签订劳动合同,保护双方的利益。

(4)制定安全生产的相关制度,采取各种安全措施,杜绝生产事故的发生,以免双方发生纠纷。

第十章

就业规则与毕业生就业权益保护

在就业形势日益严峻的当下，高职毕业生就业权益屡受侵犯，毕业生如何才能真正有效地做到就业权益的自我保护，警惕求职各种陷阱，以更好地走向职场。

第一节　毕业生就业的权利和义务

在毕业生就业过程中还存在信息独用、不公平录用等侵犯毕业生权利的情况。在对毕业生进行就业指导过程中亦经常有毕业生担心自己在就业中的合法权益能否得到维护，担忧自己因权益受到侵害而在就业竞争中处于不利地位。那么毕业生如何维护自己的合法权益呢？

一、毕业生的就业权利

毕业生作为就业过程中的一个重要主体，享有多方面的权益，根据目前就业规则的有关规定，毕业生主要享有以下几方面的权益。

1.获取信息权

就业信息是毕业生择业成功的前提和关键，只有在充分占有信息的基础上，才能结合自身情况选择适合自身发展的用人单位。毕业生获取信息权，应包括三方面含义：

(1)信息公开，即所有用人信息向全体毕业生公开

凡需录用高校毕业生的用人单位，须到有关高校毕业生就业指导中心和办理信息登记，由高校毕业生就业指导中心通过各种渠道向全校毕业生发布用人需求信息，任何人不得隐瞒、截留需求信息。

(2)信息全面及时

也就是毕业生获取的信息必须是及时、有效，而不能将过时无利用价值的

信息传递给毕业生。毕业生有权获得准确、全面的就业信息，以便对用人单位有全面的了解，从而做出符合自身要求的选择。

2.接受就业指导权

学生有权从学校接受就业指导。学校应成立专门机构，安排专门人员对毕业生进行就业指导，包括向毕业生宣传国家关于毕业生就业的有关方针、政策；对毕业生进行择业技巧的指导；引导毕业生根据国家、社会需要，结合个人实际情况进行择业。使毕业生通过接受就业指导，准确定位，合理择业。当然，随着毕业生就业完全市场化，毕业生也将由单方面从学校接受就业指导而转为主动寻求社会上具有就业指导资质的合法机构的就业指导。

3.被推荐权

高等学校在就业工作中的一个重要职责就是向用人单位推荐毕业生。历年工作经验证明，学校的推荐往往在很大程度上影响到用人单位对毕业生的取舍。学校根据毕业生的在校表现，应实事求是，根据毕业生本人的实际情况向用人单位进行介绍、推荐；在公正、公开的基础上，还应择优推荐。

4.选择权

根据国家有关规定，毕业生只要符合国家的就业方针，政策，可以自主地选择用人单位；学校、单位和个人均不得干涉。任何将个人意志强加给毕业生，强令毕业生到或不到某用人单位是侵犯毕业生选择权行为。毕业生可结合自身情况自主与用人单位协商，要求学校予以推荐，直至签订就业协议。

5.公平待遇权

用人单位在录用毕业生的过程中，也应公正、公平，一视同仁。但在当前，毕业生的公平待遇权受到很大的冲击，也最为毕业生所担忧。由于各项配套措施滞后，完全开放公平的就业市场尚未真正形成，用人单位录用毕业生还不同程度存在不公平、不公正的现象，如女生就业难仍然是困扰女毕业生就业的一大问题。公平受录用权是毕业生最为迫切需要得到维护的权益。

6.违约及求偿权

毕业生、用人单位签订协议后，任何一方不得擅自毁约。如用人单位无故要求解约，毕业生有权要求对方严格履行就业协议，否则用人单位应对毕业生承担违约责任，支付违约金，毕业生有权利要求用人单位进行补偿。

二、毕业生的就业义务

毕业生在享有法律、法规和有关政策规定的权利的同时，也应当履行自己的义务，这些义务主要包括：

1.回报国家、服务社会的义务

国家宪法规定，劳动对于公民来说，既是权利也是义务，是权利和义务的结合和统一。对于毕业生而言,国家和社会乃至家庭为其成才和发展提供了相当优厚的条件和待遇,这是其他青年群体所无法比拟的。按照“得之于社会、还之于社会、报之于社会”的原则,毕业生理应积极地、有责任地依托自己的职业行为,回报于国家、社会和家庭,承担起自己应尽的义务。21 世纪的大学生,肩负着民族的希望,历史的重任,应当志存高远、不畏艰辛,到边远地区去、到艰苦行业去、到祖国最需要人才的地方去。

2. 如实介绍自己情况的义务

毕业生在求职择业过程中如实向用人单位介绍自己的情况,是基本的择业道德要求,也是自己应尽的义务。毕业生在填写推荐表、自荐信、与用人单位洽谈介绍自己时,必须实事求是,不得弄虚作假,讲优点不要夸张,谈缺点不能回避,有过失不可隐瞒,说成绩不能虚假,以诚相见,只有如实介绍自己的情况,才能让人觉得可信、可靠,获得用人单位的信任。

3. 遵守就业协议的义务

毕业生与用人单位通过双向选择签订协议、以约束双方的行为。遵守协议是就业工作顺利进行的保证。“一言既出,驷马难追”、慎待诺言、表里如一、言行一致是做人的基本准则,讲信誉是毕业生应尽的义务。毕业生不能朝三暮四,这山望着那山高,这花看着那花俏。一经签订协议就不能随便违约,一旦违约,不仅影响学校正常的就业秩序,而且会损害用人单位,学校、其他同学等各方面的利益。因此,毕业生必须增强信用意识。

4. 按时到工作单位报到的义务

《普通高等学校毕业生就业工作暂行规定》要求,毕业生办理完离校手续后,应持“报到证”按时到用人单位报到。如果自离校之日起,无正当理由超过 3 个月不去就业单位报到的,由学校报主管毕业生就业部门批准,不再负责其就业。在其向学校缴纳全部培养费或奖(助)学金后,由学校将其户粮关系和档案转至家庭所在地,按社会待业人员处理。

三、毕业生权益保护的机构

1. 毕业生就业主管部门的保护

毕业生就业主管部门可通过制订相应的规则来确定毕业生的权益,并对侵犯毕业生权益的行为予以抵制或处理。例如不受理审批就业方案和打印就业报到证。

2. 高校的保护

学校对毕业生权益的保护最为直接。学校可通过制订各项措施来规范毕业生就业指导和就业推荐,对于用人单位在录用毕业生过程中的不公平、不公正行为,学校有权予以抵制以维护毕业生的就业权益。高等学校在毕业生签订就业协议过程中应进行监督和指导，对于用人单位与毕业生签订不符合国家有关政策规定的就业协议，学校有权拒签，未经学校审核同意的就业协议不能作为编制就业方案的依据。

3. 毕业生自我保护

毕业生享有上述权益，但在就业过程中往往会出现一些侵害毕业生权益的行为，时值应届毕业生就业签约高峰来临之际，如何签订一份比较周全的就业协议、劳动合同，保护自身合法权益不受不法侵害，是广大毕业生共同关心的问题。所以了解什么是就业协议，什么是劳动合同以及就业协议与劳动合同之间的关系如何就显得如此重要。

第二节　就业协议与劳动合同的关系

劳动合同是劳动者与用人单位确立劳动关系，明确双方权利和义务关系的协议。根据 2008 年 1 月 1 日起实施的《劳动合同法》规定，建立劳动关系，应当订立书面劳动合同。

就业协议是高校毕业生与用人单位确立劳动关系，明确双方在毕业生就业工作中权利和义务的协议。教育部颁布的《普通高等学校毕业生就业工作暂行规定》要求："经供需见面和双向选择后，毕业生、用人单位和高等学校应当签订毕业生就业协议书。"协议的签订是双方当事人意思完全一致的表示，这里的"一致"是通过协商达成的，双方当事人在协商过程中地位是平等的，意思表示是真实的，而且要诚实守信，不能欺骗对方，也不能强迫对方当事人屈从另一方当事人的意志。

一、就业协议与劳动合同的相同之处

毕业生与用人单位经过供需见面、双向选择，用人单位愿意录用毕业生，毕业生也愿意到用人单位工作，尽管双方的主观愿望通过言词已传递给对方，但口说无凭，恐日后有变，必须用书面形式加以确认，这种书面形式就是就业协议书。就业协议是高校毕业生与用人单位确立劳动关系的法律依据。就确立劳动关系这一点来说，就业协议与劳动合同是相通的，可以这样认为，就业协议的实质就是准劳动合同，是劳动合同的一种特殊表现形式。它们的相通表现在以下方面：

1. 合同的性质一致

毕业生与用人单位签订了就业协议，毕业生就要去签约单位报到，用人单位就要为其安排相应的工作，从实质上说，这是确定了一种劳动关系。标明这

种劳动关系确立的依据，就是就业协议。用人单位对大学毕业生这类劳动者，与面向社会公开招聘的劳动者，在培养、使用、待遇等方面可能有所不同，但从确立劳动关系这一点来说，就业协议与劳动合同是一致的。

2. 主体的意思表达一致

任何合同，双方确定的权利、义务关系都是在协商一致、充分表达主观愿望的情况下订立的；双方对设定的权利、义务都予以完全地认可，并要在实践中履行。劳动合同如此，就业协议也如此。签订就业协议的双方，在表达主观愿望、意思表示真实、无强制、胁迫这一点上，与劳动者和用人单位之间签订劳动合同时，双方的主观意思表达所处的状态完全一致。

3. 法律依据一致

由于就业协议是确立劳动关系的一种协议，用人单位对毕业生录用、接收之后，要有见习期(或试用期)，最低劳动年限的规定，这与劳动合同的要求相一致，因此就业协议应当遵循《劳动合同法》中劳动合同等有关规定，发生争议纠纷，应依法解决。

二、就业协议与劳动合同的不同之处

但就业协议毕竟不是劳动合同，二者不能互相替代。它们有以下区别：

1. 适用的法律、法规不同

劳动合同适用《劳动合同法》及劳动人事部门颁布的有关劳动人事方面的规章。而就业协议因目前无针对高校毕业生就业的《就业法》，也无国务院颁布的有关毕业生就业方面的法规，因此只能适用教育部颁布的《普通高等学校毕业生就业工作暂行规定》和有关政策。

2. 适用主体不同

劳动合同是劳动者与用人单位之间确立劳动关系的协议，只要双方当事人协商一致，符合国家的法律、行政法规，无欺诈、胁迫等手段，经双方签字盖章，合同即生效。目前的就业协议除毕业生与用人单位双方签字、盖章外，尚需学校介入。尽管学校不是主体一方，不作为协议的一方签字，但学校作为鉴证登记方，必须在协议书上盖章，没有经过学校登记的协议，不列入学生就业方案。学校毕业生就业工作部门对就业协议进行鉴证，旨在保护学生与用人单位的利益，维护协议的严肃性、确保协议的有效性。就业协议书上除了毕业生、用人单位、学校三方签字盖章外，还必须有无人事权的用人单位上级主管部门的签字盖章。

3. 签订的内容不同

依据《劳动合同法》的规定劳动合同的内容如前所述包括 9 项基本内容和其他双方约定条款，而就业协议的条款就比较简单，主要是毕业生如实向用人单位介绍自己情况，愿意在规定期限内到用人单位报到，用人单位如实向毕业生介绍本单位情况，同意录用该毕业生等，另外还有一些简单条款。

4.适用的人员不同

劳动合同可以适用于各类人员。凡是中华人民共和国的公民只要有劳动能力并符合法律规定的条件，经过供需见面、双向选择，一经录用都可以与用人单位签订劳动合同，而就业协议适用的人群相对单一，只适用于高校毕业生、毕业研究生。

5.签订时间不同

一般来说就业协议签订在前，劳动合同订立在后。就业协议是毕业生在找工作过程中，落实用人单位后签订的，就业协议的签订在学生离校前。劳动合同是毕业生到用人单位报到后订立的。如果毕业生与用人单位在工资待遇、住房等方面有事先约定，可在就业协议的约定条款中注明，附后补充，日后订立劳动合同时对此内容应予认可。可见就业协议与劳动合同是分处两个相互联系的不同阶段的协议。

第三节　毕业生就业权益保护问题及方法

从毕业生就业工作来看，毕业生就业签约过程是毕业生就业合法权益保护的重要环节。签约一时不慎，就有可能酿成大错，影响毕业生的前程。为避免类似情况的再次发生，切实帮助毕业生保护自身合法权益，在此谨就毕业生签订就业协议有关问题谈几点建议，以期在一定程度上帮助广大毕业生在签约过程中避免遭遇陷阱，更好地维护自己的合法权益。

一、主动了解就业法律法规，切实提高自身法律意识

对于广大毕业生来说，主动了解目前国家关于毕业生就业的有关方针、政策和规范以及它们之间的关系，熟悉毕业生在就业尤其是签约过程中的权利和义务，是毕业生保护自身合法权益不受侵害的前提。如果发现在就业签约过程中招聘单位提出的所谓公司内部规定或部门规定与国家有关政策法规有抵触，侵犯了自身权益，则可以依据相关法律法规，自觉维护自身合法权益。一般来说，《普通高等学校毕业生就业工作暂行规定》、《劳动合同法》、《就业促进法》、《国家公务员暂行条例》以及高校所在省（市）就业政策、地方法规等，毕业生都应当有所了解和熟悉。对于所谓“口头合同”、内容简单、文字含糊的合同，以及显失公平的“霸王合同”，要坚决予以拒签。否则，一旦发生纠纷，毕业生自身合法权益将很难得到保护。

二、认清毕业生就业协议书和劳动合同的相似与不同

就业协议书是确定用人单位录用毕业生、明确毕业生、用人单位、学校在毕业生就业工作权利义务的书面文本。劳动合同是指劳动者与用人单位确立劳动关系，明确双方权利义务的书面协议。

由于毕业生就业法制工作难以适应就业形势的发展，致使毕业生就业协议书在当前毕业生就业实践中作用相对有限、不尽完善的情况日益突出。签订就业协议更多的表现为在毕业生与招聘录用单位间"报到"与"接收"方面起一定的调节和制约作用，其效力也并不是等于确立毕业生与用人单位的劳动合同关系，而仅是约定双方当事人缔结劳动合同。对于报到接收以后具体劳动过程中双方可能发生的种种情况，就业协议书没有也不可能进行具体约定，因而一旦发生纠纷也就无所适用。

由此可以看出，就业协议书与劳动合同两者具有很大的相似性。虽然二者订立的主体相同、形式上均为书面方式，订立的内容前后有所对应，但就业协议书与劳动合同更多地表现为较大的差异。主要体现在两者的性质不同、订立的时间段不同、规定的内容不同、订立的法律依据等方面。

三、毕业生签订就业协议时一般应注意的几个方面

1. 查明用人单位主体资格是否合格

协议双方的资格是否合格是协议书是否具有法律效力的前提，这里主要是指用人单位的资格，不管是机关、事业单位还是企业（不包括私营企业）必须要有接受应届毕业生的权利。如果其本身不具备接受应届毕业生的权力，则必须经过具有进人权利的上级主管部门批准同意。因此，毕业生签约前，一定要先审查用人单位的主体资格。

2. 有关协议条款明确合法

协议中的内容是整个协议中的关键部分，毕业生一定要认真审查。首先审查协议内容是否合法，是否符合国家相关法律和政策；其次审查和仔细推敲双方权利和义务是否合理；第三要审查清楚除协议本身外是否有附件即补充协议，并审查清楚其内容。由于现在使用的毕业生就业协议书内容简单，毕业生可以和用人单位协商，就原协议书中未能体现的具体权利和义务用补充协议形式表达出来。

一般来讲，毕业生与用人单位在签约时，应尽量采用示范条款。如确有必要进行变更或增加，亦必须在内容上明确，不要产生歧义，按照《劳动合同法》、《合同法》及相关法律的规定，就业协议书协议内容至少应具备以下条款才能具有法律效力：服务期；工作岗位；工资报酬；福利待遇；协议变更和终止条款；

违约责任等。否则一旦发生争议，由于率先约定不明确，不利于自身合法权益的保护。如无附加条款，应当将协议书中的空白部分划去，注明以下空白。

3.签订就业协议的程序要合乎程序

毕业生和用人单位经协商一致，签约时要注意完整地履行手续。首先，毕业生要签名并写清签字时间；其次，用人单位以及其上级主管部门必须加盖单位公章并注明时间，不能用个人签字代替单位公章；第三，毕业生和用人单位签字后需将协议书交给学校毕业生就业主管部门履行相关手续，以便及时列入就业方案，及时办理就业报到手续。

4.注意与劳动合同的衔接

由于毕业生就业协议签订在先，为避免在日后订立劳动合同时产生纠纷，应尽可能将劳动合同的主要内容体现在就业协议的约定条款中，并明确表示在今后订立劳动合同时应予确认。否则双方日后就劳动合同有关内容达不成一致意见，且事先无约定时，若毕业生表示不愿在该单位工作，用人单位反过来要毕业生承担违反就业协议的责任。因而毕业生在就业过程中应就劳动报酬、试用期、住房、服务期限等劳动合同的主要条款与用人单位事先协商，体现在就业协议中，并将协议结果书面化，而不应只作口头约定。

5.对合同的解除条件做事先约定

毕业生就业协议一经订立，就对当事人具有约束力；一方不得随意解除，否则应承担违约责任。毕业生如对用人单位情况不是很了解或感到不完全如意，但又担心就业市场的变化，一旦放弃后落实就业单位可能更困难；或本人又在考研、准备出国，在这种情况下，毕业生可与用人单位在就业协议中就解除条件作约定，若约定条件一旦成立，毕业生可依约解除协议，而无须承担违约责任，避免产生经济损失或其他争议。

同时，签约毕业生要充分利用备注栏。就业协议书有备注栏，毕业生可在备注栏中填入补充条款，该条款也具有法律意义。补充的内容可为“如本人考上研究生，凭录取通知书，该协议效力终止”，也可为协议期内工资多少。违约时是否缴纳违约金等容易产生纠纷的条款加上去，以避免矛盾产生。

从2005年开始，为保护毕业生合法权益，部分地区和省市对毕业生违约金最高额进行了限定，如不超过毕业生一个月的平均工资等。这对于防止企业在收取毕业生违约金时漫天要价的情况发生必将起到一定的制约作用。毕业生应加以适当了解运用。

四、毕业生签订劳动合同时应注意的几个方面

1.用人单位主体资格合法

指用人单位须经主管部门批准依法从事生产经营和其他相应的业务，享

有法律赋予的用人资格或能力。

2.合同内容合法

主要指劳动合同的内容不得违反法律、行政法规的强制性规定。如《劳动合同法》第十九条明确规定“劳动合同期限三个月以上不满一年的,试用期不得超过一个月;劳动合同期限一年以上不满三年的,试用期不得超过二个月;三年以上固定期限和无固定期限的劳动合同,试用期不得超过六个月。”在这里,“试用期不得超过六个月”,就是法律关于劳动合同试用期的强制性规定。案例中张某与用人单位签订的劳动合同约定的试用期为一年,由于违背了上述“试用期不得超过六个月”的强制性法律规定,显然是无效的。

3.当事人意思表示真实

根据《劳动合同法》第二十六条第(二)款的规定,以欺诈、胁迫的手段或者乘人之危,使对方在违背真实意思的情况下订立或者变更劳动合同,所以是无效的。另外,如果有证据证明当事人对合同内容有误解,这样的劳动合同也应无效。

4.合同订立的形式合法

《劳动合同法》第十条明确规定,建立劳动关系,应当订立书面劳动合同。对于以口头、录音、录像等形式订立的劳动合同,均无效。

五、一旦发生纠纷后,要懂得用法律手段维护自身合法权益

由于高校毕业生就业市场的不尽成熟和完善,有关法律、法规和制度尚不健全,再加以社会风气、人们旧观念、旧思想的影响,毕业生在就业过程中不可避免会出现一些不公平现象,对毕业生就业求职正当权益予以侵害。对此,毕业生要冷静对待。不可感情冲动,而必须运用法律手段维护自身的合法权益。针对侵犯自身就业权益的行为,依据《中华人民共和国劳动合同法》、《国家公务员暂行条例》、《企业劳动争议处理条例》、《人事争议处理暂行规定》等有关法规,毕业生有权向用人单位上级主管部门和学校进行申诉并听取他们的处理意见,同时也可提交给当地的劳动争议仲裁机构进行调解和仲裁,或直接向人民法院提起诉讼。

第四节　警惕求职陷阱种种

一、求职场上陷阱层出不穷

据东方时空统计,55%的大学生求职时曾遭遇到就业陷阱。缺乏社会经

验而又求职心切的毕业生们，一定要提高警惕，保护好自己的人身财产安全。

大学生求职时可能会遭遇如下陷阱：

陷阱一：招聘、面试流程过于简单，或只索取毕业生个人信息

2006届毕业生小张在人才招聘会上找工作时，一个中年男子出现在她面前，说他们单位正在招聘一批业务经理，请小张有空到他们单位去看一下，留给小张一份岗位要求及联系电话，同时主动要小张将简历及联系电话给他。

像小张遇到的招聘单位就需引起毕业生注意和警惕，不要毫无防备地就把自己的简历等材料交给这样的单位。因为这样的单位其内部管理很可能存在问题，甚至还存在欺骗毕业生的可能。

在求职过程中切忌"等靠挨"，应努力拓宽就业信息渠道。但是，也要防止上当受骗。对于网络招聘或其他非正式渠道获得的就业信息，应该通过各种社会关系调查其真实性。毕业生可以动用亲朋好友、老师同学等一切可以搜索的社会资源，请他们提供所在单位的实际情况。

毕业生要小心，仅仅只有电话面试或者面试地点过于偏远、面试时间过晚以及面试场所过于简单，都需要提高警惕。

提醒毕业生注意——有的不法单位通过假招聘获取大学生个人信息，并蓄意诈骗。有的毕业生留下了父母家的电话，有的家长就曾接到电话："您的孩子受伤住院了，需立刻给某某账号汇钱。"着急的家长一时联系不上孩子，也不敢耽误就把钱寄了出去，少则几千，多则两三万。毕业生应把自己辅导员或同学的电话留给父母，并提醒家长，接到类似的电话一定搞清事实。

陷阱二：押金陷阱

2008届毕业生小李通过网上求职发现一家公司要招人，与公司面谈后，人事主管当即决定录用小李，并承诺了相当高的月薪待遇，但要求小李在签订就业协议书时交纳2000元押金，待小李在公司工作满一年后归还。

职业顾问点评：刚参加工作，薪酬不高是正常的。相反，如出现一个不熟悉的单位提供高薪酬时，毕业生就应引起注意，因为少数不法人员企图利用高待遇的幌子，骗取毕业生的所谓押金、培训费、服装费等。在当前的就业形势下，毕业生千万不要相信在工作初期就很容易获得高收入。

同时，对有些单位提出的所谓押金、培训费、服装费等收费项目，要敢于说不。《杭州市劳动合同条例》第十七条规定："用人单位与劳动者订立劳动合同，不得收取或者变相收取抵押金、抵押物、保证金、定金等。"

陷阱三：要你介绍他人加盟

毕业生小王，最近在人才市场门口遇到了自称是某公司业务主管的一年轻人，搭讪了几句后，"业务主管"说公司正需要像小王所学专业的毕业生，并表示该公司发展前途非常好，收入也非常高，只要小王肯努力。同时，这年轻人告诉小王，因业务发展很快，让小王把自己的朋友也带到公司一同发展。

职业顾问点评：前些年有些大学生因被骗而涉足非法传销，到头来后悔不已。因此，毕业生在求职过程中，如遇到类似小王碰到的单位，对你非常主动，把加盟后的前景说得异常振奋人心，并要你介绍朋友或同学一同加入时，就要想想这句老话：天上是不会掉馅饼的。

陷阱四：不签订就业协议书

2005届毕业生小宋通过招聘会进入杭州一家公司，当小宋提出要与公司签订就业协议书时，公司表示不与小宋签订任何书面协议，甚至不签订劳动合同。小宋觉得公司给出的薪水不错，就同意了公司的做法。

职业顾问点评：就业协议书是转递毕业生人事关系的依据，如果不签订该协议，毕业生的人事档案、户籍等人事关系就无法转入工作单位及所在城市。而这些关系的办理涉及毕业生切身利益，如办理社会保险、购买经济适用房、评审职称等。因此，单位不与毕业生签订就业协议书，对毕业生的工作、生活、职业发展是不利的。毕业生应主动要求单位解决这些问题，并可通过当地的人才交流中心协助办理人事档案、户口等关系的接收。

陷阱五：以招聘之名宣传自己

无名企业在招聘会上挂出巨幅宣传画，展位布置得极其鲜亮夺目；当求职者进行职位询问时，招聘者则对企业文化侃侃而谈数十分钟，末了再每人赠送一本精美宣传画册；网上某公司的招聘信息已经挂了半年之久，只招一两名、要求不高的职员。让人不禁怀疑，它们是否真的在进行招聘，难道说真是在借招聘之名行广告之实，醉翁之意不在酒吗？

陷阱六：借试用期榨取廉价劳动力

上面介绍的就业陷阱都是以榨取毕业生的钱财为目的的，而还有一类陷阱是利用试用期索取学生们的廉价劳动力，而这类企业往往还是正规的企业。小胡就遭遇了这类陷阱。

23岁的胡晓波，2007年毕业于国内一家名牌大学的生物技术专业，为了找到一个理想的工作，他考过了英语六级和公务员资格证等多个证件，2008年1月，小胡在网上看到了国内一家大型制药公司正在招人，因为专业对口，就联合同班几位同学给这家公司投了简历，没想到他们很快就得到了面试邀请，小胡和其他六名同学顺利通过面试。进入试用期，当时公司口头告诉他们试用期为两个月。因为这个公司很大，想留在这里的小胡和其他6名同学尽管没有签任何协议还是答应先干了，盼望通过不懈的努力来争取这个职位。试用期的待遇很低，跟正式员工没法比。而试用期的工作内容也和他们想象有很大差距。小胡告诉我们，试用期让他们做些简单的重复劳动，谁做都可以的，但又是些必须得有人做的工作。当时感觉就是临时性的。为了能够顺利通过试用期成为正式员工，小胡非常勤奋地完成公司布置给他的工作，两个月的试用期很快就到了，该到转正的时候了。但两个月后也没人提这事，小胡去向公司领导询问，领导说对他两个月试用期的工作表现满意，还要进行全面考察，小胡认为公司可能是真想留下他，于是很痛快地就答应了公司提出的再试用两个月的要求。很快又试用了两个多月，公司领导找到小胡，说没有符合公司要求。

与小胡同时进入公司的六名同学也都在被延长三个月的试用期后以各种理由辞退。而在此期间公司也没有和他们签订任何协议与合同。

据了解，利用试用期骗取廉价劳动力主要有两种形式，一种是试用期结束后以各种理由告诉求职者是不合格的，公司解聘也是无奈之举；另外一种就是无故延长试用期，说好的2个月，再延长2个月，可几个月的卖力表现最终换来的还是解聘。

因为试用期的工资、福利待遇和正式录用后差异较大，而招聘的费用又微乎其微，一些用人单位就是通过无休止的“试用”来获得毕业生最廉价的劳动力。

这类陷阱最让毕业生们无奈，无论试用期多长，最后人家解聘你总有理由。而关于试用期长短、待遇一般都是公司企业的口头承诺，而求职心切的学生也不敢提出签合同的要求，最后的结果也可想而知。明明知道被骗了白干了，但打官司也因为没有证据赢不了。

如果签合同也要小心被无故延长。关于试用期《劳动合同法》的第十九条明确规定：劳动合同期限三个月以上不满一年的，试用期不得超过一个月；劳动合同期限一年以上不满三年的，试用期不得超过二个月；三年以上固定期限和无固定期限的劳动合同，试用期不得超过六个月。如果用人单位要求的试用期超过了国家规定的期限，你就要小心了。

陷阱七：培训陷阱

在大学生就业中，常常会看到一些培训机构混迹其中，不断给大学生介绍“高薪就业”、“保证就业”之类的机遇，殊不知其中陷阱重重。其一，收了培训费仍然无工作。有些培训机构以“高薪就业”、“保证就业”的名义引诱大学生交了培训费，但培训结束后，却以种种理由不给安排就业。其二，培训机构与用人单位联手坑害大学生。大学生交了昂贵的培训费后，被推荐到一些位置偏僻、层次较低的企业，无人问津的低薪岗位，甚至在试用期就被借故辞退。其三，用人单位的培训陷阱。有些用人单位要求新进大学生必须经过某某机构培训，考核合格才能录用。于是花费不少的大学生经过培训，考核过关者却寥寥无几。即使如此，被录用者也难逃厄运，工作刚满见习期或试用期即被以各种理由辞退。其四，因为培训而失去自由。常言道“没有梧桐树，难留金凤凰；栽好梧桐树，招来金凤凰”，可一些没有梧桐树的用人单位自有“妙法”留人。那就是单位出钱培训上岗，“买走”大学生的“自由”。这些用人单位在大学生上岗前提出，单位出资送大学生到某培训机构进行所谓的培训，并且签订培训上岗协议或劳动合同，规定所有经过培训合格人员，才能准予上岗，且要签订长期劳动合同，至少服务一年，必须交纳数目不菲的违约金，有些单位甚至扣押大学生的证件。

陷阱八：安全陷阱

大学生的就业心切，给一些不法之徒提供了可乘之机。他们常常精心策划，坑蒙拐骗盗无所不用，如果大学生稍不留神就会受其所害。

1. 索要各种证件、签名、盖章。如果大学生在招聘中留下重要证据之类的东西，就可能成为欠费、欠税、担保人等各种形式的债务人，也可能成为敲诈勒索的对象。

2.索要办证费、资料费、报名费、劳保费、保险费等名目繁多的收费。只要大学生切记，无论对方怎么巧舌如簧，没赚钱决不花钱，他们的如意盘算就会落空。

3.谨防偷盗抢劫。首先，对陌生的人、陌生的地点与可疑时间的面试，一定要谨慎小心，很可能各个环节都陷阱重重，令你防不胜防。其次，谨防将手机、钥匙交给对方，也不要随便吃喝对方提供的食物饮料，否则可能瞬间一无所有。再次，谨防诈骗。如果对方为掌握你的全面情况无休止面试，你可能已经处于危险的境地。要么设下小圈套让你闯祸，然后高价索赔；要么你的家人朋友可能接到你车祸、病危此类的通知，于是匆匆将钱转入了不法之徒的账号。

4.切防非法工作。工作性质不清，任务不明，遮遮掩掩、行动诡秘，这时就要非常留心，可能已沦为不法之徒的帮凶。可能正从事涉毒、偷运、销赃、窝赃、传销等非法工作。而一旦事情败露，违法者全无踪影，而你成了替罪羊。

5.女大学生安全第一。不法之徒更易选中女大学生，是因为他们就业更难，易于诱骗，而且防卫能力差，胆小怕事，易于掌控。女大学生在就业中稍不留神，可能会落入不法之徒、不良企业的陷阱中，轻则被劫财劫色，更可怕的是陷入色情、传销业或被拐买，反抗者甚至可能遭受暴力，失去生命。所以，女大学生就业一定要将安全放在第一位，思想上切不可麻痹大意，贪图钱财与享受，以免被引诱；行动上一定要细思慎想，以防掉入陷阱；具体环节上要步步为营，以杜绝授人把柄。

二、教你如何防求职陷阱

在找工作的过程中一定要提高警惕，注意规避上述就业陷阱。具体来说可以采取以下措施：

(1)搜寻招聘信息时要力求准确真实，有条件的情况下，可实地调查或请求亲朋好友、同学老师提供单位情况。

(2)若仅仅只有电话面试或者面试地点过于偏僻、面试时间过晚以及面试场所过于简单，都需要提高警惕，必要时应该同学结伴去面试，发现情形不对立即报警。毕业生还应把自己辅导员或同学的电话留给父母，并提醒家长，接到陌生人如“您的孩子受伤住院了，需立刻给某某账号汇钱”之类的求助电话一定要与学院辅导员老师联系核实。

(3)异地面试前应该先去学院辅导员请假,并征求辅导员老师意见。

(4)应聘时要了解清楚招聘职位的要求、完整的录用条件。

(5)应聘完后,到招人单位了解在岗人员待遇、工作性质等是否与招聘宣传相符。

(6)与用工单位签订就业协议书,中间应包含对双方权、责、利等有所规定;对一些远期承诺,也应写进协议中。

(7)使用一段时间,如被告知不符合录用条件时,要及时要求单位人事部门拿出证明本人不符合录用条件的证据。

(8)发现用人单位侵犯自身权益,可向劳动仲裁部门或工商执法部门投诉。

毕业生求职就业需要全社会给予支持,需要各方形成合力,要鼓励不同志向、不同追求的毕业生到不同的地区、不同的岗位去实现自己的人生价值。作为求职的毕业生来说,只要确定了自己的职业方向,确立了人生的追求目标,心中就会树立起价值判断的坐标系,并以此去衡量、去选择,就不会被世俗潮流所蒙蔽,就容易识破求职招聘中的种种陷阱,避免上当受骗。

第五节　高职毕业生就业如何维权

近几年来,大学毕业生劳动权益被侵害的事件不断。同时,由于就业难,他们往往采取息事宁人、忍气吞声的方式承受。作为毕业生,需要了解一些相关政策。通过以下几个大学生就业纠纷的案例,希望能够给刚毕业的大学生指明就业盲区,规避职场风险。

一、先试用还是先签劳动合同?

【案例】小郭在毕业前与学校、某公司签订了《高校毕业生就业协议》。不久,他顺利进入该公司工作。但该公司不愿意一开始就与小郭签订劳动合同。人事部门告诉他,得先试用,试用合格后,双方再签。

【专家建议】现在,很多用人单位在招聘大学毕业生后,基本上都是先试用,试用期满后感觉还可以的,再签订劳动合同。究其原因,不外乎是为了规避所谓的用人风险,减少麻烦等。其实,用人单位这种做法是错误的。

《劳动合同法》第10条规定:“建立劳动关系应当订立劳动合同。已建立劳动关系,未同时订立书面劳动合同的,应当自用工之日起一个月内订立书面劳动合同。用人单位与劳动者在用工前订立劳动合同的，劳动关系自用工之日起建立。”即用人单位新招收劳动者的，应当自录用之日起签订劳动合同，在签订劳动合同时可以约定试用期，但不允许先试用后再签订劳动合同。可见，试用的前提是劳动合同签订后对试用期做出明确约定，没有对试用做出约定的，用人单位是不能试用的。

最后，需要指出的是，《高校毕业生就业协议》不能代替劳动合同，因为该协议是毕业生与高校、用人单位签订的一份就业意向性协议，它具有法律效力，但不是劳动合同，不能替代劳动合同。该协议的法律效力在毕业生到用人单位报到之后即告终止。

二、提防就业协议书成“废纸”

【案例】大学生A去年5月与一家大公司签订了就业协议。协议约定月收入为2500元，但是没有约定违约的责任和赔偿。按惯例，毕业生应当在当年的7月到签订就业协议的单位报到，成为这个单位的正式职工。但在5月中旬，公司电话通知他，原来准备上一个新项目，现在决定不上了，因此要取消就业协议，叫他不要去报到了。A几次找这家公司论理，都遭到拒绝。

【专家建议】由于就业协议书不等同于劳动合同，如果毕业生遭遇单位毁约，只能通过有关部门来“协调”，这种“协调”要花费很多时间和精力。所以，毕业生要尽快与用人单位签订劳动合同，以保障自己的权益。

三、就业协议要与劳动合同一致

【案例】学生B与一家公司签订了就业协议，约定服务期为5年，并规定如果B提前解约必须赔偿公司3万元。正式上班后，公司与他签订了劳动合同，合同的有效期仅1年，而且也没有提前解除合同的赔偿条款。他在第二年4月向公司提出辞职，公司提出，必须按就业协议的规定赔偿3万元。

【专家建议】毕业生与用人单位签订了劳动合同后，劳动关系就以劳动合同为准，就业协议书就自动失效。因此，该公司要求赔偿3万元的说法是没有依据的。建议毕业生在签订合同时，尽量注明一些比较重要的条款，如工作(劳动合同)期限、工作岗位和工作内容、劳动保护和工作条件、工资报酬和福利待遇、违反劳动合同的责任等，以防用人单位通过有意的“疏漏”侵犯毕业生的合法权益。

四、空白合同不要随便签

【案例】学生D到单位报到后，公司人事部门给了他一份空白合同，要他先签名，具体条款过几天再补上。D觉得，反正已是公司的人了，别人享受什么样的待遇，自己应该也会享受到，于是不假思索地签上了自己的名字。

【专家建议】空白的劳动合同还是不要签为好，否则用人单位完全有可能在空白处填上对其有利的内容，例如较少的薪水，或者是不确定的工作岗位等，然后盖章确认，从而使该劳动合同生效。这时即便毕业生发现了合同中对自己不利的内容，但由于劳动合同已经生效，一旦出现纠纷，自己就会处于十分不利的地位。

五、试用期有多长？

【案例】大学毕业生小李应聘到某公司，并签订了1年期的劳动合同。劳动合同中约定试用期为6个月。对此，小李感到愤愤不平。该公司人事部门负责人解释说，公司规定：新招聘大学毕业生的试用期一律是6个月，否则考察不出来其是否合格。

【专家建议】根据《劳动合同法》第十九条 劳动合同期限三个月以上不满一年的，试用期不得超过一个月；劳动合同期限一年以上不满三年的，试用期不得超过二个月；三年以上固定期限和无固定期限的劳动合同，试用期不得超过六个月。这也就是说，试用期的长短取决于劳动合同期限的长短。不允许用人单位在6个月以下随意规定试用期的长短，必须根据劳动合同期限来合理约定。

本案中，该用人单位对试用期采取“一刀切”的做法显然是错误的，是严重侵犯小李劳动权益的行为。所以，大学毕业生在签订劳动合同时，应该据此衡量一下试用期的约定是否合法合理。

六、试用期内的工资能低于当地最低工资吗？

【案例】某公司与大学毕业生小刘签订了3年期限的劳动合同。合同约定试用期为4个月。试用期间该企业每月发给小刘工资600元。3个月后，小刘得知当地的最低工资标准为750元，便找到该公司人事部门，要求增加试用期工资并补发前3个月的工资报酬，而人事部门以小刘尚处在试用期，还不是正式职工为由，拒绝增加和补发工资。

【专家建议】根据《最低工资规定》第12条的规定：“在劳动者

提供正常劳动的情况下，用人单位应支付给劳动者的工资在剔除下列各项以后，不得低于当地最低工资标准……”同时，《劳动部关于贯彻执行〈劳动法〉若干问题的意见》第57条也明确规定：“劳动者与用人单位形成或建立劳动关系后，试用、见习期间，在法定工作时间内提供了正常劳动，其所在的用人单位应当支付其不低于最低工资标准的工资。”

同时，对于拒不执行最低工资的违法行为，《最低工资规定》第13条对此做出了明确规定：“……用人单位违反本规定第12条规定的，由劳动保障部门责令其限期补发所欠劳动者工资，并可责令其按所欠工资的1至5倍支付劳动者赔偿金。”

在本案中，该公司人事部门以小刘尚处在试用期为由，拒不执行最低工资标准，实属违法。小刘可以向当地劳动保障部门投诉。

七、试用期内可以不上社保吗？

【案例】某公司与大学毕业生小赵签订了2年期限的劳动合同，试用期为3个月。在合同期限届满前，小赵在查询自己的社保缴纳记录时，发现单位未缴纳试用期的社保。当小赵向公司提出补交的要求时，该公司人事部门告知，只有在试用期过后，公司才为员工缴纳社保，试用期间一律不为其缴纳社保费用。

【专家建议】一些用人单位为了降低人力成本，就连短暂的试用期也逃不过其“算计”。而且，这些用人单位还有一套看似非常合理的说辞。他们常常以试用期的劳资关系不稳定为由，不为试用期的员工上保险。这是不合法的。

根据《劳动合同法》第十七条规定，劳动合同应当具备以下条款：……（七）社会保险；……用人单位必须为劳动者缴纳基本养老保险、失业保险、医疗保险、工伤保险、生育保险等社会保险费用。劳动合同一旦签订，双方之间就建立了劳动关系，用人单位就必须为劳动者缴纳社保费用。由于劳动合同期限就包含试用期，所以，试用期期间的大学毕业生应享有和其他正式员工一样的劳动权益，用人单位也就应该为大学毕业生缴纳社保费用。否则，劳动者可以解除劳动合同。

八、试用期内不符合录用条件，可以延长试用期吗？

【案例】某公司和大学毕业生小陈签订了5年期的劳动合同，合同中约定试用期为6个月。在试用期间，小陈在工作中出现了几次小差错，这几次小差错也没有给公司造成损失。但在试用期届满前一天，公司却通知小陈，鉴于她工作中经常有差错出现，需要进一步考察，于是公司决定将试用期延长6个月，以观后效。

【专家建议】根据《劳动合同法》的规定，同一用人单位与同一劳动者只能约定一次试用期。用人单位在试用期内发现劳动者不符合录用条件，可以解除劳动合同，但不能通过延长试用期，对劳动者继续进行考察。

在本案中，该公司延长小陈的试用期，违反了劳动法律法规的规定，这种做法是错误的。

九、试用期内让你走人真的没商量吗？

【案例】某公司与大学毕业生小胡签订了为期3年的劳动合同，并约定试用期为6个月。试用期满的当天，小胡接到该公司人事部门的通知，以小胡不符合录用条件为由，解除双方之间的劳动合同。对此，小胡感到茫然，不知道如何应对。

【专家建议】当前，许多用人单位尤其是一些餐饮行业的用人单位经常利用试用期解除劳动合同，然后再招聘新员工，再利用试用期解除劳动合同，周而复始，以达到降低人力成本的目的。对于即将步入或者刚刚步入职场的大学毕业生而言，尤其要在这方面引起注意，谨防试用期“陷阱”。

《劳动合同法》第三十九条规定：“劳动者有下列情形之一的，用人单位可以解除劳动合同：(一)在试用期间被证明不符合录用条件的…”，同时在第二十一条规定：“在试用期中，除劳动者有本法第三十九条和第四十条第一项、第二项规定的情形外，用人单位不得解除劳动合同。用人单位在试用期解除劳动合同的，应当向劳动者说明理由。”该条款充分肯定了用人单位解除劳动合同的权利，但是这种权利并不是无限制的。用人单位解除合同必须是“劳动者在试用期间被证明不符合录用条件”。只有具备了这个条件，用人单位的解聘行为才会受到法律保护。那么，如何认定劳动者是否符合录用条件？由谁来认定？在该问题上，我国目前的有关法律规定还没有做出明确的规定，事实上大多由用人单位自己来“灵活”掌握。如此一来，这就为某些不法单位的不法行为埋下了伏笔。鉴于我国目前的立法现状，以及现实中存在的问题，建议大学毕业生在签订劳动合同时，对试用期中是否符合录用条件以及如何评判、谁来评判的问题作出明确的约定，以避免将来发生不必要的麻烦，同时也可以防止自身的权益受到不法单位的侵害。在具体的劳动仲裁事务中，用人单位对“不符合录用条件”负有举证责任，而劳动者没有举证义务。

在本案中，小胡应该向该公司提出其不符合录用条件的质疑，如果双方意见分歧过大，用人单位的解释难以接受，小胡可以向当地劳动仲裁机构提起劳动仲裁。

目前大学生就业难已成为社会问题，而在就业的过程中更不能忽视劳动权益的保护。由于我国劳动权益方面的法律法规非常庞杂，笔者建议广大即将步入职场的大学毕业生能够认真学习劳动方面的法律法规，少走弯路，当自己的劳动权益受到侵犯时敢于拿起法律的武器，维护自己的合法权益。

第十一章

完成角色转换　树立终身学习意识

高职毕业生经过寒窗苦读，终于圆满完成学业。选择好了适当的职业和工作单位，开始迈向社会和工作岗位，这是人生的一大转折。如何尽快适应这一转折，顺利完成从学生角色到职业角色转换，适应社会和新的工作，树立良好的职业形象，建立和谐的人际关系，迈好走向事业的第一步，为今后的事业发展和成功奠定良好的基础，是摆在每位高职毕业生面前的现实问题。

第一节　转换角色　适应环境

人的一生面临着各种不同的社会角色转换，就大学毕业生而言，由学生角色到职业角色的转换，在其一生的经历中占有重要位置。在角色转换这个关键的时刻应当以积极正确的态度、认知和实现新的角色，促成角色转换整个过程的顺利进行。

一、学生角色和职业角色

"角色"一词按其本意讲是指演戏的人化装后扮演的戏剧中的人物。美国社会学家 G. H. 米德首先将这个专有名词运用到社会心理学中。他认为社会也是个大舞台，社会中"人"就是他所扮演的各种角色的总和。

在社会生活中，人的社会或职业生涯随着自身所处的内在环境变化而变化，社会角色也随之变化。一个人从一种角度转换为另一种角色的过程称为角色转换。通常一个人会经常变换自己的角色，就像演员在舞台上扮演不同的角色一样。人处在不同的社会地位，从事不同的社会职业（或中心任务），都要有相应的个人行为模式，即扮演不同的社会角色，如下班回家，就要从职业角色变换为家庭成员角色。这种经常性的由上级到下级、由领导到子女、由学生到老师、由主人到客人等杂乱无章的变换也是角色转换。

角色冲突是普遍存在的。从事职业(或中心任务)的变化、职务的变迁、家庭成员的增减等,都会产生新旧角色的转换。新旧角色转换的过程中必然伴随着新旧角色的冲突,不过可以通过角色协调使得角色冲突尽可能地降低至最低限度。协调新旧角色冲突的有效方法是角色学习,即通过观念的培养和技能训练以提高角色扮演能力,使角色得以成功转换。

二、学生角色向职业角色的转换

做为人生最重要的角色转换之一,即学生角色向职业角色的转换。根据社会心理学的角色理论,高校毕业生从学生角色到职业角色的转换,必然伴着角色冲突、角色学习和角色协调等一系列过程。因此在这个过程中,高职毕业生应该尽早做好准备。学习相关职业知识,对自我,对社会和对即将从事的职业发展进行较为深入的了解和分析。提高职业角色技能,提高心理承受能力和抗挫折能力,增强角色扮演能力,作好上岗前的各种准备,才能使自己的职业生涯有良好的开始,顺利实现角色转换。学生角色向职业角色转换三个重要阶段:

1.在校期间的实习实践是角色转换的基础

高职生在校期间的社会实践和顶岗实习是学生接触社会、走向社会和工作岗位的第一步。通过顶岗实习能使高职生充分认识专业特点:增强实践动手能力。对将来从事的工作岗位有一定的认识也有利于对职业角色有一个具体的了解。社会实践是学生展示能力和才能,服务社会的重要渠道,同时也是对自己非专业因素以外的锻炼。因为非智力和专业方面的技能有可能是影响毕业生择业就业和创业的重要因素。因此在校期间的实习实践是角色转换的准备阶段。

2.毕业前的角色转变

以前,我国高职毕业生在每年6月份离校,奔赴工作岗位,但是求职准备工作一般从10月初开始,11月开始正式求职工作。前后有半年多的时间。所以说,在这期间是毕业生转换角色的重要阶段,主要表现在以下两方面:

(1)毕业前夕是择业的黄金季节,毕业生通过与用人单位“双向选择”的过程,以比较全面地了解用人单位的基本情况。切身体会到社会对自己的认可程度并依据自身感受,调整就业期望值。实事求是地定位自己的职业。

(2)必要抗挫折的心理准备。高职毕业生在择业过程不可能一帆风顺,有可能屡试不爽。因此充分抗挫折的心理准备是不可缺少的。要调整心态,以平常心对待择业工作。要有不懈追求的精神,要不断调整自己求取的心态。要相信自己的才能,这是事业成功者的必备素质。所以说毕业前夕的角色转换是学生角色向职业角色转换的关键第一步,只是为高职毕业生的职业角色确定了一个基调，将对角色的转换将产生深远的影响。

3.见习期的角色转换

高职毕业生第六学期，各学校都安排毕业生进入有就业意向的用人单位就业实习，就业实习期满，有意向毕业生将与用人单位签订就业协议书。因此说，见习期的角色转换能否顺利实现至关重要。目前高职毕业生就业单位基本上是中小民营企业为主。从事的就业环境相对来说比较艰苦，经常需要加班加点，属于自己的时间将越来越少。从大学学习环境到职业工作环境的变化，往往加剧角色转换的冲突和矛盾，为此，高职毕业生要尽快适应和实现角色转换。

三、职业角色的基本要求

一个新参加工作的大学毕业生要在较短的时间内获得同事的认同和领导的肯定，应当从以下几个方面提高和锻炼自己：

1.要善于展现自己的知识

大学毕业生因为具有新的知识而受到同事的青睐和尊敬，但为此也容易使一些人与同事之间产生一定的距离。因此，大学生在同事面前一定要表现的谦虚、随和，在尊重同事丰富经验的同时，适时适度地展现自己的知识。例如，可以利用工作机会，特别是当同事在工作中遇到麻烦时，以谦虚诚恳的态度从理论上提出自己的见解，共同商讨，共同解决问题，也可以利用业余娱乐机会，发挥自己的知识优势，在交流中让同事了解你的为人和性格，表现自己的世界观、人生观和价值观，缩短与同事的距离，成为大家的朋友。要切忌以文凭自居自傲，那样只能使同事对你产生反感，使得自己越来越脱离群众，变得孤立无助。

2.要树立工作的责任意识

大学生对未来都有美好的愿望，都想在事业上大干一场，建功立业，但是多数人在走上工作岗位之初不会被委以重任，而是先从最简单的辅助性的工作做起，这也符合人才成长的基本规律。但是，有不少人凭着对工作的新鲜感和学识上的优势感，认为自己被大材小用了，对一些工作不愿意干，甚至闹情绪。其实，这是缺乏责任意识的表现。干任何一项工作，都要有足够的热情，更要有丰富的经验和随机应变的能力。这种经验和能力的获得并非一朝一夕之功，它需要在平时的工作中积累和训练。因此，不管工作的大小，分工的高低，大学生都要以满腔的热情、高度的事业心和责任感认真对待，圆满完成。

3.要培养实事求是的工作作风

大学毕业生具有较强的自尊心和自立意识，在工作上总想独当一面，取得成就，但在很多时候，工作中还是难免出现失误。工作上出现失误并不可怕，可怕的是不能正确地认识失误，不能实事求是地去承认失误。如果工作中一旦出现失误，就要认真地分析原因，总结经验教训，找准失误点，同时要敢于向领导和同事承认，开展批评和自我批评，勇于承担责任，以获得领导和同事的理解。另外，要虚心学习、请教，总结经验教训，防止类似失误再次发生。

4.要重视岗前培训

岗前培训对于刚刚走上工作岗位的大学生的角色转换是非常重要和必要的。它不仅仅是让新员工了解单位基本情况，熟悉规章制度和工作程序，更重要的是通过岗前培训来树立集体主义观念，培养新员工的人际协调能力和奉献精神。从某种意义上讲，岗前培训可以直接反映出新员工的素质高低，因此单位都非常重视，并以此择优录用，分配岗位。毕业生一定要以认真的态度把握好这样一次充实自己、表现自己和提升自己的良机。事实证明，很多毕业生就是因为在岗前培训期间显露才华、表现出色而被委以重任的。

四、职业角色转换中容易出现的问题

大学生在从学生角色向职业角色转换的过程中，往往会面临着新旧角色的冲突。有些人由于受到社会因素、家庭因素尤其是自身认知能力、人格心理发展、意志品质以及情绪情感等因素的影响，不能正确认识角色转换的实质，或者在角色转化中不能持之以恒，于是在从学生角色到职业角色的转换过程中出现问题。

1.对学生角色的依恋

经过十多年的读书生涯，对学生角色的体验可以说是非常深刻了。学生生活使得每一位学生在学习、生活和思维方式上都养成了一种相对固定的习惯，因此在职业生涯开始之初，许多人常常会自觉或者不自觉地把自己置身于学生角色之中，以学生角色的社会义务和社会规范来要求自己，对待工作，以学生角色的习惯方式来待人接物，观察和分析事物。

2.对职业角色的畏惧

一些大学生在刚走进新的工作环境时，不知道工作应该从何入手，如何应对，在工作中缩手缩脚。怕担责任，怕出事故，怕闹笑话，怕造成不良影响，于是工作上就放不开手脚，前怕狼后怕虎，缺乏年轻人的朝气和锐气。

3.思想上的自傲

有一些毕业生对人才的理解不够全面和准确，认为自己接受了比较系统正规的高等教育，拿到了学历，学到了知识，已经是比较高层次的人才了，因而往往看不起基层工作和基层工作人员，甚至认为一个堂堂的大学毕业生干一些琐碎的不起眼的工作是大材小用，有失身份，于是就轻视实践，眼高手低。

4.作风上的浮躁

一些人在角色转换的过程中表现出不踏实的浮躁作风和不稳定的情绪情感，一阵子想干这项工作，一阵子又想干那项工作，不能深入工作内部了解工作性质、工作职责以及工作技巧。近年来，毕业生要求调整单位人数的增多，就是因为一些学生就职很长时间后还不能稳定情绪，进入职业角色，反而认为单位有问题，没有适合自己的职位所致。事实上，如果不能静下心来踏踏实实地学习，适应工作，不管什么样的职位都不会适合。

以上这些问题的存在，会严重地影响大学生角色转换成职业角色，每个新参加工作的毕业生都必须认真对待，加以克服。

第二节　适应职业角色　立足平凡岗位

职业角色适应就是在对职业具有一定认识的基础上，通过不断对自己的职业观念、态度和行为习惯进行了调整和改变。立足于平凡岗位从小事做起，脚踏实地，艰苦创业，创造性地把职业岗位的工作做好。走一条适合自身特点的职业道路。

一、理想与职业现实的冲突

大学校园的生活相对来说是比较单纯和清净的。习惯了这种环境的大学毕业生们，在刚刚参加工作之初，由于自身的阅历、素质、知识水平和适应能力的限制，加上社会对于大学生的期望要高于一般的人。因此，难免会产生一些矛盾和不适应的因素，使得他们在工作上遇到种种困难和挑战。

(1)美好的愿望难以实现。所有的大学毕业生都希望在自己第一份职业岗位上有所作为，立志以满腔热情换取优异的工作成绩。但对毕业生的跟踪调查表明，他们工作后大多对现实不满意，有的毕业生表示“特别失望”。面对一些工作单位的实际情况诸如生活环境艰苦、人际关系复杂、经济收入微薄、工作程序单调、管理方式落后和生产试验设备陈旧等因素产生的消极负面影响，不少的毕业生由一腔热血变为大失所望，工作积极性也就踪影皆无，原本美好的愿望化为了泡影。

(2)自身的素质难以应对社会职业的需要。我国经济步人全球化的战略格局，对高素质综合性人才的需求就更为迫切。因此，大学毕业生不仅要有扎实的专业知识，较强的实际操作能力和一定的组织管理能力，更要具有勇于开拓、锐意进取的创新精神。然而，一些大学毕业生面对社会职业的实际需要，深感自己综合素质远远不能胜任所从事的工作，现有的知识智能结构不够充分和合理；书本知识和实际问题相差太远，而且很难有机结合起来。

(3)理想与现实的冲突。大学生在校所接受的几乎全是正面的、健康的教育，所以其世界观、人生观和价值观的形成和发展都是比较顺利的。但是，由于他们的社会阅历比较浅，所以对社会、对人生价值的认识上往往表现出较为理想化倾向。因此，在现实生活中，尤其是面对社会不良现象，他们既看不惯，又无能为力，经常感到困惑和迷茫，很难使自己理想化的观念与现实社会达成一致，表现出理想和现实的冲突，以及理想化的行为习惯与职业角色要求之间的矛盾。

从业之初，从相对简单的学生角色转变为较为复杂的社会职业角色，理想与现实之间的差距比较大，面临一些困难和挑战，产生一些矛盾和不适应，这原本是情理之中的，也是正常的。但是，要完成学生角色到职业角色的转换，就要充分认识和认真对待这些矛盾和冲突。只要大胆面对现实，立足岗位，树立新的意识；顽强应对困难，努力学习，不断提高和完善自我；准确把握机会，适时调整方向，就一定能够顺利地实现角色的转换。

二、如何适应社会职业角色

对职业角色的适应是从一名大学毕业生到一名合格员工的转变的必经之路。它是大学毕业生社会化的重要阶段和组成部分。各用人单位对新参加工作的大学生进行上岗前培训、教育等，可以使毕业生在较短时间内完成从学生到合格员工的转变，但是更重要的是高职毕业生自己应该主动适应职业角色的要求。实践证明，不同的态度有不同的结果。

1.立足工作岗位，树立新的意识

刚刚毕业的大学生在走上工作岗位之前往往对角色转换的认识模糊，对即将从事的职业缺乏全面准确的了解。因此，尽快树立新的意识，形成职业观念是非常重要的。第一，要树立独立意识。走上工作岗位，大学生已经成为社会认可的具有独立资格的真正意义的社会人，在生活上要自理，尤其是在工作上要独当一面，承担一定的社会责任。第二，要树立团队意识。由于学生角色中心任务的特殊性，学校环境的相对封闭性，使得一些大学毕业生的协作精神和团队意识远远不能满足职业的要求。而现代生产过程的资质与管理，单靠个人的力量显然是不够的，必须是几个、几十个甚至成百上千个人共同劳动，互相配合、互相协作才能完成。这就要求每一个成员都要有互相协作的团队意识，从整体利益出发，个人利益服从整体利益，顾全大局，并建立和谐的人际关系，创设一个友好的合作氛围。第三，要树立主人翁意识。个人工作成绩的好坏，不仅和自己的前途有着密切的关系，而且与单位和部门的兴衰荣辱密切相关。因此，大学生要树立主人翁意识，以国家兴旺、民族强盛和单位发展为己任，立足本职，做好工作。

2.坚持学习求教，不断完善自我

大学毕业生已经具备了比较扎实的基础知识和专业知识，但是社会角色的适应过程是一个自我不断学习、不断完善的循序渐进的过程。初到工作岗位，大学生拥有的知识量不一定足够大，知识结构并不一定合理，因此要根据职业的特点、性质、工作程序及其相互关系，不断学习新知识，增强自身素质和能力，提高工作技能和业务水平。除了根据自身情况需要补充学习必须的职业知识外，非智力因素也是影响大学毕业生获得职业技能的重要因素，应注意改善和提高。

3.准确把握自己，慎重重新选择

由于自身能力、机遇，或者工作单位等方面的变化，一些毕业生就业后需要重新选择职业。这要求毕业生准确地把握自己，具体情况具体分析。一方面，要珍惜第一次职业的选择，认真地、实事求是地分析自己对职业不满意的原因，如果是因为自己的眼光太高，那么就应当自觉地调整自己，热爱自己的职业，从点滴做起，踏踏实实地工作；如果是因为自己的能力不够，那么就应当虚心地学习，不断提高自己的素质，单单抱怨单位是没有道理的。另一方面，如果确实是因为客观的原因，经过自己的努力和调整仍然难以适应现有的职业岗位，则可以谨慎地重新选择职业。在人才市场逐步开放的今天，人才的流动是个人发展的要求，也是社会发展的需要。

4.面对现实，尽快缩短自己与单位职工的感情距离

有的毕业生上岗后，老职工会感到他们有一种“学生气”，看着不顺眼，不愿多接触他们；而毕业生也往往感到周围的同事没有往日的同学、老师好交往，许多事情不尽如人意，这样在感情上使自己不知不觉地与周围职工筑起了一道“屏障”。要排除这种障碍，必须从感情上尽快缩短与周围职工的距离，善于使自己融身于新的人群之中，尽快实现从大学毕业生到职工的转变。感情距离的缩短，关键在于交流。一个人只有在与人交往中，才能让大家认识你，了解你，你也了解别人，认识别人，随着互相熟悉程度的提高，感情也有可能日益加深。要相信“心诚则至”，只要你诚心待人，尊敬别人，理解别人，别人也会尊敬你，理解你，你就会很快成为新的大家庭的一员。

5.肯实干，用工作成绩赢得同事的信任

想在一个单位站稳脚跟，必须靠汗水去创造工作成绩，才能得到领导和同事的认同、赞誉和信任。毕业生刚到一个单位工作，各方面情况还不熟悉，埋头工作，苦干实干尤为必要，踏实肯干的人容易得到大家的认同，从而为进一步发展打下良好的基础。如果在苦干的同时，多动脑子，勤于思考，善于发现问题，提出新的观点和措施，特别是能够结合实际，制定出节约劳动、提高效益

的技术改造方案，取得显著成绩，周围的职工更会对你刮目相看。

6. 受挑战，提高自己的业务水平

毕业生离开校园刚走上工作岗位，即使你在校时的学习成绩再好，当你认真从事具体工作时也会有一种无所适从的感觉。对此，你不要胆怯，而要静下心来接受这种挑战。要加强实践锻炼，虚心向有实践经验的同事学习；要充分利用自己的理论知识，尽量多地与工作实际相结合；要善于总结，做工作的有心人；要挤出时间，多学习一些专业以外的技能。

7. 勤学多思，锻炼自己的管理能力

一般情况下，一个毕业生刚刚来到一个单位，领导和同事对他的业务能力的高低不一定能在短时间内给一个定论，但对他在日常的工作中所表现出来的思维方式、与别人沟通和激发积极性的能力和组织协调能力等，可能在不长的时间内就会有一个深刻印象，所以锻炼提高自己的管理能力很重要。要踏实工作，增加自己在职工中的影响力；要积极思考，提高自己对事物的洞察力；要与人沟通，发挥自己对工作的组织协调能力。在日常的工作中切不可搬弄是非，而要有意识地化解别人的矛盾，安排好领导交办的每一项工作，并在奖罚上一视同仁，使自己成为众人心目中的核心力量。

8. 公共场合，树立良好的自我形象

一是要衣着得体，公众面前形象成熟。得体的衣着不仅可使你在人际交往中获得良好的印象，更可以潜移默化地在心中树立成功的信念。二是要思路清晰，汇报工作口齿伶俐。语言的表达是一个人能力水平高低的最直观表现，如果自己把分内工作干得十分出色，而当领导亲临现场检查指导时，你却言语不清，说不出所以然，那就无形中把成绩给埋没了。三是要字迹工整，材料写作文笔流畅。作为一名大学毕业生，应该在文字写作方面有特长，毕竟工作中需要你动笔的时候很多。四是要遇事不惊，处理情况积极稳妥。青年人遇到突发事件容易急躁，如果你想在单位树立一个稳健的形象，最好在处理突发事件时先稳定情绪，之后凭经验迅速处置，重大情况应及时向领导汇报。

三、立足平凡岗位从小事做起

高职院校的培养目标是培养适应生产、建设、管理、服务第一线的职业岗位需要的德、智、体等全面发展的高素质技能型人才，高职生就业后所从事的大都是平凡的岗位。有的同学认为，在最基层的平凡工作岗位上做不出伟大事业，这种认识是错误的。

一方面，社会需要各种类型，各种层次的劳动分工，社会的发展离不开各种普通、平凡的职业岗位。

另一方面，一个人能不能够有所成就，不完全在于他所从事的是何种职业，而是在于他能不能够很好地将个人的条件和职业岗位的需求统一起来，看看在这个岗位上自己能否干得了、干得好。如果干不了、干不好，再好的岗位也无济于事。同时，在思想上应当明确，在任何职业岗位上，只要努力工作都会有所作为，为社会做出贡献。

高职生想要成就一番事业，实现自己的职业理想，必须从小事做起，踏踏实实做好每一件事。只有小事做好了，做成功了，才能扩大自己的事业。小事做不了，做不好，何以成就大事业？在现实生活中，很多用人单位挑选应聘者往往也是这样看的。因此，勿以事小而不为。

对于有志创业的高职生来说，开始阶段最缺乏的是经验和资金，而从小事做起是积累经验和资金最有效的手段。

大凡成功的创业者都有个共同的特点，即从细小之处做起，最终成就了大业。美国的亿万富翁沃尔顿，是经营零售业起家的；鼎鼎大名的麦唐纳公司，是经营小小的汉堡包发财的；李嘉诚开始的时候也是做小小的塑胶花生意。凡是资金雄厚，管理有方，经营成功的大企业都能够正确处理大与小的关系，都有“小生意大处想，大生意小处想”的经营理念。

高职生要实现自己的职业目标和人生追求，应重视从最小的目标开始。首先确立一个小目标，将其解决后再集中力量向更大的目标挑战；完全征服后，再进一步确立更大的目标，这样苦苦奋斗下去，就会从山脚下一步一步坚实而稳定地向高处攀登，最终实现总目标。

四、脚踏实地艰苦创业

高职生离开学校踏入社会时，都希望轰轰烈烈干一番事业，获得成功。获得成功需要树立创业意识和创业精神，脚踏实地，艰苦创业。创业有广义和狭义之分。

广义创业，是指一个社会、国家、组织、企业的创立基业。狭义创业，是指个人创立基业。

狭义创业可分为工资型创业与非工资型创业两种。

工资型创业，即领取工资，依靠自己的知识、技能和创新性劳动在受聘的企业和职业岗位上开创一番事业，实现自己的人生价值。

非工资型创业，即不领取工资，依靠自己的生产资料、知识、技能和创造性劳动，自己当老板，自主经营，自我开创一番事业，实现自己的人生价值。

在当今社会，创业更多的是指自创工作岗位、自我就业，自主创立新企业并使企业生存与发展的非工资型创业。

对于求职者来说，无论是在受聘的工作岗位上创业，还是自主创业，都需要有创业意识和创业精神。

一是要立志，人是要有点志气的，高职生要树立不服输的志气，坚忍不拔，孜孜以求。

二要苦干，苦干就是艰苦奋斗，是社会主义现代化建设必须弘扬的一种创业精神。高职生要以苦为荣，以苦为乐，艰苦创业，取得成功。

三是要巧干，即学会创造性地劳动，以科学的态度和手段去创业。

目前，企业需求量最大的就是适应生产、建设、管理、服务第一线的操作人员、技术人员和管理人员。立足于到第一线求职就业，不仅较容易解决就业问题，而且可以发挥高职院校学生动手能力强的优势。从埋头苦干开始，既能树立起吃苦耐劳的新形象，又可以增强实际锻炼的机会，对今后的长期发展也将是有利的。很多企业喜欢聘用高职生，认为高职生能吃苦耐劳、虚心好学、动手能力强，与本科生相比具有不可替代的优势。很多高职生就业后在自己的职业岗位上被提拔起来，有的甚至比同时参加工作的本科生发展还要快，正是充分发挥了这一优势的结果。

五、爱岗敬岗创造性地工作

在竞争日趋激烈的今天，用人单位不仅需要受聘人员在某些专业方面接受过良好的职业训练，承担起职业岗位的工作，而且希望员工能够在日常的工作中有所创新，对现有的工艺、流程、管理机制等方面提出独到的见解及改革措施，以便使企业能够日新月异，不断发展。

当你得到一个企业岗位后，在工作岗位上创造一番事业的梦想就有了现实的基础，应该很好地珍惜这个机会。无论从事什么工作，都不要甘于平庸，应对工作充满热情，全身心投入，并富于创造性地把工作做好。

所谓创造，就是在一定观念指导下，以一种新颖独特、前所未有的方式，通过艰苦、顽强和富有灵感的劳动，改造或更新实践活动客体的，具有一定社会价值产品的独特性质的活动。

创造的源泉，在于对事物和工作的积极态度。追求最优最好，从而激发出想象力和创造性，产生不懈的工作动力和高效率的工作成就。要做到最优最好，就要敬业、乐业、勤业、精业务。

敬业是通向成功的最佳手段。当两个人能力相当时，决定胜负的便是敬业精神。不论是工资型创业还是自主创业，敬业精神都是导向成功的最佳手段。

成功学专家拿破仑·希尔研究了美国历史上近5000位成功人士，发现成功的第一要素是：能够将个人的身体与心智的能量锲而不舍地运用在同一个问题上而不会厌倦的能力，就是敬业精神。最好的演员是那种融入剧情，专注于角色的人；最好的科研人员是那些废寝忘食，视科学研究为生活全部的人。

只有做到敬业，才可能乐业、勤业、精业，进而以精湛的专业能力去获取事业成功。沉迷于工作，容易发现新的起点，产生富于创造性的念头，更易于出效率。

乐业，即笑对自己的职业，对自己的岗位工作有一个乐观主义的态度。乐业的人，由于对事业怀有热爱之情，能够在事业遇挫时，依然拥有不绝的动力。

国外有位研究人员研究了 18 万人的心理后发现，几乎 80%的人厌恶工作，他们不喜欢所干的事，这种态度带来了低效率和二流产品。这种消极的态度也是大部分人终身无法上进的原因。厌恶工作、消极对待工作的人，他们努力工作并不是单纯地为了报酬，而是把工作当作一种生活方式，并通过创造性地劳动，将单调辛苦的工作变成喜悦。

勤业，即勤劳、勤奋干事业的态度。清代学者王国维讲得好，“衣带渐宽终不悔，为伊消得人憔悴”，说的是实现理想必须付出艰苦的劳动、巨大的代价，一味追求享乐的人不可能得到真正的成功。

精业，即对待岗位工作精益求精、一丝不苟的精神。专注是精业入门的钥匙。事业的成功并无秘诀，只要专注地完成每天的工作，就会走向成功。专注于工作是精业的基本要求，会带来意想不到的收获。对工作的兢兢业业，对事业的专注，使人能成为职业岗位的专门人才，并发挥出精业的优势。

六、开拓更大的职业发展空间

“你心中的山有多高”？这是某集团公司人力资源总监在招聘面试时向求职者提出的一个问题，这个问题难倒了许多求职者。如果是你，你将怎样回答？其实，这个问题涉及求职者的职业理想、职业发展目标和渴望有多大的职业发展空间。

现代社会职业竞争十分激烈，高职生竞争十分激烈，高职生要在竞争中立于不败之地并寻求更大的职业发展空间，优化职业生涯的质量，就必须努力提高自身素质和竞争力，以适应社会的要求。

在市场经济条件下，人才流动加快。在一个职业岗位上干一辈子，从一而终的思想已不适应人才发展的要求。为了积累经验，寻求更多的发展机遇，跳槽已经不是稀罕事。但是，要注意跳槽不是为了钱，而是为了积累经验！

因此，毕业生要准确把握自己，慎重重新选择，一方面，要珍惜第一次职业的选择，认真地、实事求是地分析自己对职业不满意的原因。如果因为自己的眼光太高，那么就应当自觉地调整自己，热爱自己的职业，从点滴做起，踏踏实实地工作；如果因为自己的能力不够，那么就应当虚心学习，不断提高自己的素质，单单抱怨单位是没有道理的；另一方面，如果确实因为客观的原因，经过自己的努力和调整仍然难以适应现有的社会职业，可以谨慎地调整自己，重新选择职业。

第三节　树立终身学习的意识　实现职业生涯目标

21世纪是知识和信息爆炸的时代，它将对人类现有的生产方式、生活方式和思维方式产生难以估计的影响。知识周期的变短，是经济社会的一个重要表征。高职毕业生如果不继续学习，不补充新的知识，那种专业性或一次性教育无法适应社会经济发展的需要。因此，为适应社会发展和实现自身发展目标，就必须不断学习，学会学习。不断吸取新知识，树立终身性学习意识和能力，努力实现自己的职业生涯目标。

一、树立终身学习理念

过去做家长的念念不忘的就是让自己的孩子认真学习一门专业，学一门手艺，如果孩子进入某家效益不错的单位工作，家长及周围的人就认为这是端上了“铁饭碗”，孩子就会一生衣食无忧了。而如今知识发展迅速，以至于大学毕业一年之后，知识体系就开始落伍。如果不能及时补充新鲜知识，必然会逐渐被淘汰。除此之外，我们每个人所面对的工作环境更复杂了。过去的工作对于人的要求就是某一工作的熟练掌握程度，然而现在想要完成某一项工作，必须要涉及许多相关领域。每个人都至少熟练使用计算机、掌握一门外语的读写、相关的专业知识以及如何在组织中进行工作等。单一的知识结构必定不能满足工作对人日益增高的要求。与此同时，随着个人工作年限的增加，科学技术的不断发展，将会遇到很多新的问题。在当今的职业社会中，对大多数人而言，一生中变换几次职业或者职位是在所难免的。这就要求人们随时保持知识系统的更新。现在，终身学习已经成为社会发展对人类提出的新要求，与之相适应，每个人也有更多、更灵活的学习机会，以支持这种发展的趋势。

对于一名学生来讲，在学校里几年所学的知识，只是为以后更好的学习打下基础。学校教育根本不可能满足社会对于一个职业人的需求，更多的知识是要在工作以后获得。因此，对于大学生来讲，把毕业当作新的学习生涯的起点，通过工作了解自己的职业倾向，有针对性地选择自己想要和适合从事的职业或者职位，对一生的学习进行新的规划和设计，采用灵活多样的学习方式，充分利用现代教育媒体，不断学习，才有可能跟上时代的步伐，实现自己的理想。正如美国有位教育学家所说的那样：教育并不以你获得的最后一张文凭而终止，终身学习在一个以知识为基础的社会里是必须的。

二、如何树立终身学习

1.选用合适的学习方法

我们每个人的情况都是不一样的。对于有些人来说,背诵概念和语法可以提高自己的英语水平,但对另一些人来讲,根本毫无益处。学习过程中,最重要的也就是找出适合自己的学习方法。每个人都有不同的生活方式和工作方式,成功的事业取决于他们是否将自己的方式与工作、周围的环境良好地结合在一起。与此相对应,在学习的生涯中,也必须意识到世上的学习方法有千千万,但肯定只有几种适合你。为了使学习达到更好的效果,就必须有意识地借鉴和使用各种学习方法,并比较哪种方法较适合自己的感觉,在长期的学习过程中,加以改造,才能形成最好的学习方法。

2.不断阅读

中国有句古话,"书中自有颜如玉,书中自有黄金屋",就提出了这样一个观点:只要不断读书,必然就能得到自己所渴望的东西。的确,书籍是自古以来人们传授知识、思想、观念以及讲述故事的主要途径。可以说,一切事情都可以从书中获取。古今中外的众多成功人士也都必然饱览群书。然而,在现在这个网络及泡沫经济充斥的时代,还有多少人在真正的阅读呢?请你回想一下,近半年来,除了那些杂志以及不得不看的专业书以外,你有没有去真正地阅读?!读书的目的在于广泛地涉猎各方面的知识,在于吸取前人的经验教训,在于探索人类发展的步伐,在于了解生命的真谛。只有不断阅读,不断思考,才有可能提高自己的认识问题的水平,能够更正确地对待各种事物。培根曾说过:读史使人明智;诗歌使人巧慧;数学使人精细;伦理使人庄重;逻辑与修辞可以使人善辩……对于我们来讲,只要能够每个月认认真真地读一本书,日积月累下来必然大有收获!

3.提高搜集信息的能力

现在这个时代常常被称为"信息爆炸"的时代,由于互联网的迅速普及,信息的传播速度及内容呈几何级递增,媒体的力量也越来越大。在历史上从未见过有如此多的报纸杂志同一时间出售。信息成为人们生活中必不可缺的部分。可以说,这种信息时代的来临,也在很大程度上改变了人们生活的方式。要作这个时代的弄潮儿,就必然需要具备足够的搜集信息的能力。

这个搜集能力,当然不是网上随便找个搜索引擎,输入关键词,点击一下搜索就算完事的!而应该包括以下几个内容:快速查询相关内容,包括互联网、图书馆、报纸杂志等所有可查资料;快速筛选,从这一堆资料中找出真正有用的内容;综合思考过程,这是最重要的一个过程。通过自己的大脑对所得的资料进行整合,从中得出结论或者行动的指南。如果没有这三个步骤,所有的信息收集工作都是白费。

然而，在学习的过程中一定要牢记：不能做知识的奴隶！虽然我们在不停地读书，吸取前人的知识养分，但要学会结合自己所处的环境及工作的目的，有条理地加以整理，使自己吸收的知识变成适用于现实的内容。

三、终身学习与人生发展

终身学习是终身教育在每个人身上的具体体现，终身教育思想是本世纪教育理论发展的一个重要里程碑，也可以说终身教育是21世纪的生存概念。法国学者保罗·朗格让提出终身教育的思想，是现代社会的人面临的种种挑战的必然选择。

1.社会变革的加速，需要寻求新的教育途径

现代社会不断加快的进化速度，每隔10年，人们就面临着一场在物质、精神和道德领域内广泛的转变，以至于昨天的某些成果已经不再符合今天的需要。因此需要寻求新的教育途径，完善和改革传统的教育模式。

2.科学技术的进步，使得不善于学习的人落伍

科学的进步和技术的改进，造成不少科研成果和工艺技术淘汰周期缩短，知识更新速度加快。微电子技术、计算机技术、多媒体技术和网络技术将会成为21世纪发展的基本技术手段，信息化使社会发展加速并使竞争越趋激烈。无论从事哪种行业的人，都必须继续学习，不但要掌握先进技术手段获得信息，而且要学会去选择、分析、综合信息，还要具有良好的沟通、交流能力，包括人与计算机的沟通以及人与人的沟通，从而提高获取信息以及处理信息的能力，在事业发展中掌握主动、赢得先机。

3.信息化社会的到来，使得人的批判精神与选择能力日趋重要

大众传媒的飞速发展，使得人人都能及时了解当今世界发生的任何大事件，地球变“小”了。然而要真正使大量的信息起到建设性作用，需要教育增强人们理解、解释和使用获得信息的能力。同时不断培养人们的批判意识和选择能力，从而使人们摄取有益于自身成长的养料。

总之，终身教育的兴起，预示着学习化社会的到来，在这个社会里，学习应贯穿每一个人生命的始终。

四、如何实现职业生涯目标

1.确定目标

在制定职业发展计划时，必须要确定目标。所谓目标定位是从业者根据个人自身条件，对进入行业与所求职位的判断和选择。成功的职业生涯无不从一个成功的目标定位开始，而成功的目标定位则基于对自己的清醒认识。

很多刚参加工作的大学毕业生经常会有这样的问题:“我到底适合做什么?”或者“为什么我总是不能满意现在的工作?”这些问题表现在行动当中便是不断地从一家公司换到另一家公司。有一个工作不久的大学毕业生,在不到3年的时间里跳槽8次,却仍然感到无所适从。在很多时候,没有职业目标的人为了适应新的工作岗位,总是在不得已地作各种各样的调整,弄得自己筋疲力尽。因此,为了自己确立一个可行的职业发展目标是十分重要的。

2.切实可行的职业生涯策略

职业生涯策略是指落实目标的具体措施,主要包括工作、训练、教育、轮岗等方面的措施。个人在选择企业时,就要考虑诸如企业能否为员工提供适当的学习与培训机会,让员工能够取得工作所需要的技能与经验等。在设定工作基准和提升技能方面,企业与员工双方应持合作态度,共同进步。

每个人经过学习取得进步后,当然会有更高的职业期望。如果企业经营管理者能够根据员工技能、知识的进步程度及时调整岗位,那么经过多种岗位锻炼的员工必然具有更强的综合创新能力,能给个人职业生涯带来新的生机。

3.勤于实践,勇于实践

实践是知识创新和发展的源泉,是检验真理的试金石,也是毕业生锻炼成长的有效途径。一个人的知识和能力只有在实践中才能发挥作用,才能得到丰富、完善和发展。毕业生要成才,要勤于实践,将所学的理论知识与实践结合起来,在实践中继续学习,不断总结,逐步完善,有所创新,并在实践中提高自己现在的知识、能力、智慧等因素合成的综合素质和能力,为自己事业的成功打下良好的基础。

第十二章

高职毕业生就业专项指导

第一节　高职生报考专升本(浙江省)

一、专升本形式

普通高校专升本(本站推荐):招生对象为省内普通高等学校、高等职业技术学校(包括电大普专班)的优秀应届专科毕生。考试时间由当地主管部门通知。

二、报考专升本条件

普通高等学校优秀应届专科毕业生

三、招生对象及条件

招生对象为浙江省各级各类全日制普通高校同专业或相近专业的应届专科毕业生(包括普通高专、高职、电大普通班的应届毕业生)。报考者应具备下列条件:

(1)坚持四项基本原则、遵纪守法;

(2)所学专业与招生专业相同或相近;

(3)已通过 CET－3 级或高职高专英语应用能力 A 级(艺术类专业除外),浙江省高校非计算机专业学生计算机基础知识和应用能力等级考试(一级)。

(4)身体健康。

下列人员不能报考:在校期间曾受记过(含)以上处分者;当年读完专科,因各种原因不能按期正常毕业者;所学专业与招生专业非相同或相近的专科毕业生。

四、报名

(1)符合报考条件的考生，向所在学校招生办领取考生登记表，填妥后上交所在学校招生办。所在学校招生办负责考生资格初审，填妥《考生花名册》。报考材料如下：

①大学期间所有课程成绩单；

②考生身份证复印件；

③考生登记表(格式见实施意见附件一)以及其 word 文档；

④考生花名册以及其 excel 电子文档；

⑤CET－3 级考试证书或高职高专英语应用能力 A 级证书和计算机等级证书复印件；

⑥考生近期一寸正面免冠照片 2 张(照片背面写上毕业学校及考生姓名)，一张贴在报考登记表上，一张用于准考证；

⑦报考费。

(2)考生登记表、考生花名册不单独印制，请各考生所在学校用 A4 纸复印后发给考生使用，或者到浙江教育网站下载。

3. 准考证编号办法。准考证号码由 8 位数字组成，前 3 位为招生院校代码，第 4～5 位为招生专业代码，后 3 位为顺序号。

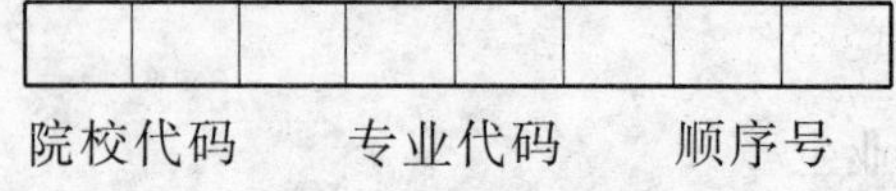

院校代码　　专业代码　　顺序号

五、命题、考试、阅卷及加分原则

考试科目设基础课和综合课两门，其中高等数学、大学语文与写作、管理学等三门基础课实行高校间联考。其余课程分别由招生院校根据专业特点单独命题，单独组织考试，考试时间统一公布，各科考试满分均为 150 分，两科考试总计为 300 分，考试时间均为 2 个半小时(艺术设计考试时间为下午 3 个小时)。

在校期间通过 CET－4 级以上者或获得省大学生科技竞赛二等奖以上者学校可酌情加分，具体办法由选拔学校决定，在报名前公布，但所加分数累计不能超过 10 分。所加分数计入总分。

六、档案组建

考生档案由考生所在学校负责组建。档案材料组成：考生中学及大专学习期间的档案。考生档案由考生所在学校密封后，寄送至录取学校招生办。

七、录取

选拔工作于5月结束。招生院校负责德、智、体全面衡量，按基础课和综合课总分从高分到低分择优录取，录取名额原则上按各专业招生计划数及省定分数线录取，若报考生源不足，将视情况对招生计划及专业进行调整。录取名单报省教育厅高教处和省招办备案。

录取通知书于6月寄出。

八、学制、文凭、户粮关系及就业

普通高校"专升本"班为全脱产学习，学制两年（医学类专业为3年）。新生凭"录取通知书"办理户粮迁移手续。毕业后发全日制普通本科毕业证书，文凭表述为"我校XX专业专科起点本科学习"，学习起止时间按入本科实际时间填写，符合学位授予条件的授予学士学位。毕业后享受国家普通本科毕业生待遇。

选拔优秀专科毕业生进入本科学习是一项构建纵向衔接、横向沟通的人才成长"立交桥"的重要举措。各相关学校要高度重视这项试点工作，加强领导，确保今年普通高校"专升本"招生工作的顺利完成。各生源选送学校要严格把关，严禁弄虚作假。对在招生过程中出现舞弊等违法、违规行为，一经查实，参照教育部有关规定予以严肃处理。

第二节　报考国家公务员

报考公务员必须具备一定的资格条件，即国家和主考机关规定的成为某职位上的公务员不可缺少的起码条件。对此，国外公务员法中都有明确规定。主要包括本国国籍，是否享有公民权，良好的道德品质，相应的文化程序，年龄要求，身体素质等等。根据《国家公务员暂行条例》和《国家公务员录用暂行规定》第十四条的规定，报考公务员的有关人员必须具备下列基本条件：

一、国家公务员制度

这一项要求公务员的报考者必须具有公民的政治权利和必须具有本国国籍。这里所说的"政治权利"，是个法律术语，指公民依法享有的选举权，被选举权，参加国家管理，担任公职和享受荣誉称号的权利。没有这种权利的公民不能报考公务员。因此,因违法犯罪而剥夺公民政治权利的人、因患精神病等疾病而无法行使公民政治权利的人,不能报考国家公务员。非我国的公民,例如外国人、已加入外国国籍的华人,无国籍人,不能报考我国公务员。

二、国家公务员录用的原则及程序

1.拥护中国共产党的领导,热爱社会主义

这一项规定的是报考者必须具备的政治立场。这是我国公务员制度区别于西方文官制度的一个显著特征。我国的政治制度要求政府工作人员,必须在政治上与党保持一致,必须拥护社会主义。报考公务员的人也必须符合这一要求。中国共产党是我国的执政党,共产党的领导是我国各项事业取得成功的根本保证;社会主义是我国社会制度。共产党的领导和社会主义制度都在我国宪法中作了明确规定。因此拥护党的领导和社会主义制度是我国公民报考公务员最基本的政治要求。应当注意,要把反对党的领导的人与批评、抨击党的某些组织及其领导人的错误言行的人严格区分开来;把反对社会主义制度的人与批评、抨击现行体制中的某些弊端的人严格区分开来。在这方面,我们已有过深刻的历史教训。应当防止有人因报考人对党组织和党的干部提过意见,对我国政治、经济体制的弊端进行过批评,就给报考人扣上政治上反对党、反对社会主义制度的帽子、剥夺其参加公务员考试的资格和权利。

2.遵纪守法,品行端正,具有为人民服务的精神

这一项列举的是报考者必须具备的法纪观念和道德品质。国家公务员掌握着人民赋予的权利,依法执行公务。他们的言行不仅关系到政府的形象,也关系到人民的切身利益和基本权利。因此,报考公务员的人必须具有良好的法纪观念和道德修养。考察报考人的品行方面的情况比较复杂,必要时还应由报考人原来所在单位和基层组织出具证明,提供必要的考察材料。

3.报考省级以上政府工作部门的文凭要求

报考市(地)级以下政府工作部门的文化程度由省级录用主管机关规定。主要考虑到两方面因素:一是根据我国教育事业发展的现状,报考中央和省级政府的要具有大专以上学历;二是考虑到我国地域间的文化差异,授权省级政府人事部门根据实际情况和工作需要,确保市(地)级以下政府部门录用公务员所需文化程度。

4.报考省级以上政府工作部门的须具有两年以上基层工作经历,国家有特殊规定的除外

考虑到中央和省级政府工作部门担负着宏观管理职能,不仅要求其工作人员具有基层工作经验。这里所说的基层,一般是指各种类型的企业、事业单位和市(地)以下政府工作部门。但按国家有关规定,某些专业毕业生,如外

语、计算机、财会和考古专业的毕业生,可以直接进入中央和省级政府机关工作。

5.身体健康,年龄为三十五岁以下

这一项要求的是报考者的身体状况和年龄限制。其中,年龄限制经录用主管机关批准,可适当放宽。报考人的健康状况,需要由医院开具体检验证明。报考人的实际年龄,出示户口登记簿加以证明。这都是正式考试前必须履行的手续。

6.具有录用主管机关批准的其他条件

这一项所规定的情况是指,在上述所列五项基本条件外,还根据拟任职位的要求,规定一些特殊资格条件。如某些经济监督部门要求其录用对象应具备中、高级专业技术职务;或某公安部门要求其录用对象的身高要达到一定高度等等。这些特殊资格条件,必须经录用主管机关批准才能有效。《国家公务员录用暂行规定》规定了报考公务员的基本条件。在具体工作中,还有一些否定性条件。凡具有这些否定性条件的人不能报考公务员。它们主要包括:

第一,曾受过刑事处罚、劳动教养或行政开除处分的;

第二,曾因贪污盗窃、行贿受贿、泄露国家机密等原因受到党纪、政纪处分的;

第三,正在接受审查或受过处分未解除的;

第四,参加与"四项基本原则"相悖的组织或活动,存在严重问题的。

我国公务员制度,对报考公务员的条件只作了原则性的规定。规定内容主要侧重于报考者的基本政治素质,这当然与公务员作为国家权力执行者的具体身份和工作特征相联系。在其他方面,有关机关在遵守基本规定的条件下,必要时也采取较灵活的方式,以便选出更加适合所需填补职位要求的合格公务员。

第三节　中西部地区志愿者

国家为进一步引导高校毕业生在社会主义新农村建设和促进区域经济协调发展中发挥积极作用,为构建社会主义和谐社会贡献力量。

一、工作内容

应届高校毕业生,到基层乡镇一级从事为期1—2年的志愿服务工作。按照"总结成功经验,完善政策措施,健全工作机制"的要求,继续实施支教、支医、支农、青年中心建设和管理、全国农村党员干部现代远程教育扩大试点工作、农村文化建设、西部基层检察院、西部基层法律援助、西部基层人民法院和开发性金融等专项行动。

二、工作步骤

1. 岗位申报

每年，各服务县项目办将服务岗位详细信息报服务省项目办。其中青年中心、农村现代远程教育、农村文化建设、基层检察机关、基层法律援助、基层人民法院、开发性金融、西部农村平安建设等专项志愿服务行动按照计划分配给本县志愿者名额100%的比例申报；支教、支农、支医等专项行动按照计划分配给本县志愿者名额120%的比例申报。教育岗位要尽可能保持岗位的连续性，形成接力机制。服务岗位原则上应在服务县的乡镇一级(西藏、新疆、青海单独确定)。

2. 招募工作

进一步发挥高校在西部计划招募工作中的能动作用，不断提高招募质量，按照“集中招募，集中服务”的工作思路，探索有关专项行动志愿者由相关高校定向招募工作。各省项目办在确保本省招募本科以上学历志愿者的比例不少于85%的基础上，对本省招募工作进行统一规划。各高校项目办在省级项目办指导下，根据本校招募指标及服务岗位，综合考察报名学生的政治思想素质、学习成绩、志愿服务经历等情况，择优选拔志愿者。真正将具有奉献精神、品学兼优且自愿到西部基层经受锻炼、磨练意志、增长才干的高校毕业生选拔到西部计划志愿者队伍中来。有条件的高校要鼓励已被录取为研究生的应届高校毕业生和在读研究生报名参加西部计划，并在保留其入学资格和学籍等方面出台鼓励措施。

3. 培训及上岗

志愿者携《确认通知书》、毕业证和本人身份证件，到服务地所在省报到并参加由省项目办统一组织的培训。

4. 管理和服务

国家加大志愿者的培养力度，为志愿者成长成才创造良好条件，切实落实好西部计划专项行动志愿者专业岗位对接和专、兼职担任乡镇团委副书记等工作。完善全国、省、县三级项目办基本管理体系，内蒙古、广西、重庆、四川、贵州、云南、西藏、陕西、甘肃、宁夏、青海、新疆及新疆生产建设兵团可根据工作需要成立地(市、州、盟)级项目办，做好省级项目办和县级项目办之间的工作衔接。强化服务单位管理责任，促进志愿者自我管理。严格按照《大学生志愿服务西部计划各级项目办职责》、《大学生志愿服务西部计划志愿者管理办法》、《大学生志愿服务西部计划志愿者安全、健康管理体系》、《大学生志愿服务西部计划志愿者信息管理系统》等规定，完善管理制度、创新服务方式、推进科学管理。

5. 就业服务

认真贯彻落实《关于引导和鼓励高校毕业生面向基层就业的意见》(中办发〔2005〕18号)文件精神，积极争取组织、人事和劳动保障等有关党政部门的支持，切实将已出台的各项政策落到实处。同时，积极争取有利于期满志愿者就业的新政策。

各级项目办要充分发挥人才市场、劳动力市场和高校毕业生市场的作用，依托社会人力资源服务机构，积极为期满志愿者提供就业岗位信息、就业指导咨询和职业技能培训等服务。有条件的地区要积极开展网上招聘活动。要整合团内资源，组织青联、青企协等会员单位或个人为期满志愿者提供就业岗位。

在志愿者招募、培训和服务期间，通过举办双选会、洽谈会等形式，组织动员用人单位与志愿者进行双向选择，帮助志愿者在服务期满前确定初步就业意向，并创造条件，为确定意向的双方加强交流、增进互信和志愿者期满后到意向单位顺利就业提供帮助。

对服务期满1年并考核合格的志愿者名单，由全国项目办审核统计，于每年2月底前报教育部公布，以便招生单位及时了解志愿者情况，使相关考生享受考研加分政策。

6. 评估考核

(1)志愿者服务期满，服务县项目办对其作出鉴定并存入本人档案，考核合格的颁发证书，作为志愿服务经历和享受相关政策的证明。

(2)省项目办对下一级项目办工作的评估结果作为表彰和确定下一年度项目实施计划的重要参考依据，并将评估结果抄送同级党委、政府。

(3)全国项目办对省、县项目办的评估结果，将作为下一年度确定招募、派遣指标和服务县的重要参考依据，同时汇总项目评估结果上报国务院并抄报有关部委。

三、相关的扶持政策

(1)志愿者补贴、保险。志愿者服务期间中央财政给予一定补贴。其中生活补助每人每月600元(在西藏及四川甘孜州、阿坝州、凉山州，青海海南州、海西州、海北州、黄南州，云南迪庆州服务的，每人每月800元)，按月发放；交通补贴按志愿者家庭所在地和服务地之间的实际里程发放，每年发放两次。志愿者的生活补贴和交通补贴由全国项目办划拨至服务省指定专户，服务省项目办统一拨付至志愿者所持银行卡中；志愿者保险由全国项目办统保，保费为每人200元,险种为大学生志愿服务西部计划团体一年寿险(人身意外险、住院医疗险、基本医疗险)。

(2)志愿者体检费。由中央财政按照人均200元的标准给予支持,全国项目办一次性拨付给招募省项目办,由省项目办根据实际情况分配。

(3)其他经费。各级项目办要积极争取在同级财政安排的专项工作经费中,列支培训、项目管理工作经费。服务县项目办应结合实际争取党委、政府支持,将西部计划纳入当地年度重点工作范围,并将管理经费列入同级地方财政预算。

第四节　高校毕业生到村任职

一、高校毕业生到村任职工作的重大意义

选聘高校毕业生到农村任职工作,是党中央作出的一项战略决策,是贯彻党的十七大精神、深入贯彻落实科学发展观的一项重要举措。做好这项工作,对于加快推进社会主义新农村建设,培养有知识、有文化的新农村建设带头人,培养造就经过基层实践锻炼、对人民群众有深厚感情的党政干部后备人才;对于全面贯彻党的教育方针,进一步加强和改进大学生思想政治教育,鼓励青年学生走深入基层、与工农群众相结合、与社会实践相结合的成长道路,培养德、智、体、美全面发展的社会主义建设者和接班人;对于做好高校毕业生就业工作,促进高等教育的持续健康发展,办好人民群众满意的教育,都具有十分重要的意义。教育系统要把做好选聘高校毕业生到村任职工作作为重要职责,采取切实措施,认真做好选聘高校毕业生到村任职各项相关工作。

二、报名选聘原则及优惠政策

1.报名选聘的原则

选聘高校毕业生到村任职工作是加强大学生思想政治教育的重要抓手,通过开展丰富多彩、富有成效的思想教育活动,引导毕业生树立到基层建功立业、基层大有作为的价值观、成才观;既要大力做好重点动员工作,又要坚持自觉自愿原则,鼓励学生党员特别是思想政治素质好、作风踏实、吃苦耐劳、具备组织协调能力、身体健康的毕业生踊跃报名,切实做好公开选聘、资格审查、竞争择优、组织考察等工作,确保把有志向、有热情、有奉献精神的毕业生选拔出来。

2.优惠政策

各地教育行政部门和高校会同有关部门落实好符合条件的毕业生的助学贷款代偿政策以及考研加分和优先录取的政策。鼓励各地和各高校在国家优惠政策的基础上，因地制宜出台更为优惠的奖励措施和政策，进一步加大对到村任职毕业生的政策支持力度。要积极配合有关部门研究高校毕业生到村任职工作遇到的新情况，进一步完善相关政策措施。

三、服务与支持

各地教育行政部门和高校满腔热情地关心到农村基层任职的高校毕业生，并隆重举办欢送仪式和表彰活动，配合有关部门认真开展多种形式的岗前培训，并针对毕业生任职过程中的实际需要，提供农业生产、农村管理等方面的专项培训；高校要与到村任职的毕业生保持联系，定期走访，关心他们的思想和生活；鼓励有条件的高校与毕业生服务地"结对子"，提供教育、科技、信息化等全方位的支持，大力促进服务地新农村建设。

继续实施好2008年"农村义务教育阶段学校教师特设岗位计划"、"大学生志愿服务西部计划"和"三支一扶计划"等项目。各地要创造性地开展工作，结合当地实际继续实施地方项目，进一步扩大毕业生到基层就业的规模，进一步建立和完善工作机制，引导和鼓励更多的优秀毕业生投身广大基层建功立业、成长成才。

第五节　出国留学

高职学生以所学知识和技能的实用性、专业的行业针对性和较低的薪资期望值等优势，在近年来就业形势一直较好，就业率甚至超过本科毕业生。但是，一方面，从专业就业率和起薪水平两个指标分析，高职毕业生的就业质量仍然不高；另一方面，由于受教育制度的制约，高职毕业生在国内通过全日制教育提升学历层次的机会很小，这在一定程度上也影响了高职生就业质量的提高。因此，通过自费出国留学，提升学历层次和外语水平，增加国外学习生活的经历，开阔视野，了解异国文化，可以很大程度上提高就业质量。

自2002年11月1日起，教育部简化大专以上学历人员自费出国留学审批手续，不再向申请自费出国留学的高等学校在校生以及具有大专以上学历但尚未完成服务期年限的各类人员收取"高等教育培养费"，不再对上述人员进行"自费出国留学资格审核"工作，不再要求上述人员向各地出入境管理机关提交《自费出国留学资格审核证明信》，与此同时，中央制定了"支持留学，鼓励回国，来去自由”的出国留学工作十二字方针，更从制度上促进和保证了自费出国留学工作的健康发展。近年来我国公民出国留学人数保持了较快的增长速度。2006年度我国各类出国留学人员总数为13.4万人，其中自费留学人数为12.1万人。而自2002年以来，中国公民出国留学人数每年都超过了10万人。自费出国留学的总人数、年均出国人数、出国留学人数的年增长率以及不断增长的留学回国人员的人数等多项指标说明，我国的自费出国留学这些年来一直呈现健康发展的趋势。

一、制定留学规划

自费出国留学对于学生本人来讲，是人生中一次重大事件；而对于学生家长而言，无疑是对孩子一生中最重大的教育投资项目。自费出国留学应制定周密细致的方案，切不可盲目行事。制定留学方案帮助解决如下问题：“自费出国留学的目的是什么？”“预期在国外院校获得何种学位？”“选择什么国家的哪所院校？”“就读什么专业为好？”“何时出国为佳？”等等。

1. 正确对待留学目的

制定自费留学方案首先要解决的问题是“自费出国留学的目的是什么？”学生和家长们越来越多地将“就业”作为留学的终极目标，而不再为留学而留学，这是大趋势，但不同的学生个体因其个人情况、家庭背景、社会关系的不同，有着不同的留学目的。

(1)回国自主择业

对于大多数高职学生而言，自费出国留学是鉴于国内提升学历层次的途径较少、就业质量不高等因素，而到国外院校攻读学士、硕士甚至博士学位，毕业后回国就业，提升学历层次和就业竞争力，凭国外学习、生活或实习的经历，中外两国的文化背景及较高外语水平等优势，在国内谋求较为理想的职业。

(2)回国继承家业

在民营经济发达的沿海地区，很多高职学生的家里有自己的企业，家长希望孩子到国外学习先进的技术与管理理念，毕业后回国继承家业。

(3)国外自主择业

部分学生希望通过在国外留学，获得留学国所要求的学历，留在该国就业，工作一段时间，积累相应的工作经验和资金后再回国创业；或者通过技术移民获得绿卡，在该国定居。

无论基于上述哪种目的自费出国留学，均必须清楚地认识到：洋文凭就等于好职位的日子早已一去不复返了。在国内外就业形势均十分紧张的今天，出国留学必须心存过苦日子，学真本领的打算，脚踏实地地刻苦学习，积极参加行业实践，获得真才实学。否则，在国外根本无法立足，回国就业也会成为

"海带"一族。

2.设定明确的目标

设定留学目标就是在确定要出国留学前设定在国外院校留学期间预期达到的学历水平。国外院校提供给已经获得专科学历的国际生的课程项目分为语言学校、专科升本科项目、专科直升硕士项目等,高职学生应该选择何种课程项目较为合适呢?

鉴于高职学生的自身情况,一般而言,专升本项目较为合理。这是因为我国高职院校的课程设置与国外院校在体制和内容上均有较大的差异,高职学生尽量不要好高骛远地选择专升硕项目,因为一般提供专升硕的学校较少,而且专业选择的面很窄,另外,以技术应用为主的高职课程很难与以研究为主的硕士课程相衔接,高职学生在国内没有接受过相关研究方法的培训,对国外硕士课程中各类研究型学习任务很难适应。

在国内已经达到相应的外语要求,到国外后读一段时间的语言课程,再上专业课程,是一个不错的选择。其一,学生已经达到外语要求,没有考试的压力,参加语言课程只是为了提高语言实际应用能力,学生能以一种较为轻松愉快的心态去学习和交流;其二,通过一段时间的语言课程学习,可以适应语言环境和当地生活,尽快融入当地文化,对专业学习很有帮助。

3.理智选择学校

面对众多的国家与学校,如何进行选择与取舍?长期以来,很多中国学生对于选择一个最佳的留学院校总是显得无从下手,一筹莫展,更多的则是胡乱猜测,所以出现了很多盲目留学的现象。

首先应综合考虑既定的留学目的、国内所学外语的语种、海外关系等因素,选择留学国家。例如,你如想留在国外工作或移民,那就应选择移民政策宽松、劳动力缺少的国家;学日语的总不能去英语国家留学;某个国家有亲戚朋友的应优先选择等。

在学校的选择中,学校的排名应该是选择留学的一个参考依据,但不能把排名当成唯一的选择标准,要想好为什么出去留学,学习的专业对日后的就业会有怎样的帮助。最好的未必是最适合的,要以一种务实的心态去选择。

4.合理选择专业

出国学习的内容和未来的就业并非要完全一致,学习的专业仅仅是打下一个基础,未来的就业面会是很宽的。人在一生中可能会换若干的行业或岗位,但是你所学的这些基础知识,一定会对你的未来发展起作用。所以,在选择专业时,首要考虑的因素不是这个专业在留学国或国内是否紧缺,是否有利于就业,而是是否有利于获得较高的转移学分缩短留学课程持续时间、是否有利于今后的学习等。

5. 何时出国为宜

根据在校生学籍管理条例，高职院校一般均规定在校期间如自费出国留学休学(休学期限为一年)或退学，但国外专升本课程的持续时间均在一年以上，换言之，将失去获得国内高职毕业证书的机会；而且未获得高职毕业证书，国外院校最多承认部分课程的学分，只能衔接到国外院校第一年的课程，这与高中毕业直接出国留学无异。相反，获得国内高职毕业证书以后出国，可以选择专升本课程，进入国外院校本科第2—3年的课程。因此在校生欲自费出国留学，最好计划在高职毕业后出国为宜。具体出国时间可以按照公式计算：出国时间＝课程开课时间－语言学习时间－语言学习结束至课程开课间隙时间，而且还应保留充足的签证时间，也就是说，必须保证在出国之前有足够的时间去签证和订购飞机票。

出国留学是一个系统工程，有意向的学生应在高职一入学就做出规划，制定详细的留学方案，包括以下几方面计划：

(1)为出国留学服务高职阶段学习计划，尤其是外语学习，保证在高职毕业前达到相应外语要求；

(2)认真学好每一门课程，保证每门专业课程有较好的学习成绩；

(3)大二第一学期开始着手留学院校的选择，到大三第一学期应有较为明确的目标；

(4)大三第一学期准备相关材料，着手向留学目标院校提出申请(各院校均有专门格式的申请表，申请材料也不尽相同)。

二、自我评估自费出国留学的条件

出国留学是许多年轻人的梦想，然而一旦有了留学的打算之后，很多人却对选哪个国家、哪所学校一筹莫展，作出出国留学的决定前应先对自己的各方面情况作一个全面的评估。申请个人自费留学一般不受国家规定的名额和国别限制，出国条件比较宽松，但申请者必须要具备以下基本条件：

1. 外语水平

首先，申请者应具有相当程度的外语能力，你才有可能获得录取和资助；即便获得录取和资助，如果外语水平不足，你可能会在签证时遇到麻烦，甚至被拒签；如果你的外语太差，你出国后在学习、工作和生活中会面临很多困难。

其次，申请者应具有相应外语水平测试成绩，对理工科的留学生，要求有时可以低一些，而文科、商科的要求往往较高。具体来说，计划赴英语国家攻读本科课程的高职毕业生，应具有雅思(IELTS)成绩5.0以上、托福(TOEFL)550分以上，赴日本应具有日语能力考试成绩2级以上。

当然，外语水平测试成绩未达到要求的，可以在获得配套语言课程前提下获得签证，即出国后在上专业课程之前应参加语言培训，只有学校规定的外语水平后方能转入专业课程的学习。参加语言培训，费用比较高，还有相应的吃住等费用，所以申请者应尽量在国内达到学位授予学校所要求的外语入学水平。

2. 学业水平

自费出国留学，应具有相应的学业成绩和学历证明。上文已经提及，提供专升硕课程的学校较少，专业选择的面也很小，而且很多学校还要求持大专(含高职)文凭的申请者有四年以上对口行业实践工作经验。对于高职学生而言，在获得高职毕业证书后出国攻读本科学历相对比较合算。在持有毕业证书的前提下，还应在高职就读学校的教务处打印各学期各课程的成绩证明，最好能把成绩单按中文版的格式翻译成英文，中英文两个版本的成绩单均须盖上教务处公章。

3. 留学经费保障

申请者必须通过正当、合法手段获得足够的自费留学经费，即持有受到所去国家认可的由其亲属提供的经济担保证明书，用以维持自己在国外的学习和生活费用；或持有国外院校、科研机构或基金会等提供的奖学金或资助证明。在申请预签证前要求提供留学期间的一切费用来源证明及具有 6 个月以上存款记录的银行存款证明(留学贷款除外)；有些国家的院校在获得预签证后须预交一个学期至半年学费。

经过对上述条件的自我评估，如果虽经过三年的努力，到毕业时还是无法满足上述条件，则不要浪费不必要的人力和财力，应把重点放在国内就业上。当然，努力学习还是必须的，尤其是那些其他条件均满足，而外语成绩较差，担心无法达到留学要求的同学，千万不要轻易放弃，即便到高职毕业时仍然达不到留学要求，还可以延迟出国留学的时间，经过专门培训，达到要求，而且甚至到最后放弃留学计划，提高外语水平，对在国内就业也会有很大的帮助。反之，不经努力就轻易放弃，可能会造成一辈子的遗憾。

三、自费留学的准备

出国留学对个人的成长来说是个不可多得的机会，不是每个人都有这种机会或有出国留学的意愿的。高职生自费出国留学，充分的准备是必不可少的，而且应该从高职一入学就开始。

1. 学业准备

从高职一年级入学开始，就应合理规划高职三年的学习阶段，争取所学课程的最好成绩；同时积极准备外语水平考试，争取在毕业前获得留学要求的外语水平考试成绩。这里需要说明的一点是，外语水平考试应参加留学目标国家所规定的考试，而不是我国组织的大学外语等级考试。国外各院校承认的外语考试类别和语种可以通过网络查询获得相关信息。

2. 资金准备

资金是出国留学的必要条件，也是最关键最重要的条件。自费出国留学，绝大多数学生是靠家长的资助，因此，学生有自费出国留学的意向，应积极与父母进行有效的沟通，在家庭经济条件许可前提下，取得父母的支持。

有充足的留学费用储备，是决定签证成功的最重要的因素，除非你能够得到全额奖学金，要不然每个人都必须准备足够数额的钱，以支持你在国外留学所有的花销，这其中主要包括四个部分，学费、保险费、生活费、机票费。在签证时，使领馆要求出具资金担保证明，向使领馆证明你有足够的资金支付在国外留学费用，这就是常说的保证金。所谓的保证金就是申请者必须在银行有足够金额的存款，而且该笔存款到签证是存 6 个月以上（有些国家要求更长，如加拿大要求 18 个月以上），根据留学目标院校的要求在银行保证有足够金额的保证金。另外，存款也有一些值得借鉴的小技巧，以供参考：

第一，不要把所有的钱都存在一张存单上，这样人家会觉得不对，毕竟都是拿工资的人，不可能一下子弄出这么多钱了。分开存若干张，每张几万这样比较好，让人家感觉你的家庭还是有积累的。

第二，在某家银行存款的时候最好存在一个支行，这样，打印存款证明书和做公证的时候都会比较方便。有些银行规定，钱存在哪个支行，资金担保证明就在哪个支行开，如果碰到这样的银行，钱存在不同的支行，就得到不同的支行开具证明，这样就引起一些不必要的麻烦。

第三，存款的笔数最多不要超过 4～6 笔（不同银行有的限制），因为一张存款证明书只能能开 6 笔业务在上面，业务比数多了的话就要两张，要知道银行开具证明是要收费的，一张 20 块钱，留学要花很多钱，能省就省为好。

3. 信息储备

除了要收集选择学校和专业所必需的信息外，还要通过寻找你所去国家的背景知识，将自己“武装”起来。学习东道国的历史、文化、传统、语言，甚至食物、音乐、交通、天气、社会活动等细节都是非常重要的。由于有了国际互联网，现在我们要找这些知识只需按一下鼠标就行了。

如果你有幸认识一个外国人（一个你想要去留学的国家的人）或者在该国留学的人，请一定要向他请教你的所有疑问，例如适合居住的地方、交通费用或一年里的重要庆典等。他们提供的信息很有可能是教科书或旅游杂志里没有提到的。

4. 心理准备

在出国前除了要学会过独立生活的基本技能之外，还要有充分的心理准备，调整好心态。否则，出国后会觉得无所适从，茫然若失，无法适应国外的生活，严重影响正常的学习。

四、自费留学途径的选择

通过何种途径实现自费出国留学，直接影响信息来源的可靠性、国外院校的办学质量等，选对途径，可以事半功倍，反之，则有可能受骗上当。下面介绍几种自费出国留学的途径。

1. 母校合作院校

目前很多高职院校有中外合作办学的学历教育项目，母校的合作院校的办学资质都经过层层筛选和审核，一般均较为可靠。而且双方的教师有很多的来往和交流，相互比较了解，最重要的是，母校的部分专业已经过国外合作院校的学分评估，出国专升本需要什么条件、要修哪些课程、各课程的具体内容、休学年限、各种费用均较为明确。所以，通过向母校的外事机构(名称有外事处、外事办公室、国际交流与合作处、国际教育学院等)，是最为可靠的途径。

2. 国外亲友推荐

如果国外有亲戚朋友，可以让其帮助了解学校的信息，亲友会站在申请者的立场上较为客观评价学校，信息的可靠性也就较高。而且，申请者出国后，他们可以提供接站、住宿、前期生活安排、毕业后就业等多方面的便利，有亲友在，底气足一些，比举目无亲的留学生有更多的保障。但是，作为申请者，必须要清楚，亲友只能为你提供一些协助，但做最终决定的是申请者自己，到了国外也是一样，亲友可以为你提供帮助，但不能代替你学习。

3. 国外院校驻华机构

部分国外院校在国内设置了办事处等驻华机构，办事人员往往是中国人，所以通过这些办事机构了解情况相对较为方便，没有语言障碍，可以深层次的咨询落实相关情况，这是直接向国外院校本部申请所无法比拟的优势。但是，申请者必须清楚地认识到，这些驻华机构都是为国外院校服务的，他们的每一句话都是站在国外院校的立场上来讲的，所以你从他们那里获得的信息，要认真反复推敲，如果可能的话，尽量签订一份中文的协议，将相关的条件以协议的形式规定下来。

4. 留学中介机构

通过留学中介机构，是目前我国学生自费出国留学最常见的途径。留学中介机构拥有大量的国外院校资源，熟悉各个流程，只要申请者出钱，他们可以代替办理“一切”手续。我们都知道，留学中介机构不是慈善机构，也不是服务机构，他们是企业，以赚钱赢利为目的，因此在推荐国外院校、提供院校信息的过程中往往只讲优点夸大其辞，或者在介绍劣势的时候避重就轻。另外目前市面上还有很多没有获得合法资格的黑中介，所以申请者必须找合法的、知名度较高的中介机构，对于中介机构提供的信息要慎重考虑，经多方面考证。

五、自费出国留学的基本程序

自费留学的办理过程并不复杂，归纳起来，可以分为以下16个步骤。其中，关键是要获得理想的国外学校的入学通知书和办理签证，这是最基本的两个支点，支撑起你的整个留学计划，不可或缺，否则，你的留学"大厦"就无法成立。

1.寻找学校，索取资料

所谓寻找学校，就是在做出自费留学的决定后，以你所期望达到的留学目标(拿一个什么样的文凭、读什么课程)和到哪个国家留学为选择的标准，结合自己现有的文凭水平和学习能力，在你所钟情的那个国家找到能够接受你的一所学校。这部分工作主要是查询留学信息，即根据个人的基本情况和设想，进行留学信息的收集整理。

一旦找到了比较理想的学校，你就可以用写信或者发电子邮件的方式和他们取得联系，简明扼要地告诉对方你的基本条件，包括：年龄，性别，所在国家，已经或者正在读什么课程；你希望学习他们的什么课程。继而，你就可以向学校索取该专业的入学条件和申请资料。国外每一所招收留学生的学校都有专门的人员负责解答此类咨询信函，所以，不用担心你的咨询没有回音。当然，有时候报名和咨询的人太多，老师会忙不过来，所以，一旦你的咨询在合理的时间内没人理睬的话，就应该马上补发信函，或者干脆换个收信人。建议你充分利用互联网方便快捷的优势查询学校，还可以通过学校的在线服务索取更多的资料。

当然，你也可以利用这个难得的机会直接向国外学校的代表请教一些问题，不用担心语言不通，因为主办单位通常都会在每一个学校展位上安排一位助理负责翻译工作。

2.留学方案设计

留学方案设计是你整个留学计划的灵魂，也是签证官用来衡量你留学是否真实合理的尺度，决定你的留学是否会成功和是否具有最佳经济效益。如果你对留学方案设计感到经验不足，可以向"过来人"请教，也可以去专业的留学中介机构咨询。具体操作是，在掌握留学基本信息和国外学校入学要求的前提下，结合自身的年龄、学历、经济能力、外语水平、所学专业、个人爱好等因素，设计出适合自己的一套科学合理的留学方案，对留学国别、院校、专业、入学时间等最终拍板确定。其中，特别要对留学的投入和产出"价格比"和所选专业的未来就业前景要有明确的把握。等你设计好留学方案之后，就应根据所选定目标的入门标准立即开始全面的“热身和补充”准备，包括：语言的学习与考试、留学所需的资金筹备、个人资历证明材料的准备、身体和精神状态的调整等。一俟时机成熟，就可以申请学校了。

3.入学申请

收到国外学校免费的报名表之后，要认真完整地填写，随同个人学历证明、最近的学习成绩单、推荐信、个人简历、语言考试成绩单等资料寄往所申请的学校。此时，一般均需同时交纳一定数量的报名费用。由于中国学生对申请学校往往持随意的态度，有的甚至同时申请多达 7～8 所学校，而学校开出录取通知书后却见不到人来，因而有越来越多的国外学校倾向于向中国学生征收报名费了。申请表格寄出以后，通常申请正式课程的需要等待 1—2 个月的时间才会有回信，申请英语学习短期课程的则快得多，一般只需 2—3 个星期。不过，还得加上邮件往来的时间，因此，为了给签证办理留有充裕的时间，建议你越早申请越好，一般提前 1 年就比较从容，除了短期课程，一般离开学前 6 个月申请就显得非常仓促了。

在申请课程的同时，你可以向学校申请学生宿舍或寄宿家庭等住宿安排。如果你自认为学习成绩优异，特别是对于那些就读研究生以上课程的学生来说，可以一并申请国外的奖学金等对留学生的经济资助，说不定会给你个惊喜。

一般课程申请所必备的文件有：最高学历和成绩单，最高学历毕业证书，填写完整的学校申请表格，照片，财力证明，报名费。

申请学士、硕士等正式课程除了上述必备文件外，还要有：托福或雅思成绩，教授或雇主的推荐信，工作经历证明，自传，学习计划等；申请艺术类课程的需要提供作品集、音像资料等。

4.办理因私出国护照、出境卡和准备签证资料

一旦你的入学申请获得国外院校批准，就会向你发出录取通知书，收到以后，可持录取通知书向户口所在地公安机关申请办理因私出国护照和出境卡。现在，我国公民因私申请出境的手续已经简化，一般公民凭本人户口簿或身份证就可以领取出国申请审批表，申请人只需提交与出国相关的证明材料即可。出国留学学生一般持因私普通护照。与此同时，你可以着手准备申请国外入境签证所需的各种资料，包括个人学历、成绩单、工作经历的证明；个人及家庭收入、资金和财产证明；家庭成员的关系证明等。

5.办理公证

公证就是国家公证人员根据国家赋予的权利，按照法定程序，证明特定的法律关系或法律事实的行为。我国公民在申请自费出国留学时，必须要办理公证。这类公证属于涉外公证范围。你需要公证的文件有：出生公证书，学

历、学位和成绩公证，经历证书，亲属关系公证，经济担保公证。

6.申请签证

办理好护照之后，可立即向拟留学国家驻华使(领)馆申请入境签证。申请时需按要求填写有关表格，递交必需的证明材料，缴纳签证费。有的国家(比如美国、英国、加拿大等)在申请签证时会要求申请人前往使(领)馆进行面试。面试的目的是让签证官近距离观察和判断留学申请人的真实程度，即你是否是一个真正的学生、你的留学目的是否纯正、你是否具备顺利完成留学的能力(主要看外语水平)，你有没有移民倾向。很多人都是因为到了这一关纷纷被签证官“挑下马来”，因此，为了保证不功亏一篑，事先找一个专业和经验丰富的留学咨询公司进行签证面试指导是很有必要的。

学校若提供转账银行的账号、地址和户头，不妨用此种方式，记住保存好收据；信用卡(Credit Card)，有的学校可以接受 Visa、Master、AE 卡等，用信用卡付费，别忘了要保存收据。

7.体检，订机票，准备行装

出国留学之前，按照国家有关规定需要进行身体检查、免疫检查和接种传染病疫苗，以保护公民的人身健康。另外，有的国家也要求申请人前往指定医院进行体检。

订机票的时候，要留意个别国家城市可能需要转机，订票之前要与有关航空公司说清楚，确定时间、航班和转机地点。另外，前往有些国家如日本、俄罗斯等可以采用乘船和国际列车方式。

出国其实不需要带太多的物品或衣物，通常国外的日常生活用品也是很便宜的，只要避开在观光地区购物就可以了。在出国之前，要留给家人一份学校、住宿地址和联系方式资料，以方便家人和你联络。

8.抵达

大部分国外院校会提供到机场接机和协助安排住宿服务，你在走之前一定要与学校或留学中介落实清楚。安顿下来后可对校园及周边环境进行初步了解，然后尽快投入到新的学习中去。

六、自费出国留学应准备的材料

自费出国留学从着手申请开始，有许多材料要准备，根据准备相关材料的时间先后，罗列如下：

1.申请阶段

(1)学校必须的申请表格。

(2)一份或两份从大一到大三的全部课程成绩单，有个别学校可能会要求将大四第一学期的成绩单提交。成绩单要有教务的公章，并且由教务封好信封，在封口处盖章。成绩单必须是中英文对照。

(3)三封推荐信。一般由老师写好后，签字，和推荐表格一起密封在信封内，然后在封口处签字。注意是所有封口签字，因此建议使用只有一个封口的信封。

(4)个人简历中英文。

2. 留学申请人在收到学校录取通知书原件前

(1)高职毕业文凭公证；

(2)出生公证中文及英文；

(3)无犯罪记录公证中文及英文；

(4)直系亲属关系公证中文及英文包括父母、兄弟姐妹、配偶以及子女的姓名及出生日期。

(5)高职阶段各科学习成绩公证及英文；

(6)父亲或母亲的工作及收入证明及英文；

(7)银行存款证明。由银行出具存款证明原件。存款证明的户主可以是本人自己担保自己或他人。由经济担保人银行存款证明的户主的雇主出具一封信原件，证明经济担保人收入的水平。这封信应该包括经济担保人的收入、工作时间及职位，并且这封信必须写在有单位抬头的信纸上，有签字及公章。

七、风险防范

自费出国留学作为一种消费形式，与一般的消费相比，留学消费有三大特点：首先，对个人的影响较大。留学是一种教育投资，它影响到个人的发展方向和人生道路。第二，留学费用高。自费留学花费从几十万到上百万，对任何一个家庭来说都是一笔可观的费用。第三，留学消费市场有待规范。作为一种比较新的消费现象，有部分人对留学申请程序以及过程都并不了解，使得一些不法分子千方百计地钻市场的空子，非法牟取利润，给留学消费者带来金钱、时间上的巨大损失。因此，拟自费出国留学的学生及家长应加强风险防范意识，避免各类风险的发生。

1. 谨慎选择国外私立院校

(1)从权威渠道获取信息

选择正规留学院校，学生和家长可以登录教育部教育涉外监管信息网查询权威信息。上面不仅可以查询 33 个国家的学校名单，还发布很多留学预警。咨询各国驻华使馆，或是通过亲戚朋友等渠道，也可以了解国外学校的办学资质、教育水平等信息。通过教育部教育涉外监管信息网(www.jsj.edu.cn)或咨询外国驻华使馆和教育部留学服务中心等正规渠道，查询和了解国外学校办学资质情况及其他相关留学信息，教育部留学服务中心还通过设立专线电话(010－82300056),接受留学人员和社会各界对国外学校资质情况的查询。

英国大使馆文化教育处的官员建议准留学生,留学选校可以分三步走:首先根据自己的学习背景和未来的工作计划选择感兴趣的专业领域;然后着手研究哪些院校开设了这些专业,最简单的办法是登录英国教育官方网站来查询学校和课程信息;第三步,通过链接直接登录各院校官方网站,详细了解课程要求、申请要求和为海外学生提供的服务等信息。

(2)认准所在国的一些认证

有些国家对私立学校进行资格认证,颁发认证证书。学生在留学时,选择这类学校相对会比较有保障。新加坡旅游局的梁诗琪处长介绍,新加坡基本上都是私立学校,在申请时需要认准两大标志:新加坡对400多所私立学校做了严格的考查和审核,首批评定了10多所教育业绩优异、经营管理卓越的学院,授予"新加坡高素质私立教育机构"(SQCPEC)称号;同时,新加坡也完善了学生利益保护和福利保障措施,由指定政府银行或者指定保险公司保管学生学费,所有向海外招生的学校必须加入"新加坡消协保证计划"(Case Trust)。据了解,全新加坡只有30～40所私立学校获得了双重认证。

(3)考察办学规模很重要

近年来,一些国家把教育当作产业、贸易进行经营,一味追求教育所带来的经济利润,新近成立的私立学校问题颇多,却积极招收留学生。为此,专家提醒,对于那些虽经当地政府或其他相关部门批准或注册,但属于近几年新办、办学稳定性较差、质量很难保证的私立学校,必须慎之又慎。

2. 留学DIY(自助留学)要慎重,学校信息要核实

虽然DIY留学能够降低经济成本,但还是要充分考虑到其时间成本和机会成本。王薇总经理建议,申请者收集相关信息和准备合格的申请材料需要大量的时间,如果不能按原定时间完成,很可能导致留学计划无法成功实现。另外,申请院校和签证的结果是不可逆转的,尤其是签证结果,一次失败的签证记录将会跟随您终生,将会成为留学计划最大的障碍。

要通过正确的方式方法了解海外大学信息,除了听取合法中介公司的介绍,还要到各国大使馆官方网站和中国教育部涉外监管网核实海外院校的招生资质,以避免信息的虚假性。最终根据自己的具体情况,选择适合自己的海外院校。

3. 选择合法的留学中介机构,签署合法合同书

如果选择通过中介机构办理留学手续,一定要选择具有办理资质的合法中介机构。合法的中介服务机构应具备两份重要证件:一是注有"留学中介服务"字样的工商部门颁发的有效营业执照;二是由教育部核发的《自费出国留

学中介服务机构资格认定书》,二者缺一不可。合法的中介机构及其外方合作伙伴均经过了严格的审查与认证,办事程序是公开的,因而其中介活动是可靠的;即使消费者的权益受到损害还可以索赔。各家中介机构均在银行存有100万备用金,作为赔偿之用。中介服务机构除特殊批准外,不能设立分支机构,消费者在选择中介机构时应注意该机构营业执照和《自费出国留学中介服务机构资格认定》是否是原件,是否是有效证件,中介机构的地址是否与证件上登记的地址一致,以防盗用他人名义的情况发生。

在办理出国留学中介服务手续时,务必要与留学中介机构签署按顺序编号的出国留学中介服务协议书,并注意协议书中双方的权利、义务是否合理;有无关于退费的规定等。在选择留学国家和学校时,应了解中介机构是否与该学校签署了有效的合作协议,该校的资质是否得到我国驻外使领馆的认证,并可要求中介机构出示我驻外使领馆的认证文件。消费者在递交各项申请材料时,要务必保证各项材料的真实性,否则其合法权益将得不到保护。

4.尽量在国内达到留学外语要求

有些国家允许申请者出国以后先读语言,达到要求后再读本科专业课程。这对于有些英语水平不是很好的学生来说,仿佛是个福音,有人认为至少可以先出国,出国以后借着良好的语言氛围再提高英语水准。这样的想法其实很危险,很多这样的学生出国后,在规定时间内都难以达到大学语言要求,虽然可以重读语言课程,但既浪费了宝贵时间,又浪费了大笔费用,更有甚者,开始自暴自弃或者干脆辍学打工。

第六节　高职生参军入伍

高职生参军入伍主要有两种情况:一种是在校读书时参军入伍;另一种是毕业后到部队工作入伍。

一、参军入伍的基本条件

1.在校学生参军入伍的条件

(1)必须是全日制普通高校在校大学生,自愿入伍、政治合格、身体合格。

(2)男生为二年级以上,年龄在22周岁以内;女生年龄在20周岁以内。

2.应届毕业生参军入伍的条件

(1)必须是全日制普通高校国家任务非定向应届毕业生,自考、成教、定向、委培、预科、专升本及军校为地方培养的毕业生不属接受范围。

(2)学习成绩平均在良好以上,并获得相关毕业证书。

(3)高职毕业生的年龄不超过23周岁(截止当年8月31日)。

(4)身体健康,符合军队院校招收学员体检标准。但到专业技术岗位工作的毕业生,在不影响工作的前提下,视力条件可适当降低。

二、高职毕业生参军享受的职级待遇

(1)和多数地方单位一样,军队对接收的高职毕业生也实行为期一年的见习期。

(2)见习锻炼期满后,部队将按照毕业生所从事的岗位性质及有关规定下达任职、授衔命令。在首次评授军衔、评任专业技术职务、确定专业技术等级以及住房分配等方面,享受与同期入军事院校学习的毕业学员同等的待遇,即大学毕业生可定为排职、少尉军衔,如在上学前有工作经历,将另行考虑。

(3)高职毕业生的军龄从被通知报到之日算起。

(4)军队鼓励到艰苦边远地区工作。毕业生倘若到边远艰苦地区部队或指挥岗位工作,可以不实行见习期,自批准入伍之日起确定职级和军衔。

(5)对于到边远艰苦地区工作的毕业生,军队实行轮换制度。工作满5年以后,可根据需要优先调整到内地或驻地条件较好的部队工作。

高职毕业生应自觉学习《兵役法》、《国防法》和《征兵工作条例》,积极响应祖国的号召,履行兵役义务,为保卫祖国踊跃报名应征。

三、参军入伍的有关政策规定

1.在校学生参军入伍的政策规定

(1)妥善安排学业。在校大学生入伍前,学校应尽可能安排他们参加本学期所学课程的考试。也可以根据其平时的学习情况,对本学期所学课程免试,直接确定成绩和学分,并保留学籍到退役一年内。对已经修完规定课程或已修满规定学分,符合毕业条件的,学校可准予毕业,发给其毕业证书。在校大学生入伍后,有条件的可以参加原学校组织的函授或自学原专业课程,经部队团级单位批准可以参加学校组织的考试。

(2)适当减免学费。在校大学生被批准入伍后,已交学杂费的剩余部分,根据本人自愿,由学校退还本人,或由学校负责减免学费;入伍前享受优秀学生奖学金的,复学后提高一个奖学金等级(不含一等奖学金);对荣立一次三等功奖励的,复学后按不低于50%的标准减免学费;荣立两次三等功或二等功、一等功,被授予荣誉称号的,复学后免交全部学费。

(3)退役后的复学安排。各高等学校要切实做好退出现役后的复学工作,保证退役大学生能够及时复学。对原就读学校撤销的,由省(自治区,直辖市)教育行政部门安排转入同等学力相关专业高等学校复读;原所学专业撤销的,由学校安排转入其他专业复学;个别学生有困难的,可以申请延长学习时间;对专科升本科、本科报考研究生的,在同等条件下应优先录取。在部队荣立三等功以上奖励的,原是本科生的可申请转到本校其他专业学习,原是专科生的免试转入本校同专业或相近专业的本科学习,属独立设置的专科学校的专科生,由学校报所在省(自治区,直辖市)教育行政部门负责安排;荣立二等功以上奖励的,所学本科专业毕业后,可免试保送为所学专业研究生。在新兵检疫复查期间退回后因身体原因不宜继续在部队服役中途退役的,学校应准其复学。服现役期间受除名、开除军籍处分或被劳动教养、判刑的,不予复学,部队保卫部门负责通报其就读学校,由入学前户口所在地人民政府按照民政部、公安部、总参谋部、总政治部《关于义务兵提前退出现役的暂行规定》(民【1988】安字 18 号)执行。

(4)有关优待安置政策。各地要根据《兵役法》有关现役军人的优待和退伍军人安置的规定,认真做好在校大学生入伍后的安置工作。对批准入伍的在校大学生,服役期间,其家属享受军属待遇,并由其入学前户口所在地人民政府按照本省(自治区、直辖市)有关义务兵家属优待的规定给予优待。退出现役后,不愿复学的大学生,由入学前户口所在地的退伍军人安置机构负责接收,并按照城镇退役士兵的有关政策规定,做好他们的安置工作。参战或者因公负伤致残的,由部队评定残废等级,发给革命伤残军人证,退出现役后,丧失自理能力不能复学的,按照国家有关规定妥善安置。

(5)入伍后的培养使用。兵役机关在确定在校大学生入伍的去向时,要尽可能地将他们安排到要求文化程度高、专业复杂、技术性强的部队服役,发挥他们的优势和专长,满足部队建设需要。在校大学生加入部队后,部队要结合他们的特点,积极引导,有针对性地做好思想工作,既要支持和保护他们的参军热情,又要对他们进行严格训练、严格要求,加强教育、培训和管理,尽快实现由普通大学生向合格军人的转变。要根据大学生知识面广、具有一定专业特长的特点,尽量安排到相应的工作岗位上,做到人尽其才。对表现优秀的大学生士兵,在学习技术、选拔士官、报考军校、直接提升军官等方面要优先安排。对退伍后复学的大学生,如本人自愿,且符合相关条件,在校学习期间应优先选拔为国防生或毕业后直接补充军队干部队伍。

2.应届毕业生参军入伍优待政策

(1)对地方学习期间已获得省部级科技进步三等奖以上奖项的硕士以上研究生,可视情况高定一个工资档次或职务(技术)等级。

(2)对接受入伍的研究生,部队将依据有关政策规定和个人愿望,在接受入伍的当年,妥善解决其住房、家属随军与就业、子女入托等问题。其中,凡接受对象的配偶符合特招入伍条件的,可特招入伍。

(3)西藏部队干部工资收入约为内地部队的2.5倍。对自愿在西藏工作5年以上的本科生,可高定一个工资档次;硕士、博士生可高定一个技术或职务等级。

(4)凡在边远艰苦地区工作满5年,且工作成绩突出的干部,可视情况在军区范围内,调整交流到内地工作。

(5)驻藏部队干部,每年可享受两个月以上的探亲假。

3.应届毕业生参军入伍后的有关情况

(1)岗前培训。入伍毕业生均要接受为期半年或一年的军政训练,完成从一名青年学生到一名军校学员进而向一名军队干部的转变。

(2)军龄起算及服役时间。军龄从毕业当年6月30日起算。除组织安排或经批准外,个人在5年内,不得要求退出现役。

(3)工作安排。根据岗位实际需要和岗前培训专业,安排到作战部队、军以上机关直属单位、医院(疗养院)、人武部、科研机构、院校及训练机构、仓库、军代表室等单位。担任初级指挥官或专业技术干部,从事行政指挥或专业技术工作。此后,有的干部将按规定进行换岗锻炼,以提高其综合素质。

(4)见习期。第一任职为技术岗位的,要实行一年见习期,第一任职担任初级指挥军官或到西藏等边远艰苦地区工作的或获得学位的研究生,不实行见习期。

(5)军队干部待遇。

①职级待遇。地方大学生入伍即为军队干部。其职称、军衔、住房分配等,与同期入军事院校学习的毕业学员同等对待。一般博士生定位正营职(专业技术10级)、授予少校军衔(文职6级),硕士生定为正连职(专业技术12级)、授予上尉军衔(文职7级),本科生定为副连职(专业技术13级)、授予中尉军衔(文职8级)。

②工资。军队干部实行职务军衔等级工资制和定期增资制度,按照国家和军队的有关规定享受津贴和补贴,并随着国民经济的发展适时调整。军队干部按照规定离职培训、休假、治病疗养以及免职待分配期间,工资照发。年终,经考核称职的军队干部,还要增发1个月的奖励工资。上学前有工作经历的研究生,工作时间及在校学习时间计入工龄。

③医疗及保险。军队干部享受公费医疗和军人保险待遇。

④住房。军队干部住房实行公寓住房与自住房相结合的保障制度,军队干部按照规定租用公寓住房或者购买自有住房,享受相应的住房补贴(按月基本工资的40.94%逐月累积,住房补贴从入地方大学当年开始计算)和优惠待遇。研究生入伍后,用人单位在住房分配上会给予较大倾斜。

⑤休假。军队干部享受休假待遇。夫妻分居两地的干部,每年可探亲一

次，假期30～40天；未婚干部探望父母，原则上每年给假一次，假期20～30天；夫妻在一地生活的干部，每四年可探望父母一次，假期20天。干部平时每年均可以休假，休假时间为20～30天。休假和探亲一年内只享受一项。驻藏部队干部，每年可享受两个月以上的探亲假。

⑥家属随军、就业及子女安置。军队干部的家属随军、就业、工作调动和子女教育，享受国家和社会优待。军队干部具备家属随军条件的，经批准其配偶和未成年子女、无独立生活能力的子女可以随军，是农村户口的，转为城镇户口。军官牺牲、病故后，其随军家属移交政府安置管理。

⑦继续教育(含考取研究生)。军官每晋升一级指挥职务或专业技术职务，应当经过相应的院校或者其他训练机构培训。当院校培训不能满足需要时，刚通过其他方式，完成规定的继续教育任务。部队各用人单位根据岗位工作需要和干部本人的在职表现情况，鼓励干部自学提高，或按照部队有关规定报考研究生带薪读研(一般要工作满2年以上)，提升学历层次。

附录

附录一 就业案例

案例 1

合理准确的就业期望值

吴某，2004 级市场营销专业的学生，曾任系团总支副书记，曾被评为优秀学生干部、学院最佳辩手，多次获得奖学金，是省级优秀毕业生，品学兼优，能力出众。2006 年即被一家汽车公司看中，招为销售员，但是工作不久因为觉得销售的汽车品牌不够好，便跳槽至某知名汽车公司从事销售卡车的工作。该公司卡车销售难度较大，半年后便又跳槽。到 2007 年底跳槽至某大型文化传播有限公司，此时，他的同班同学已是该公司的销售经理。

分析：吴某的案例可以发现，学生干部特别是自身能力较强的学生干部在就业时调整心态很关键，在学校里当惯了“领导”，工作后要从最底层做起，心里落差较大，难以适应，又急于求成，导致了屡次跳槽，一下子难以有所作为的尴尬局面。

案例 2

细节为你的成功加分

小刘在接到某家企业应聘成功通知后很高兴，但是一想反而不安了：经理什么也没考，怎么会被录取了呢？其他的应聘者都被经理提问过，偏偏他没有，他带着一肚子的疑问。

他上班的第一天就马上请教经理是不是搞错了？经理哈哈大笑：“其实当你迈入公司大门的那一刻就在接受面试了。

1. 故意放倒的垃圾袋，几十个应聘者无动于衷，只有你穿着西装弯腰把垃圾装进垃圾袋；

2.墙上故意挂歪的荣誉证书，只有你脱下鞋，站在凳子上把荣誉证书扶正；

3.当众多应聘者在接受面试时只有你在做笔记。

由此可证明，你一个是个以企业为家，勤奋、善于思考的人。”

小刘一听恍然大悟：原来是这么回事。

分析：面试过程中注重小节非常重要，看似不经意的行为，却已经给用人单位留下了深刻的印象。当然顺利进入公司后，小节也是不可忽视的：复印机没有纸了，悄悄地给加上；饮水机没水了，主动上水；准备一块抹布，不指望卫生都由清洁工来搞；早来几分钟，晚走几分钟，最后一个上班车……多做点这类看似鸡毛蒜皮的小事并非“大材小用”，他们往往最能给人留下好印象，也是你日后升迁的资本。

案例3

信心不足，缺乏主动

毕业生小刘学习成绩和其他方面条件都不错，在就业的初期满怀信心。但由于专业冷门等原因，找过几家单位都碰了壁，结果产生了自卑感，在后来的择业过程中表现越来越差，陷入恶性循环而不能自拔，以至于到了新的用人单位那里，只能被动地问人家：“学某某专业的要不要”，其他什么话都不敢讲，最终未能落实就业单位。

分析：小刘的失败是由于自卑心理在作怪。在择业遭受挫折后，一蹶不振，对自己评价过低，丧失了应有的自信心，择业时缺乏主动争取和利用机遇的心理准备，不敢主动、大胆地与用人单位交谈，也就不能很好地表达自己。越是躲躲闪闪、胆小、畏缩，越不容易获得用人单位的好感。这种心理严重妨碍了一部分毕业生正常的就业竞争，使得那些原本在某些方面比较出色的毕业生也陷入“不战自败”的困惑。

（本案例摘自南方人力资源网）

案例4

自负而失败

毕业生小东口才不错，在与用人单位代表面谈时自我感觉良好。一番海阔天空的高谈阔论以后，当对方问他的个人爱好是什么时，他竟得意洋洋地宣称是“游山玩水”，结果被用人单位毫不犹豫地拒之门外。

分析:小东的失败是典型的自负心理造成的。自负在心理学上指过高地估计个人的能力，从而失去自知之明。在这种心理的支配下，不少毕业生在求职择业过程中，总是自以为是；自负自傲，自以为自己什么都懂，什么都会，夸夸其谈，胡吹海侃，结果留给用人单位的是浮躁、不踏实的印象。试想，有哪家单位肯要一个不知天高地厚、自命不凡、眼高手低的毕业生呢?

（本案例摘自中国教育在线）

案例5

巧妙回答打开求职之门

在上海某单位组织的一次面试中，主考官先后向两位考生提出了同样的问题:“我们单位是全国数一数二的大集团公司，下面有很多子公司，凡被录用得人员都要到基层去锻炼，基层条件比较艰苦，请问你们是否有思想准备?”毕业生A(我校)说:“吃苦对我来说不成问题，因为我从小在农村长大，父亲早逝，母亲年迈，我很乐意到基层去，只有在基层摸爬滚打才能积累丰富的工作经验，为今后发展打下基础。”毕业生(B)(外校)则回答:“到基层去锻炼我认为很有必要，我会尽一切努力克服困难，好好工作，但作为年轻人总希望有发展的机会，不知贵公司安排我们下去的时间多长?还有可能上来吗?”结果前一学生被录用，后一学生被淘汰。

分析:在面试过程中，回答问题的技巧非常重要。对有些问题的回答，表面上看来合情合理，无可厚非，但却令考官反感。这是因为:考官并不在乎你回答内容的多少，而在于考察你对问题本身的态度，进而了解你对职业的态度等等。显然，这一案例中，考生A对下基层态度端正、诚恳，令主考官欣赏；而考生B思想上明显有顾虑，尽管是人之常情，但这种场合下他的回答显然不合时宜。

（本案例摘自中国教育和科研计算机网）

案例6

摆正心态　认清自我

小杨，男，是光电信息学院信息显示与光电技术专业的一名学生,大学期间曾连续两年获得三等奖学金,通过英语四六级,在校期间担任过班长,学习委员,团支书,目前在学生处做助理,也获得过学院优秀班干部奖学金。所有这些都培养了个人良好的组织能力和人际沟通能力。

2008年寒假期间在家乡和其他人合作在移动公司做过一次项目,然而在校期间却没有其他专业课方面的实践经验。以上的实践经验在面试环节中起到了决定性的作用。

今年的就业形势很严峻,并且僧多粥少的局面最开始让小杨感受到了很大的压力,开始投出去的简历几乎没有得到一封回信,而其他人却已经有了面试通知,此时的小杨心态依然良好,感觉到自己简历出现问题的他在别人的帮助下一遍遍修改自己的简历,其中包括已经毕业的上一届同学。

在简历修改良好之后终于有了面试通知,然而很多企业的面试官几乎都问同样的问题,“你家是哪里的?去我们那里工作你家里人怎么个看法?我们那离你们家是不是有点远?”家在西北的小杨明明再一次感受到了挫败,因为自己心中并不是很情愿去离家很远的地方工作,而公司问这些问题完全是在问你以后会不会跳槽?

小杨思考良久,做自己想做的,最终放弃了沿海区公司的一些宣讲会,以及一些笔试机会。热爱成都的他最终精心准备成都一些公司的笔试和面试,此时此刻的小杨,一心想留在成都,因为在他看来,成都是个好地方,而西部将是中国以后的发展核心。终于,小杨梦想成真,找到了成都一家和自己专业对口的企业。

分析:有句话说得好:人生何尝不是在玩牌,真正的成功不在于你手上拿了一副好牌,而是谁能将手上的牌打到最好。小杨同学手上的牌并不差,但也不像那些专业排名靠前的同学在大学三年内积累了一副相当不错的牌。而相反,摆正心态,认清自我是小杨就业成功的关键因素。

(本案例摘自新浪博客)

案例7

高职生张某就业后又待业的启示

张某是某高职院校工程系的学生。入学时就知道学校与用人单位签过协议书,毕业后可直接到用人单位去上班。

3年的高校生活结束了,当许多毕业生还在人才市场奔波时,张某已经去单位上班了。

上班后，张某工作也很努力，希望能够给领导一个好的印象。但是时间一长一股新鲜劲过去了，自身的一些不良习惯就逐渐表露出来。

迟到，早退，上班时间乘没人监督，溜回宿舍睡懒觉。工作时，主管领导在，就认真干，不在就偷懒。餐厅中不排队，挑肥拣瘦，大声喧哗。

时间过得很快，转眼已工作半年了。同来的同学适应能力较强，在各自的工作岗位上有很大的起色。张某依然如故，整日蹓蹓跶跶，没事就喊"一缺三"，找人打牌。

有一天，由张某负责的一个厂区电线出现短路，造成火灾。虽然造成的损失不是特别大，但公司依然下决心开除张某。

张某很潇洒，"你不要我，我还不干了。"但背起行囊，张某茫然了，我该去哪里呢？

分析:高职生找不到工作，或在工作中干得不顺心，很多时候不是能力的问题，而是缺少最基本的思想道德素质。

例如:在工作中没有爱岗敬业、为人民服务的精神，缺乏诚信意识，在意志力、忍耐性、吃苦耐劳等方面存在不足，没有艰苦创业的意识，经不起挫折，受不得委屈，图实惠，缺乏实干和奉献精神等。

高职生在求职就业的过程中，树立起良好的职业道德观念，加强职业道德修养，有助于其沿着正确方向修身成才，提高精神境界和综合素质，成才立业。

（本案例摘自高职大学生就业指导）

案例8

被动等待错失良机

浙江某单位向学校发布了要来校招聘大量人才的信息，校就业指导中心迅速公布并电话通知了各学院，各学院反应不一，有的学院书记亲自打电话与对方联系，推荐自己符合条件的毕业生，有的则主动邀请对方到学院来选毕业生，有的则用特快专递寄出了学生的推荐材料。而与此同时，部分同学却在等待面试通知，认为反正该单位要来校招聘，等来了再投材料也不迟。后来，这家单位真的来了，人事部门负责人却非常抱歉地说:"真对不起，其实，我们几天前就已到贵校，但刚跨进贵校校门，就被贵校某学院盛情'拦截'而去，晚上住在贵校招待所，闻讯而来的毕业生一拨又一拨，结果我们的计划提前录满了。"在场的毕业生后悔不已，机会就这样在等待中错过了。

分析:在求职择业过程中,机会应该说对每个人都是均等的,就看你如何把握它。各种招聘人才的信息,每时每刻经过各种渠道在发布、在传递,好比一条河流,信息是一朵朵浪花,你抓住了,就归你所有,你错过了,就无法回头。因此,只要你认准这条信息对你有用,你感兴趣,就必须主动以最快捷的方式向发出信息方作出反应,让对方知道你、了解你,才有可能看中你。机会往往就是这样被主动者拥有。

(本案例摘自上海公共招聘网)

案例 9

社会实践助我闯关成功

IBM 的实习生挑选十分严格,要经过网上申请、简历筛选、笔试和面试的多轮考核。怎样才能通过层层关卡呢?知道它的需要,并依据自身特点来表现自己适合它的需要,这才是最重要的。在校期间,我年年都拿奖学金,还参加各种社会实践活动,特别是在《中大青年》担任社长的经历,对我顺利闯关起到了很大作用。

关键的第二轮面试是由实习经理亲自主持的,主要考察应聘者是否认同并理解 IBM“成就客户、创新为要、诚信负责”的价值理念。我是报社的社长,所以会从客户即读者的角度来思考问题,满足他们的需要;而报纸在我接手的时候从 8 版扩到 20 版,这本身是个创新;同时,做新闻是不能歪曲事实的,这也体现了诚信。在这些经历的叙述中,面试官已经明白我所持的价值观与 IBM 的价值理念相符合。

此外,公司也很看重再学习能力。我是报社社长,却是理工科学生,文学素养也不能算很高,所以我花了大量的时间学习排版、美工、采访、编辑等新闻业务,这样一来专业学习的时间很少,但我在很短的学习时间里也能取得很好的成绩,年年拿到奖学金,这也反映了我的快速学习能力。

(本案例摘自新浪博客)

案例 10

面试技巧

面试官:你为什么想进本公司?

毕业生:咨询业在国内是一个比较新的行业,发展前景很是广阔。而且贵公司早在10年前就独具慧眼,在上海建立了分公司,现在已经是最著名的咨询公司之一。如果我有幸加入贵公司,也是对我个人能力的一种肯定。另一方面我也曾经听一位前辈介绍说现在上海咨询业竞争很激烈,我是一个喜欢接受挑战的人,所以很想进贵公司。

面试官:那么你具体对哪一个工作最感兴趣?

毕业生:我最想进的是咨询服务部。这个部门很富有挑战性,也可以学到很多东西。现在国内很多企业都不是很景气,如果能帮助他们走出困境,也是一件很好的事情。

分析:以上是面试中最常见的两个问题。一定要精心准备。该同学明确地表达了对公司以及具体岗位的兴趣。不详细地了解公司的情况是无法从容回答这样的问题的。

面试官:如果其他公司和本公司都录用你时,你怎么办?

毕业生:对我而言,能同时被几家公司录用,是一件让我高兴的事。我想,对公司而言,希望招聘到优秀而且合适的学生,同样对我而言,也希望自己能做出一个正确的选择,我会仔细比较各公司的特点包括公司的待遇、工作环境等,并结合我的兴趣和专业,努力找到一个最佳结合点,作出最优化的选择。但说实话,这确实是一件比较难办的事情。不知道您能不能给我一点建议。

(分析:这个问题是公司在试探你加入的意愿是否很强烈,一定要给出明确的回答。该同学的回答显得玲珑有余而主见不够。)

面试官:你觉得你的哪些方面可以在本公司得到发挥?

毕业生:我想每一个求知者都希望能发挥自己的所有潜能,而并不仅仅是使用学校里所学到的专业知识。如果我的潜能得不到发挥的话,对公司而言是一个损失,对我个人也是损失。潜能包括对工作的热情、自信、对现代公司理念的理解和实践,人际关系能力,高效率的工作,处理危机的能力等等,这是我的理解。就我来讲,如果有幸加入贵公司,会努力争取锻炼自己,发展自己,为公司发展作出贡献。另一方面,也希望公司能提供这样一个环境。我在大学里担任校团委宣传部长,负责过一些大型活动的宣传工作,在公共关系方面积累了一些经验。

面试官:请具体谈一谈。

毕业生:去年我参加了八届全运会组委会与校团委举办的八运自愿者校园招募活动。我们首先利用海报、校园广播做了宣传,然后开了一个情况介绍会，邀请组委会领导和校领导出席，又由以前的志愿者介绍了经验。效果很好，出色地完成了任务。

（分析：**以上两个问题是了解你的能力和工作兴趣的问题，应实事求是地回答，注意充分表现自己的信心和能力，但千万不要夸大其词，否则可能自食其果。**）

面试官：你准备怎样把大学里学到的知识用到工作中去？

毕业生：大学里学到的知识主要是书本知识，当然也有一部分实践知识，主要是课堂讲述的知识以及自学的知识。这些要用到工作中去，一定要结合公司的实际，每个公司都有它自己的特点，譬如说会计，我相信每个公司都有自己的内部会计制度，所以在工作中也要不断学习。事实上我自己认为我在大学里学到的书本知识并不是我最大的收获，而是自学能力的培养和分析问题的方法，这个对我很重要，我想在工作中也是如此。

（分析：**这是个可以自由发挥的问题，阐述自己的看法并以令人信服的理由说明就可以。注意言简意赅，条理清楚。**）

面试官：一个人工作与团体合作，你喜欢哪一种？

毕业生：这个问题我想没有固定的答案，要看工作的具体内容而定。如果是简单的、一个人可以做的工作，大家一起做的话，反而会增加工作的复杂性，在这种情况下，我倾向于一个人工作。反之，在大多数情况下，我愿意团体合作。这个世界的变化很大很快也很复杂，而一个人的工作能力有限，团体合作将更有助于有效地实现一个目标。

（分析：**无论用什么样的方法回答这个问题，一定要记住一点：缺乏团体合作及集体精神的人是不能被企业或公司接受的。**）

面试官：你以前在学校里有没有团体合作的经历？

毕业生：我曾经在学校里参加过戏剧节里边的一个戏剧的具体节目。一个节目首先要有创意，同时也要由校方提供条件，这就有个协调和合作的过程。我的具体职务就是协调人。创意要由编剧化为剧本，然后有一个挑选演员的过程，进而是角色的分配。这里往往也有矛盾。譬如说谁演主角，谁演配角。只有大家一起团结协作，才能使角色之间达到平衡。编剧和演员之间更要合作，因为每一个人对剧本都有他自己的理解，只有当大家对剧本有一个统一的理解以后，才能把戏真正演好。

面试官：你对自己在出主意、提建议方面有信心吗？

毕业生：一般来说，没有信心我是不会轻易出主意或提建议的,一个人如果对他自己的主意或建议都没有信心的话,是不可能做好这个工作的。我会尽力把主意和建议阐述清楚,同时听取意见。如果是好的,会坚持;不好,就放弃。但不好不等于没有信心。

(分析:一个有信心的人在竞争中始终是能够占据上风的,但是要注意:自信不等于自大。)面试成功与否,归根结底还是取决于一个人的综合素质。面试技巧只能帮助同学们少走弯路,更好地展现自己的优势,以便更顺利地找到适合自己的工作。

(本案例摘自台州招聘网)

案例 11

试用期员工的沟通管理

小吴加入某公司快三个月了,职位是编辑,有时候他也以"公司记者"的身份去采访公司员工、撰写稿件和策划公司内刊。一天,部门经理找到人事经理,决定终止小吴的试用,理由是他经常"选题不好","思路不清晰","文字表述都有问题"等等。按公司惯例,人事经理都要通知当事人谈话。

出乎预料的是,谈话一开始,小吴就抱怨声声,觉得处理太突然。一是"自己做得不错,上了那么多稿子";二是"我们主编从来也没说过什么","快转正了才说我不行,太不公平"。

小吴还是离开了公司,可留下了深深的思考……

分析:一般来讲,新员工自加入某个"组织"(organization)起,无论对团队还是对具体的工作岗位,他都充满了期待和希望,并"磨拳擦掌"。"人事圈儿"里有这样的说法,试用期中的员工是"表现最积极、最努力的员工"。在这段新鲜、敏感的时期里,即使是再有工作经验的员工,面对完全陌生的环境和人,也需要"呵护"式的沟通与指导;而这种沟通与指导,应该是由员工的直接上级和HR有关人员主导的。从小吴的上述遭遇我们不难诊断出,该公司在管理沟通环节上出了问题。

所谓"管理沟通"(managerial communicantioin),是指在组织内部管理人员通过"发出信息到接受信息再到反馈"的行动过程,来完成"计划"、"组织"、"领导"等目标性工作。在实际工作中,针对试用期中的新员工的考核和观察,也是通过管理沟通的形式来实现的。为了完成我们自己的"沟通目标",不妨从以下"六确定"进行考虑和执行:时间的确定。假设员工的试用期为三个月,正式沟通的次数应以三次为好。一是管理人员能起到"随时提醒"的作用,二是组织给了新员工可能的"改正机会"。员工受到关注和无人理睬,是截然不同的。需要注意的是，约谈时，管理人员要尊重新员工的已有日程安排，切忌“强令指定和破坏”，因为“彼此尊重是有效沟通的基础”。

地点的确定。要选择合适的地点，避免在公共区域，单位里的会议室是最佳的选择。有的管理人员愿意选择自己的办公室谈话，觉得自己方便，但这势必给新员工一定的“压迫感”，因为那里毕竟是“你的势力范围”。会议室处于“中间地带”，双方都会觉得公平。会议室请事先订好，免得谈话中有不必要的“干扰”和“中断”。

人物的确定。直接上级和新员工直接对话，具有实效性和针对性。HR的主管作为第三方，也可以参加(亦是人事部门了解具体情况的良机)，管理强度也增加了。

内容的确定。对于考核和谈话的内容，要从“知识、技能、态度、需提高”四个角度考虑，最好用考核表(比如叫〈试用期员工考核表〉)来作备忘记录(此表格的设计可依具体情况制定，此文略)。当然，新员工来的时候都应知道自己的职责和工作目标，用打分的方式就很容易看出“需提高”的部分。除此，员工的个人生活困难也应涉及，并设法协助解决。

评语的确定和新员工沟通的评语，要本着“公平、公正”的原则来确定。对于“要提高”的部分，管理人员一定要明确指出，而不能有半点儿的含糊。

双方(或三方)要在《试用期员工考核表》上签字、认可，同时各留一份保存，以备后用。跟进的确定这个阶段，和前面的沟通动作是连贯的，主要是对新员工继续指导和观察，是再次沟通、面谈的转承部分。“解决问题的方法是不断做事”，通过做事，才能不断修正方向并提高管理水平。

(本案例摘自南京职场论坛——西祠胡同)

案例12

自主择业能力差

在学校今年3月份举办的小型招聘会上，毕业生小李的父母亲在招聘会尚未开始时，就早早地到会场打听单位的情况。招聘会开始很久以后，小B才姗姗来迟，并由家长陪同前往用人单位摊位前面谈。面谈过程中，小李发言的时间还没有其父母多，结果谈了一家又一家，最终仍一无所获。

分析：小李的问题出在择业过程中过分依赖他人，其实，依赖他人是难以选择到一份满意的工作的。现在的毕业生中，独生子女所占的比例越来越大，他们的生活一帆风顺，没有经历过什么波折，再加上父母亲的过分呵护，客观上也培养了他们的依赖心理。这些毕业生大多缺乏主见，自我意识模糊，在择业中常会茫然不知所措，自己独立进行择业决策的能力差，以致在人才市场上，父母代替子女，亲友代替本人与用人单位洽谈的场面屡见不鲜。难怪有用人单位对依赖性过强的毕业生说：“你本人都要靠别人来推销，企业还能靠你来推销产品吗？”

（本案例摘自南方人才 e 刊）

案例 13

毕业生不要轻视就业协议书

近日，吉林省某高校 2003 届女毕业生，因签约又违约，被用人单位告上法庭，并被判赔 1.2 万余元。记者从北京市大学生就业指导中心了解到，虽然大学生毕业违约并不是普遍现象，但这是近来发生的一例比较典型的大学生毕业违约案例，也有很多地方值得大学毕业生在求职和签约时引以为戒。

就业协议不是废纸？

2002 年 11 月，某报社派两名部门主任到某高校选聘文字编辑，小周参加了招聘考试。当天，她就签了约，一份是《全国普通高等学校毕业生就业协议书》，另一份是《聘用协议》。然而，直到 2003 年 6 月中旬，高校毕业生就业工作基本结束时，小周仍未来报到，也没有任何音信。原来她已经到另外一家报社上班去了。7 月，报社正式致函，请其履行协议，否则，将通过法律途径解决问题。9 月，在始终没有得到任何方面明确答复的情况下，报社向法院提起诉讼，状告小周违约，要求被告赔偿。10 月 28 日，法院开庭审理此案。法院认为，原、被告之间自愿签订的全国普通高等学校毕业生就业协议、聘用协议，是双方当事人真实意思的表示，双方都应按照协议履行。被告的行为，违反了《合同法》，应承担违约责任。

分析：出现一些违约的情况与大学生对待就业协议认识上存在的误区有关。

误区一：就业协议书与补充协议的法律效力。这个案例的意见分歧是所签的补充协议是否合法。很多已经违约的学生存在一个认识上的误区那就是他们往往愿意把自己摆在弱势的位置，因为刚毕业，不懂法律法规，也无法鉴别用人单位提出的这个补充协议是否合法，所以就业签协议最好不与用人单位签订补充协议。

而实际上，在小周签订的《聘用协议》里对双方的责权利做出了更明晰的规定,其中第六条也特别提到:乙方签订本协议后,毕业前不得再与其他单位签订聘用合同,否则,须赔偿甲方用人定编损失费壹万元整;如甲方不接收乙方,须赔偿乙方壹万元,如乙方考取研究生,可凭录取通知到甲方取消本合同,乙方不算违约。这样,用人单位就通过补充的聘用协议明确了双方的关系和责任。

误区二:违约是双向选择。据记者了解,现在大学生找工作时,有不少学生手里都捏着几份协议书,违约的毕业生也不少,这些学生普遍认为这不是不讲诚信,而是双向选择。这种认识其实是完全错误的,草率地和用人单位签订协议是危险的,毕业生和用人单位签的就业协议不是一张废纸,都具备相应的法律效力,根本不能轻易反悔。一旦给用人单位造成损失必须要承担责任。作为受过高等教育的大学毕业生,应当遵守诚信原则。

(本案例摘自中国教育在线)

案例 14

华为公司面试

那天,小柳和另外 3 个男生分在一组,她刚走到面试官面前还没来得及坐下,面试官只瞄了小柳一眼就冷冷地对她说:"你可以走了,我觉得你不合适!"

小柳很震惊,说实话也觉得很没面子。可是她没走,嘴上没说,心里满满的是不服气:"你根本不认识我,凭什么看一眼就认为我不合适,凭什么就让我走?"不过,当时她并没有吭声,因为她也觉得当面"质问"面试官既没礼貌也显得她很没风度。于是想等面试结束后再与面试官理论也不迟。

另外 3 个男生都坐下了,她也不管他们是怎么想的,坐下了。面试官到底没赶她走,只是当她不存在,然后开始对着其中一个男生发问:"你最得意的一件事情是什么?"可能是因为紧张,那个男生竟不知如何作答,支支吾吾地说自己还没有工作,也没有做出什么特别的成就,所以也没什么得意的事。小柳心里很着急,觉得他的回答有点偏题,她可不愿意他在第一道坎上就被淘汰。于是在边上悄悄地提醒他:"你可以说一件在学校里做过的你自己感到最满意的事情……"

面试官看了她一眼,她也不以为然:"你不至于给我加上一条作弊的罪名吧,这种时候该帮人一把的。反正我已经是'不合适的人'了——这应该就叫'无欲则刚'吧。"

不过，接下来的形势可不容乐观，3个男生相继被淘汰了，最后桌前就剩下她一个。面试官还没跟她对上话呢。不过，到现在看上去面试官是有话要说了。她还是不动声色。终于面试官开口了："那3个人应该是你的竞争者，可我刚刚看你一直在帮助他们，你为什么要帮助他们？他们答不上来不是对你更好？如果他们都淘汰了，岂不是你的机会就来了？"她说："我不以为他们是我的竞争对手，如果都能通过面试，将来大家可能还是同事，有困难自然是要帮一下的。"

对她的回答，面试官不置可否，却又拾起了先前那个话题："我刚刚已经对你说，你不合适，你可以走了。可你为什么不走呢？"

机会来了，该是她说话的时候了。她的"不满"终于有机会宣泄了："我觉得你并不了解我，所以我要留在这里给你一个了解我的机会。第一，我非常仰慕华为，因为我被华为的企业文化和用人理念所吸引，所以我很郑重地投出了我的简历，也很高兴能参加这次面试。可是我完全没有想到我遭遇到如此当头一棒。第二，我还想对你说一句，我认为你的态度对一个面试者来说很不友善。因为今天我是面试者，明天我可能是你们的员工；我更可能是华为的潜在的客户。可是你今天这样不友善的态度给我留下了深刻的印象，今天我可能成不了你的员工，但明天我可能不再愿意成为华为的客户。第三，你的不友善今天影响了我对华为的看法，明天还有可能影响到我所有的朋友对华为的看法，你知道，你可能赶走了不少你们的潜在客户！"

面试官笑了，对她的表现非常满意。因为从一开始，面试官早就给她出了一道面试题：如何面对挫折。要知道，这次招的是销售员，在未来的工作中，他面对的会是无穷无尽的拒绝和白眼，人家的态度可能比这位面试官坏好几倍。如果他连面试的还算礼貌的冷脸都无法面对，那他将来如何面对未来的困难呢？

另外，面试官对她在面试中愿意帮助别人也表示认同，这恰恰显示了华为的团队合作精神。

（本案例摘自ChinaRen社区）

案例15

创业案例

小季，女，中南大学艺术设计专业2005级学生，开设一家画室，从事美术类高考考生的考前培训。

小季在创业之前有着非常丰富的勤工俭学的经历，曾先后代理过手机卡的销售、米高轮滑鞋的销售，代理福森造林有限公司的市场拓展业务，参加湖南软件学院的招生工作，自制圣诞礼物出售，还在超市等地方打工。在经历了一系列的兼职后，进入大二学习的小季开始了自己的第一次创业：她投资了10000多元和别人合伙开了一家奶茶店。当时的创业初衷是想为家里谋一些福利，可由于对合伙人的了解不足，在经营中产生了矛盾，不久奶茶店的经营以失败告终，不但没有盈利，还个人亏损了4000多元。第一次创业的失败对小季的打击很大，身心交瘁，病了一个月。但一段时间后，她调整状态，以一种不甘心失败的心态，和同学一起投资办起了一个工作室，主要进行广告板和封面的设计，开始了第二次创业。工作室经营一段时间之后，收回了成本，并且能解决自己的生活费，但因为工作室的业务与自己的学习课程产生冲突而取消经营。在有了两次创业的经验和教训的基础上，小季投资2000多元，办起了一家画室。因为小季本人对美术很有激情，而且具有通过美术考试升学的亲身体会和成功经验，画室的经营目前较为顺利，并有一定的盈利。对于毕业以后将会选择就业还是创业，小季还没有明确的想法，如果画室的发展很好的话，还会继续经营下去。

（本案例摘自中国大学生创业网）

案例16

不要放弃任何一次机会

某毕业生赶到杭州某人才市场时，已是下午3点多钟，此时，许多单位已录满人员撤摊而去，剩下的单位也在整理材料考虑收场，他抱着试试看的心态向自己感兴趣的某单位递了最后一份材料，并诚恳地说明了自己晚来的原因。谁知刚过两天他就收到了该单位面试通知，一周之后便签订了正式协议，真是山重水复疑元路，柳暗花明又一村。

分析：外出参加人才招聘，一般来说应赶早不宜迟，但有些客观因素是无法预测的，在这种情况下要随机应变，要沉着、有耐心。有时，耐心等到最后，好戏就在后头。总之，要么赶早，给对方留下深刻的第一印象，要么耐心等到最后压轴，同样也会给单位以深刻的印象。

（本案例摘自重庆英才网）

案例 17

网络求职陷阱

小刘是省城的一名应届大学毕业生，前不久，她在一个人才网站上留下了自己的求职信息。过了几天，就有一家广州的公司和她联系。小刘接到电话后，虽然特别高兴，但她还是多了个心眼，调查了一下这家公司。

小刘说："这家公司和我联系，我向他要了公司网址，上去看了一下觉得还算正规。后来，我和这家公司进行了电话联系，他说要有一个电话面试。面试完没几天，就通知我被录取了，并留下一个主管的手机号码让我与他联系。当时我就觉得有些奇怪，这么大的公司，有办公电话，为什么要留手机号码？于是，我按照前面给我打电话时留的固定电话号码，通过韶关的114进行查询，发现这个固定电话并未登记。后来，我打电话向韶关工商局查询，工商局的工作人员说，这个公司没有进行过登记，可能是个骗局。这时我才知道自己险些上当受骗。"

分析：在大学生求职的高峰期，各种网络招聘会避免了人群大范围集中和近距离接触，给用人单位和求职者提供了更广阔的选择空间，很多大学生也尝到了"空中"求职的甜头。然而，就在这网上求职盛行之时，一些人开始钻"法律空子"，利用严峻的就业压力促使求职者急于找到工作的心理和网上求职互不见面的特点，设置求职骗局，从中牟利。

（本案例摘自太原新闻网）

附录二　霍兰德职业能力倾向测评

本测验量表将帮助您发现和确定自己的职业兴趣和能力特长，从而更好地做出求职择业的决策。如果您已经考虑好或选择好了自己的职业，本测验将使您的这种考虑或选择具有理论基础，或向您展示其他合适的职业；如果您至今尚未确定职业方向，本测验将帮助您根据自己的情况选择一个恰当的职业目标　本测验共有六个部分，每部分测验都没有时间限制，但请您尽快按要求完成。

第一部分　您心目中的理想职业(专业)

对于未来的职业(或升学进修的专业)，您得早有考虑，它可能很抽象、很朦胧，也可能很具体、很清晰。不论是哪种情况，现在都请您把自己最想干的3种工作或最想读的3种专业，按顺序写下来。

1. ____________________
2. ____________________
3. ____________________

第二部分　您所看重的东西——职业价值观

这一部分测验列出了人们在选择工作时通常会考虑的9种因素(见所附工作价值标准)。现在请您在其中选出最重要的两项因素，并将序号填入下边相应空格上。

工作价值标准：

1. 工资高、福利好
2. 工作环境(物质方面)舒适
3. 人际关系良好
4. 工作稳定有保障
5. 能提供较好的受教育机会
6. 有较高的社会地位
7. 工作不太紧张、外部压力少
8. 能充分发挥自己的能力特长
9. 社会需要与社会贡献大

最重要：________________　次重要：________________

最不重要：________________　次不重要：________________

第三部分　您所感兴趣的活动

下面列举了若干种活动，请就这些活动判断你的好恶。并在"是"或"否"处打"√"。请按顺序回答全部问题。

R:实际型活动			A:艺术型活动		
1.装配修理电器或玩具	是□	否□	1.素描/制图或绘画	是□	否□
2.修理自行车	是□	否□	2.参加话剧/戏剧	是□	否□
3.用木头做东西	是□	否□	3.设计家具/布置室内	是□	否□
4.开汽车或摩托车	是□	否□	4.练习乐器/参加乐队	是□	否□
5.用机器做东西	是□	否□	5.欣赏音乐或戏剧	是□	否□

续表

R:实际型活动			A:艺术型活动		
6.参加木工技术学习班	是□	否□	6.看小说/读剧本	是□	否□
7.参加制图描图学习班	是□	否□	7.从事摄影创作	是□	否□
8.驾驶卡车或拖拉机	是□	否□	8.写诗或吟诗	是□	否□
9.参加机械和电气学习班	是□	否□	9.进艺术(美术/音乐)培训不喜欢的在"否"栏	是□	否□
10.装配修理机器	是□	否□	10.练习书法	是□	否□
I:调查型活动			S:社会型活动		
1.读科技图书和杂志	是□	否□	1.学校或单位组织的正式活动	是□	否□
2.在实验室工作	是□	否□	2.参加社会团体或俱乐部活动	是□	否□
3.改良水果品种,培育新的水果	是□	否□	3.帮助别人解决困难	是□	否□
4.调查了解土和金属等物质成分	是□	否□	4.照顾儿童	是□	否□
5.研究自己选择的特殊问题	是□	否□	5.出席晚会、联欢会、茶话会	是□	否□
6.解算术或玩数学游戏	是□	否□	6.和大家一起出去郊游	是□	否□
7.物理课	是□	否□	7.想获得关于心理方面的知识	是□	否□
8.化学课	是□	否□	8.参加讲座或辩论会	是□	否□
9.几何课	是□	否□	9.观看或参加体育比赛和运动会	是□	否□
10.生物课	是□	否□	10.结交新朋友	是□	否□
E:事业型活动			C:常规型(传统型)活动		
1.说服鼓动他人	是□	否□	1.会熟练的打印中文	是□	否□
2.卖东西	是□	否□	2.会用外文打字机或复印机	是□	否□
3.谈论政治	是□	否□	3.能快速记笔记和抄写文章	是□	否□
4.制订计划、参加会议	是□	否□	4.善于整理保管文件和资料	是□	否□
5.以自己的意志影响别人的行为	是□	否□	5.善于从事事务性的工作	是□	否□
6.在社会团体中担任职务	是□	否□	6.会用算盘	是□	否□
7.检查与评价别人的工作	是□	否□	7.能在短时间内分类和处理大量文件	是□	否□
8.结交名流	是□	否□	8.能使用计算机	是□	否□
9.指导有某种目标的团体	是□	否□	9.能搜集数据	是□	否□
10.参与政治活动	是□	否□	10.善于为自己或集体做财务预算表	是□	否□

第四部分　您所擅长获胜的活动

下面列举了若干种活动，其中你能做或大概能做的事，请在"是"栏里打"√"；反之，在"否"栏里打"×"。请回答全部问题。

R:实际型能力			A:艺术型能力		
1.能使用电锯、电钻和锉刀等木工工具	是□	否□	1.能演奏乐器	是□	否□
2.知道万用表的使用方法	是□	否□	2.能参加二部或四部合唱	是□	否□
3.能够修理自行车或其他机械	是□	否□	3.独唱或独奏	是□	否□
4.能够使用电钻床、磨床或缝纫机	是□	否□	4.扮演剧中角色	是□	否□
5.能给家具和木制品刷漆	是□	否□	5.能创作简单的乐曲	是□	否□
6.能看建筑设计图	是□	否□	6.会跳舞	是□	否□
7.能够修理简单的电气用品	是□	否□	7.能绘画、素描或书法	是□	否□
8.能修理家具	是□	否□	8.能雕刻、剪纸或泥塑	是□	否□
9.能修理收录机	是□	否□	9.能设计板报、服装或家具	是□	否□
10.能简单地修理水管	是□	否□	10.写得一手好文章	是□	否□
I:调研型能力			S:社会型能力		
1.懂得真空管或晶体管的作用	是□	否□	1.有向各种人说明解释的能力	是□	否□
2.能够列举三种蛋白质多的食品	是□	否□	2.常参加社会福利活动	是□	否□
3.理解铀的裂变	是□	否□	3.能和大家一起友好相处地工作	是□	否□
4.能用计算尺、计算器、对数表	是□	否□	4.善于与年长者相处	是□	否□
5.会使用显微镜	是□	否□	5.会邀请人、招待人	是□	否□
6.能找到三个星座	是□	否□	6.能简单易懂地教育儿童	是□	否□
7.能独立进行调查研究	是□	否□	7.能安排会议等活动顺序	是□	否□
8.能解释简单的化学	是□	否□	8.善于体察人心和帮助他人	是□	否□
9.理解人造卫星为什么不落地	是□	否□	9.帮助护理病人和伤员	是□	否□
10.经常参加学术的会议	是□	否□	10.安排社团组织的各种事务	是□	否□
E:事业型能力			C:常规型能力		
1.担任过学生干部并且干得不错	是□	否□	1.整理好桌面和房间	是□	否□
2.工作上能指导和监督他人	是□	否□	2.抄写文件和信件	是□	否□
3.做事充满活力和热情	是□	否□	3.为领导写报告或公务信函	是□	否□
4.有效利用自身的做法调动他人	是□	否□	4.检查个人收支情况	是□	否□
5.销售能力强	是□	否□	5.打字培训班	是□	否□
6.曾作为俱乐部或社团的负责人	是□	否□	6.参加算盘、文秘等实务培训	是□	否□
7.向领导提出建议或反映意见	是□	否□	7.参加商业会计培训班	是□	否□
8.有开创事业的能力	是□	否□	8.参加情报处理培训班	是□	否□
9.知道怎样做能成为一个优秀的领导者	是□	否□	9.整理信件、报告、记录等	是□	否□
10.健谈善辩	是□	否□	10.写商业贸易信	是□	否□

第五部分　你所喜欢的职业

下面列举了多种职业，请逐一认真地看，如果是你有兴趣的工作，请在"是"栏里打"√"；如果你不太喜欢、不关心的工作，请在"否"栏里打"×"。请回答全部问题。

R:实际型能力			A:艺术型能力		
1.飞机机械师	是□	否□	1.乐队指挥	是□	否□
2.野生动物专家	是□	否□	2.演奏家	是□	否□
3.汽车维修工	是□	否□	3.作家	是□	否□
4.木匠	是□	否□	4.摄影家	是□	否□
5.测量工程师	是□	否□	5.记者	是□	否□
6.无线电报务员	是□	否□	6.画家、书法家	是□	否□
7.园艺师	是□	否□	7.歌唱家	是□	否□
8.长途公共汽车司机	是□	否□	8.作曲家	是□	否□
9.灯塔操作员	是□	否□	9.电影电视演员	是□	否□
10.电工	是□	否□	10.话剧演员	是□	否□
I:调研型职业			S:社会型职业		
1.气象学或天文学者	是□	否□	1.街道、工会或妇联干部	是□	否□
2.生物学者	是□	否□	2.小学、中学教师	是□	否□
3.医学实验室的技术人员	是□	否□	3.精神病医生	是□	否□
4.人类学者	是□	否□	4.婚姻介绍所工作人员	是□	否□
5.动物学者	是□	否□	5.体育教练	是□	否□
6.化学者	是□	否□	6.福利机构负责人	是□	否□
7.数学学者	是□	否□	7.心理咨询员	是□	否□
8.科学杂志的编辑或作家	是□	否□	8.共青团干部	是□	否□
9,地质学者	是□	否□	9.导游	是□	否□
10.物理学者	是□	否□	10.国家机关工作人员	是□	否□
E:事业型职业			C:常规型职业		
1.厂长	是□	否□	1.会计师	是□	否□
2.电视片编制人	是□	否□	2.银行出纳员	是□	否□
3.公司经理	是□	否□	3.税收管理员	是□	否□
4.销售员	是□	否□	4.计算机操作员	是□	否□
5.不动产推销员	是□	否□	5.簿记人员	是□	否□
6.广告部长	是□	否□	6.成本核算员	是□	否□
7.体育活动主办者	是□	否□	7.文书档案管理员	是□	否□
8.销售部长	是□	否□	8.打字员	是□	否□
9.个体工商业者	是□	否□	9.法庭书记员	是□	否□
10.企业管理咨询人员	是□	否□	10.人口普查登记员	是□	否□

第六部分　您的能力类型简评

下面两张表是您在6个职业能力方面的自我评定表。您可以先与同龄者比较出自己在每一方面的能力,然后经斟酌后对自己的能力作评估。请在表中适当的数字上画圈。数字越大,表示你的能力越强。注意,请勿全部画同样的数字,因为人的每项能力不可能完全一样。

表 A

R 型	I 型	A 型	S 型	E 型	C 型
机械操作能力	科学研究能力	艺术创作能力	解释表达能力	商业洽谈能力	事务执行能力
7	7	7	7	7	7
6	6	6	6	6	6
5	5	5	5	5	5
4	4	4	4	4	4
3	3	3	3	3	3
2	2	2	2	2	2
1	1	1	1	1	1

表 B

R 型	I 型	A 型	S 型	E 型	C 型
体育技能	数学技能	音乐技能	交际技能	领导技能	办公技能
7	7	7	7	7	7
6	6	6	6	6	6
5	5	5	5	5	5
4	4	4	4	4	4
3	3	3	3	3	3
2	2	2	2	2	2
1	1	1	1	1	1

代码说明：

实际型(R)：

【性格特点】愿意使用工具从事操作性工作，动手能力强，做事手脚灵活，动作协调。偏好于具体任务，不善言辞，做事保守，较为谦虚。缺乏社交能力，通常喜欢独立做事。感觉迟钝、不讲究、谦逊的。踏实稳重、诚实可靠。

【职业建议】喜欢使用工具、机器，需要基本操作技能的工作。要求具备机械方面才能、体力，或从事与物件、机器、工具、运动器材、植物、动物相关的职业有兴趣，并具备相应能力。如：技术性职业(计算机硬件人员、摄影师、制图员、机械装配工)，技能性职业(木匠、厨师、技工、修理工、农民、一般劳动)。

调研型(I)：

【性格特点】思想家而非实干家，抽象思维能力强，求知欲强，肯动脑，善思考，不愿动手。喜欢独立的和富有创造性的工作。知识渊博，有学识才能，不善于领导他人。考虑问题理性，做事喜欢精确，喜欢逻辑分析和推理，不断探讨未知的领域。坚持性强，有韧性，喜欢钻研。为人好奇，独立性强。

【职业建议】喜欢智力的、抽象的、分析的、独立的定向任务，要求具备智力或分析才能，并将其用于观察、估测、衡量、形成理论、最终解决问题的工作，并具备相应的能力。如：科学研究人员、教师、工程师、电脑编程人员、医生、系统分析员。注：工作中调研兴趣强的人做事较为坚持，有韧性，善始善终，调研兴趣弱的如<20%通常做事容易浅尝辄止，常性也弱。

艺术型(A)：

【性格特点】有创造力，乐于创造新颖、与众不同的成果，渴望表现自己的个性，实现自身的价值。做事理想化，追求完美，不重实际。具有一定的艺术才能和个性。善于表达、怀旧、心态较为复杂。非传统，敏感，容易情绪化，较冲动，不服从指挥。

【职业建议】喜欢的工作要求具备艺术修养、创造力、表达能力和直觉，并将其用于语言、行为、声音、颜色和形式的审美、思索和感受，具备相应的能力。不善于事务性工作。如：艺术方面(演员、导演、艺术设计师、雕刻家、建筑师、摄影家、广告制作人)，音乐方面(歌唱家、作曲家、乐队指挥)，文学方面(小说家、诗人、剧作家)。注：通常在企业中艺术兴趣高的人倾向于理想化，做事追求完美。在企业中，艺术的测试不是指人们做艺术工作，而是工作中的艺术，倾向于将事情做得漂亮、有美感、有情调、锦上添花，追求完美。

社会型(S)：

【性格特点】喜欢与人交往、不断结交新的朋友、善言谈、愿意教导别人。关心社会问题、渴望发挥自己的社会作用。寻求广泛的人际关系，比较看重社会义务和社会道德。为人友好、热情、善解人意、乐于助人。

【职业建议】喜欢要求与人打交道的工作，能够不断结交新的朋友，从事提供信息、启迪、帮助、培训、开发或治疗等事务，并具备相应能力。如：教育工作者(教师、教育行政人员)，社会工作者(咨询人员、公关人员)。

企业型(E)：

【性格特点】追求权力、权威和物质财富，具有领导才能。喜欢竞争、敢冒风险、有野心/抱负。为人务实，习惯以利益得失，权利、地位、金钱等来衡量做事的价值，做事有较强的目的性。善辩、精力旺盛、独断、乐观、自信、好交际、机敏、有支配愿望。

【职业建议】喜欢要求具备经营、管理、劝服、监督和领导才能，以实现机构、政治社会及经济目标的工作，并具备相应的能力。如：项目经理、销售人员，营销管理人员、政府官员、企业领导、法官、律师。附：工作中通常要求管理人员和销售人员要有较强的企业兴趣，企业兴趣强则做事目的性强，务实，推动性也较强，若企业兴趣弱<40%则做事的推动性较弱，速度较慢。

常规型(C)：

【性格特点】尊重权威和规章制度，喜欢按计划办事，细心、有条理，习惯接受他人的指挥和领导，自己不谋求领导职务。喜欢关注实际和细节情况，通常较为谨慎和保守，缺乏创造性，不喜欢冒险和竞争，富有自我牺牲精神。有责任心、依赖性强、高效率、稳重踏实、细致、有耐心。

【职业建议】喜欢要求注意细节、精确度、有系统有条理，具有记录、归档、据特定要求或程序组织数据和文字信息的职业，并具备相应能力。如：秘书、办公室人员、记事员、会计、行政助理、图书馆管理员、出纳员、打字员、投资分析员。注：常规型的人做事有耐心、细致，如果人的常规兴趣弱，若＜20％通常表现做事较为粗心，容易丢三落四，不够踏实。

职业索引——职业兴趣代号与其相应的职业对照表：

R（实际型）：木匠、农民、操作X光机的技师、工程师、飞机机械师、鱼类和野生动物专家、自动化技师、机械工（车工、钳工等）、电工、无线电报务员、火车司机、长途公共汽车司机、机械制图员、修理机器、电器师。

I（调查型）：气象学者、生物学者、天文学家、药剂师、动物学者、化学家、科学报刊编辑、地质学者、植物学者、物理学者、数学家、实验员、科研人员、科技作者。

A（艺术型）：室内装饰专家、图书管理专家、摄影师、音乐教师、作家、演员、记者、诗人、作曲家、编剧、雕刻家、漫画家。

S（社会型）：社会学者、导游、福利机构工作者、咨询人员、社会工作者、社会科学教师、学校领导、精神病工作者、公共保健护士。

E（事业型）：推销员、进货员、商品批发员、旅馆经理、饭店经理、广告宣传员、调度员、律师、政治家、零售商。

C（常规型）：记账员、会计、银行出纳、法庭速记员、成本估算员、税务员、核算员、打字员、办公室职员、统计员、计算机操作员、秘书。

下面介绍与你3个代号的职业兴趣类型一致的职业表，对照的方法如下：首先根据你的职业兴趣代号，在下表中找出相应的职业，例如你的职业兴趣代号是RIA，那么牙科技术人员、陶工等是适合你兴趣的职业。然后寻找与你职业兴趣代号相近的职业，如你的职业兴趣代号是RIA，那么，其他由这三个字母组合成的编号（如IRA、IAR、ARI等）对应的职业，也较适合你的兴趣。

RIA：牙科技术员、陶工、建筑设计员、模型工、细木工、制作链条人员。

RIS：厨师、林务员、跳水员、潜水员、染色员、电器修理、眼镜制作、电工、纺织机器装配工、服务员、装玻璃工人、发电厂工人、焊接工。

RIE：建筑和桥梁工程、环境工程、航空工程、公路工程、电力工程、信号工程、电话工程、一般机械工程、自动工程、矿业工程、海洋工程、交通工程技术人员、制图员、家政经济人员、计量员、农民、农场工人、农业机械操作、清洁工、无线电修理、汽车修理、手表修理、管工、线路装配工、工具仓库管理员。

RIC：船上工作人员、接待员、杂志保管员、牙医助手、制帽工、磨坊工、石匠、机器制造、机车（火车头）制造、农业机器装配、汽车装配工、缝纫机装配工、钟表装配和检验、电动器具装配、鞋匠、锁匠、货物检验员、电梯机修工、托儿所所长、钢琴调音员、装配工、印刷工、建筑钢铁工作、卡车司机。

RAI：手工雕刻、玻璃雕刻、制作模型人员、家具木工、制作皮革品、手工绣花、手工钩针纺织、排字工作、印刷工作、图画雕刻、装订工。

RSE：消防员、交通巡警、警察、门卫、理发师、房间清洁工、屠夫、锻工、开凿工人、管道安装工、出租汽车驾驶员、货物搬运工、送报员、勘探员、娱乐场所的服务员、起卸机操作工、灭害虫者、电梯操作工、厨房助手。

RSI：纺织工、编织工、农业学校教师、某些职业课程教师（诸如艺术、商业、技术、工艺课程）、雨衣上胶工。

REC：抄水表员、保姆、实验室动物饲养员、动物管理员。

REI：轮船船长、航海领航员、大副、试管实验员。

RES：旅馆服务员、家畜饲养员、渔民、渔网修补工、水手长、收割机操作工、搬运行李工人、公园服务员、救生员、登山导游、火车工程技术员、建筑工作、铺轨工人。

RCI：测量员、勘测员、仪表操作者、农业工程技术、化学工程技师、民用工程技师、石油工程技师、资料室管理员、探矿工、煅烧工、烧窖工、矿工、保养工、磨床工、取样工、样品检验员、纺纱工、炮手、漂洗工、电焊工、锯木工、刨床工、制帽工、手工缝纫工、油漆工、染色工、按摩工、木匠、农民建筑工作、电影放映员、勘测员助手。

RCS：公共汽车驾驶员、一等水手、游泳池服务员、裁缝、建筑工作、石匠、烟囱修建工、混凝土工、电话修理工、爆炸手、邮递员、矿工、裱糊工人、纺纱工。

RCE：打井工、吊车驾驶员、农场工人、邮件分类员、铲车司机、拖拉机司机。

IAS：普通经济学家、农场经济学家、财政经济学家、国际贸易经济学家、实验心理学家、工程心理学家、心理学家、哲学家、内科医生、数学家。

IAR：人类学家、天文学家、化学家、物理学家、医学病理、动物标本剥制者、化石修复者、艺术品管理者。

ISE：营养学家、饮食顾问、火灾检查员、邮政服务检查员。

ISC：侦察员、电视播音室修理员、电视修理服务员、验尸室人员、编目录者、医学实验定技师、调查研究者。

ISR：水生生物学者、昆虫学者、微生物学家、配镜师、矫正视力者、细菌学家、牙科医生、骨科医生。

ISA：实验心理学家、普通心理学家、发展心理学家、教育心理学家、社会心理学家、临床心理学家、目标学家、皮肤病学家、精神病学家、妇产科医师、眼科医生、五官科医生、医学实验室技术专家、民航医务人员、护士。

IES:细菌学家、生理学家、化学专家、地质专家、地理物理学专家、纺织技术专家、医院药剂师、工业药剂师、药房营业员。

IEC:档案保管员、保险统计员。

ICR:质量检验技术员、地质学技师、工程师、法官、图书馆技术辅导员、计算机操作员、医院听诊员、家禽检查员。

IRA:地理学家、地质学家、声学物理学家、矿物学家、古生物学家、石油学家、地震学家、声学物理学家、原子和分子物理学家、电学和磁学物理学家、气象学家、设计审核员、人口统计学家、数学统计学家、外科医生、城市规划家、气象员。

IRS:流体物理学家、物理海洋学家、等离子体物理学家、农业科学家、动物学家、食品科学家、园艺学家、植物学家、细菌学家、解剖学家、动物病理学家、作物病理学家、药物学家、生物化学家、生物物理学家、细胞生物学家、临床化学家、遗传学家、分子生物学家、质量控制工程师、地理学家、兽医、放射性治疗技师。

IRE:化验员、化学工程师、纺织工程师、食品技师、渔业技术专家、材料和测试工程师、电气工程师、土木工程师、航空工程师、行政官员、冶金专家、原子核工程师、陶瓷工程师、地质工程师、电力工程量、口腔科医生、牙科医生。

IRC:飞机领航员、飞行员、物理实验室技师、文献检查员、农业技术专家、动植物技术专家、生物技师、油管检查员、工商业规划者、矿藏安全检查员、纺织品检验员、照相机修理者、工程技术员、编计算程序者、工具设计者、仪器维修工。

CRI:簿记员、会计、记时员、铸造机操作工、打字员、按键操作工、复印机操作工。

CRS:仓库保管员、档案管理员、缝纫工、讲述员、收款人。

CRE:标价员、实验室工作者、广告管理员、自动打字机操作员、电动机装配工、缝纫机操作工。

CIS:记账员、顾客服务员、报刊发行员、土地测量员、保险公司职员、会计师、估价员、邮政检查员、外贸检查员。

CIE:打字员、统计员、支票记录员、订货员、校对员、办公室工作人员。

CIR:校对员、工程职员、海底电报员、检修计划员、发报员。

CSE:接待员、通讯员、电话接线员、卖票员、旅馆服务员、私人职员、商学教师、旅游办事员。

CSR:运货代理商、铁路职员、交通检查员、办公室通信员、簿记员、出纳员、银行财务职员。

CSA:秘书、图书管理员、办公室办事员。

CER:邮递员、数据处理员、办公室办事员。

CEI:推销员、经济分析家。

CES:银行会计、记账员、法人秘书、速记员、法院报告人。

ECI:银行行长、审计员、信用管理员、地产管理员、商业管理员。

ECS:信用办事员、保险人员、各类进货员、海关服务经理、售货员、购买员、会计。

ERI:建筑物管理员、工业工程师、农场管理员、护士长、农业经营管理人员。

ERS:仓库管理员、房屋管理员、货栈监督管理员。

ERC:邮政局长、渔船船长、机械操作领班、木工领班、瓦工领班、驾驶员领班。

EIR:科学、技术和有关周期出版物的管理员。

EIC:专利代理人、鉴定人、运输服务检查员、安全检查员、废品收购人员。

EIS:警官、侦察员、交通检验员、安全咨询员、合同管理者、商人。

EAS:法官、律师、公证人。

EAR:展览室管理员、舞台管理员、播音员、驯兽员。

ESC:理发师、裁判员、政府行政管理员、财政管理员、I程管理员、职业病防治、售货员、商业经理、办公室主任、人事负责人、调度员。

ESR:家具售货员、书店售货员、公共汽车的驾驶员、日用品售货员、护士长、自然科学和工程的行政领导。

ESI:博物馆管理员、图书馆管理员、古迹管理员、饮食业经理、地区安全服务管理员、技术服务咨询者、超级市场管理员、零售商品店店员、批发商、出租汽车服务站调度。

ESA:博物馆馆长、报刊管理员、音乐器材售货员、广告商售画营业员、导游、(轮船或班机上的)事务长、飞机上的服务员、船员、法官、律师。

ASE:戏剧导演、舞蹈教师、广告撰稿人,报刊、专栏作者、记者、演员、英语翻译。

ASI:音乐教师、乐器教师、美术教师、管弦乐指挥、合唱队指挥、歌星、演奏家、哲学家、作家、广告经理、时装模特。

AER:新闻摄影师、电视摄影师、艺术指导、录音指导、丑角演员、魔术师、木偶戏演员、骑士、跳水员。

AEI:音乐指挥、舞台指导、电影导演。

AES:流行歌手、舞蹈演员、电影导演、广播节目主持人、舞蹈教师、口技表演者、喜剧演员、模特。

AIS:画家、剧作家、编辑、评论家、时装艺术大师、新闻摄影师、男演员、文学作者。

AIE:花匠、皮衣设计师、工业产品设计师、剪影艺术家、复制雕刻品大师。

AIR:建筑师、画家、摄影师、绘图员、环境美化工、雕刻家、包装设计师、陶器设计师、绣花工、漫画工。

SEC:社会活动家、退伍军人服务官员、工商会事务代表、教育咨询者、宿舍管理员、旅馆经理、饮食服务管理员。

SER:体育教练、游泳指导。

SEI:大学校长、学院院长、医院行政管理员、历史学家、家政经济学家、职业学校教师、资料员。

SEA:娱乐活动管理员、国外服务办事员、社会服务助理、一般咨询者、宗教教育工作者。

SCE:部长助理、福利机构职员、生产协调人、环境卫生管理人员、戏院经理、餐馆经理、售票员。

SRI:外科医师助手、医院服务员。

SRE:体育教师、职业病治疗者、体育教练、专业运动员、房管员、儿童家庭教师、警察、引座员、传达员、保姆。

SRC:护理员、护理助理、医院勤杂工、理发师、学校儿童服务人员。

SIA:社会学家、心理咨询者、学校心理学家、政治科学家、大学或学院的系主任、大学或学院的教育学教师、大学农业教师、大学工程和建筑课程的教师、大学法律教师、大学数学、医学、物理、社会科学和生命科学的教师、研究生助教、成人教育教师。

SIE:营养学家、饮食学家、海关检查员、安全检查员、税务稽查员、校长。

SIC:描图员、兽医助手、诊所助理、体检检查员、监督缓刑犯的工作者、娱乐指导者、咨询人员、社会科学教师。

SIR:理疗员、救护队工作人员、手足病医生、职业病治疗助手。

附录三

国务院办公厅关于加强普通高等学校毕业生就业工作的通知

国办发〔2009〕3号

各省、自治区、直辖市人民政府,国务院各部委、各直属机构:

普通高等学校毕业生(以下简称高校毕业生)是我国宝贵的人力资源。当前,受国际金融危机影响,我国就业形势十分严峻,高校毕业生就业压力加大。各地区、各有关部门要把高校毕业生就业摆在当前就业工作的首位,采取切实有效措施,拓宽就业门路,鼓励高校毕业生到城乡基层、中西部地区和中小企业就业,鼓励自主创业,鼓励骨干企业和科研项目单位吸纳和稳定高校毕业生就业。为进一步加强高校毕业生就业工作,经国务院同意,现就有关问题通知如下:

一、鼓励和引导高校毕业生到城乡基层就业。鼓励高校毕业生积极参加社会主义新农村建设、城市社区建设和应征入伍。围绕基层面向群众的社会管理、公共服务、生产服务、生活服务、救助服务等领域,大力开发适合高校毕业生就业的基层社会管理和公共服务岗位,引导高校毕业生到基层就业。对到农村基层和城市社区从事社会管理和公共服务工作的高校毕业生,符合公益性岗位就业条件并在公益性岗位就业的,按照国家现行促进就业政策的规定,给予社会保险补贴和公益性岗位补贴,所需资金从就业专项资金列支;对到农村基层和城市社区其他社会管理和公共服务岗位就业的,给予薪酬或生活补贴,所需资金按现行渠道解决,同时按规定参加有关社会保险。对到中西部地区和艰苦边远地区县以下农村基层单位就业、并履行一定服务期限的高校毕业生,以及应征入伍服义务兵役的高校毕业生,按规定实施相应的学费和助学贷款代偿。对具有基层工作经历的高校毕业生,在研究生招录和事业单位选聘时实行优先,在地市级以上党政机关考录公务员时也要进一步扩大招考录用的比例。

继续实施和完善面向基层就业的专门项目,扩大项目范围。相关项目由各有关部门继续加强组织领导,省级人民政府负责做好各类基层就业项目之间的政策衔接。2009年,中央有关部门继续组织实施"选聘高校毕业生到村任职"、"三支一扶"(支教、支农、支医和扶贫)、"大学生志愿服务西部计划"、"农村义务教育阶段学校教师特设岗位计划"等项目,各地也要因地制宜开展地方项目,鼓励和引导更多的高校毕业生报名参加。鼓励高校毕业生在项目结束后留在当地就业，今后相对应的自然减员空岗全部聘用服务期满的高校毕业生。对参加项目的高校毕业生给予生活补贴，所需资金按现行资金渠道解决，同时按规定参加有关社会保险。各专门项目相关待遇政策的衔接办法，由人力资源社会保障部、财政部、教育部、中央组织部、共青团中央等有关部门另行研究制定。

二、鼓励高校毕业生到中小企业和非公有制企业就业。各类中小企业和非公有制企业是高校毕业生就业的主要渠道。要进一步清理影响高校毕业生就业的制度性障碍和限制，为他们提供档案管理、人事代理、社会保险办理和接续、职称评定以及权益保障等方面的服务，形成有利于高校毕业生到企业就业的社会环境。对企业招用非本地户籍的普通高校专科以上毕业生，各地城市应取消落户限制（直辖市按有关规定执行）。企业招用符合条件的高校毕业生，可按规定享受相关就业扶持政策。劳动密集型小企业招用登记失业高校毕业生等城镇登记失业人员达到规定比例的，可按规定享受最高为200万元的小额担保贷款扶持。

三、鼓励骨干企业和科研项目单位积极吸纳和稳定高校毕业生就业。鼓励国有大中型企业特别是创新型企业创造条件，更多地吸纳有技术专长的高校毕业生就业。充分发挥高新技术开发区、经济技术开发区和高科技企业集中吸纳高校毕业生就业的作用，加强人才培养使用和储备。各地在实施支持困难企业稳定员工队伍的工作中，要引导企业不裁员或少裁员，更多地保留高校毕业生技术骨干，对符合条件的困难企业可按规定在2009年内给予6个月以内的社会保险补贴或岗位补贴，由失业保险基金支付；困难企业开展在岗培训的，按规定给予资金补助。承担国家和地方重大科研项目的单位要积极聘用优秀高校毕业生参与研究，其劳务性费用和有关社会保险费补助按规定从项目经费中列支，具体办法由科技、教育、财政等部门研究制定。高校毕业生参与项目研究期间，其户口、档案可存放在项目单位所在地或入学前家庭所在地人才交流中心。聘用期满，根据工作需要可以续聘或到其他岗位就业，就业后工龄与参与项目研究期间的工作时间合并计算，社会保险缴费年限连续计算。

四、鼓励和支持高校毕业生自主创业。鼓励高校积极开展创业教育和实践活动。对高校毕业生从事个体经营符合条件的，免收行政事业性收费，落实鼓励残疾人就业、下岗失业人员再就业以及中小企业、高新技术企业发展等现行税收优惠政策和创业经营场所安排等扶持政策。在当地公共就业服务机构登记失业的自主创业高校毕业生，自筹资金不足的，可申请不超过5万元的小额担保贷款；对合伙经营和组织起来就业的，可按规定适当扩大贷款规模；从事当地政府规定微利项目的，可按规定享受贴息扶持。有创业意愿的高校毕业生参加创业培训的,按规定给予职业培训补贴。强化高校毕业生创业指导服务,提供政策咨询、项目开发、创业培训、创业孵化、小额贷款、开业指导、跟踪辅导的“一条龙”服务。各地要建设完善一批投资小、见效快的大学生创业园和创业孵化基地,并给予相关政策扶持。鼓励支持高校毕业生通过多种形式灵活就业,并保障其合法权益,符合规定的,可享受社会保险补贴政策。

五、强化高校毕业生就业服务和就业指导。充分发挥人力资源市场配置资源的作用,强化公共就业服务的功能。人力资源社会保障、教育等部门及高校要加强协作,采取网络招聘、专场招聘、供求洽谈会和用人单位进校园等多种方式,大力开展面向高校毕业生的就业服务系列活动,为应届高校毕业生提供更多、更快、更好的免费就业信息和各类就业服务。高校要强化对大学生的就业指导,开设就业指导课并作为必修课程,重点帮助毕业生了解就业政策,提高求职技巧,调整就业预期。加强高校就业指导服务机构建设,落实人员、场地和经费。加强人力资源市场管理,严厉打击违法违规行为,加强招聘活动安全保障,维护高校毕业生就业权益。

六、提升高校毕业生就业能力。大力组织以促进就业为目的的实习实践,确保高校毕业生在离校前都能参加实习实践活动。完善离校未就业高校毕业生见习制度,鼓励见习单位优先录用见习高校毕业生。见习期间由见习单位和地方政府提供基本生活补助。拓展一批社会责任感强、管理规范的用人单位作为高校毕业生实习见习基地。从 2009 年起,用 3 年时间组织 100 万未就业的高校毕业生参加见习。加强高等职业院校学生的技能培训,实施毕业证书和职业资格证书“双证书”制度,努力使相关专业符合条件的应届毕业生通过职业技能鉴定获得相应职业资格证书。人力资源社会保障部门根据高校毕业生需要,提供专场或其他形式的职业技能鉴定服务,教育部门及高校要给予积极配合。对符合就业困难人员条件的高校毕业生,按规定给予鉴定补贴。

七、强化对困难高校毕业生的就业援助。对困难家庭的高校毕业生,高校可根据实际情况给予适当的求职补贴。各级机关考录公务员、事业单位招聘工作人员时,免收困难家庭高校毕业生的报名费和体检费。对离校后未就业回到原籍的高校毕业生,各地公共就业服务机构要摸清底数,免费提供政策咨询、职业指导、职业介绍和人事档案托管等服务,并组织他们参加就业见习、职业技能培训等促进就业的活动。对登记失业的高校毕业生,各地要将他们纳入当地失业人员扶持政策体系。对就业困难的高校毕业生和零就业家庭的高校毕业生,实施一对一职业指导、向用人单位重点推荐、公益性岗位安置等帮扶措施,按规定落实社会保险补贴、公益性岗位补贴等就业援助政策。

八、加强领导,明确责任。各地要加强对高校毕业生就业工作的组织领导,将高校毕业生就业纳入当地就业总体规划,统筹安排,确定目标任务,实行目标责任制，加强工作考核和督查。各有关部门要切实发挥职能，落实工作责任。各级人力资源社会保障部门要牵头制定和实施高校毕业生就业政策，并做好高校毕业生离校后的就业指导和就业服务工作。教育部门要指导高校大力加强在校生的就业指导和服务工作，并继续深化高等教育改革。财政部门要根据高校毕业生就业形势和实际需要，统筹安排资金用于促进高校毕业生就业。其他有关部门要认真履行职责，加强协调配合，共同推动工作。要大力开展高校毕业生就业工作的宣传，引导高校毕业生树立正确的就业观和成才观，形成全社会共同促进高校毕业生多渠道就业的良好舆论环境。各地要按照本通知要求，结合本地实际，制定切实有效的政策措施，创造性地开展工作，千方百计促进高校毕业生就业。

国务院办公厅

二〇〇九年一月十九日

附录四

教育部关于加快高等职业教育改革促进高等职业院校毕业生就业的通知

教高〔2009〕3号

各省、自治区、直辖市教育厅(教委),新疆生产建设兵团教育局,有关部门(单位)教育司(局):

为贯彻《国务院办公厅关于加强普通高等学校毕业生就业工作的通知》精神,切实落实《教育部关于全面提高高等职业教育教学质量的若干意见》要求,以就业为导向,加快高等职业教育教学改革,提高人才培养质量,积极应对当前金融危机对就业形势产生的不利影响,促进毕业生就业,现就有关工作通知如下:

一、积极调整专业方向,优化专业结构,适应就业市场要求

高职院校要按照把教育与经济社会发展紧密结合起来,把人才培养与就业紧密结合起来的要求和国家经济社会发展及拉动内需、产业结构调整的需要,根据岗位要求的变化,及时调整相关专业方向,通过更新、调整及增加必要的专业技术课程和实训实习项目,提高学生的就业能力和适应性。要贴近当前产业转型、调整和企业人力资源需求变化,有针对性地灵活调整专业设置,优化高职院校专业结构,改革人才培养方案,以适应国家经济社会发展对紧缺型高技能人才的需求。

教育部每年一季度为高职院校提供一次针对促进毕业生就业的专业调整备案服务。各地、各部门应根据高职院校申请,审核当年毕业班专业调整需求和实施条件,报教育部备案,并指导学校据此及时进行专业设置结构调整。

二、强化学生毕业前顶岗实习,提高就业能力

高职院校要切实落实高职学生学习期间顶岗实习半年的要求,与合作企业一起加强针对岗位任职需要的技能培训,大力提升毕业生的技能操作水平,提高就业能力。后期调整方向的专业,更要加强与其他高职院校相关专业和企业的联合与协作,尽力获得专业教师、企业技术能手、行业专家顾问的支持,并共享实训实习条件,以弥补本校本专业在师资、实践条件上的不足。高职院校要加强和企业在顶岗实习、教学方案设计与实施、指导教师配备、协同管理等方面的合作，确保顶岗实习的教学效果和岗位技能训练水平，确保学生的生产安全。“国家示范性高等职业院校建设计划”立项建设院校和中央财政支持建设的职业教育实训基地，必须起到模范带动作用，向其他高职院校开放实习实训基地，共享教学资源，帮助本地区、同行业高职院校完成学生顶岗实习前的实训教学。

各地、各部门要利用好就业专项资金、失业保险基金等措施，帮助高职院校建立就业见习制度、劳动预备制度，有效促进就业。

三、实施“双证书”制度，有力推动就业工作

要积极开展工作，切实落实毕业证书和职业资格证书“双证书”制度。高职院校应与企业合作开展专业建设，专业核心课程和教学内容应覆盖相应职业资格要求，通过学中做、做中学，突出职业岗位能力培养和职业素养养成。校专业建设指导委员会应积极吸纳产业、行业、企业、职业技能鉴定机构相关人员参加。高职院校要把相关专业获得相应职业资格证书，作为其学生毕业的条件之一，在颁发专业学历证书前，努力使符合条件的应届毕业生通过职业技能鉴定获得相应职业资格证书。

各地、各部门和高职院校应积极配合人力资源社会保障部门，根据学校教学安排和毕业生需要，充分利用学校实习实训基地、校内职业技能鉴定机构、考务管理等基础条件，帮助、支持人力资源社会保障部门组织好针对高校毕业生的专场职业技能鉴定服务；对符合就业困难人员条件的高职毕业生，要帮助其按规定申请相应的鉴定补贴。

四、大力宣传务实的就业观，鼓励引导毕业生到基层就业

高等职业教育的培养目标是培养面向生产、建设、服务、管理第一线需要的高技能人才。高职院校毕业生到社会主义新农村、城乡社区、军队国防、各类中小企业和非公有制企业等基层工作岗位就业，不仅能够有效改善基层劳动从业人员素质结构和提高部队战斗力，维护社会稳定，而且更有利于促进青年的健康成长。

各地、各部门和高职院校要大力宣传，正确引导高职院校毕业生树立务实的就业观和正确的成才观，使毕业生及其家长的就业预期适应社会需求与现实，激发毕业生到基层就业、服务社会、投身国防事业热情。国家对到基层就业的高校毕业生，将按规定特别给予相应补贴、代偿学费和助学贷款、提供人事户籍管理服务、入伍退役后优先考学升学等优惠引导政策。

组织实施好促进高职院校毕业生就业工作，不仅是应对今年高职院校毕业生就业压力的应急、应变措施，更是高等职业教育以就业为导向办学定位的长效制度建设。各地、各部门要采取切实有效措施，引导高职院校充分利用国家政策和社会资源，紧贴市场需求，解放思想，拓宽就业门路，拓展就业渠道，加强就业服务和指导，形成政府、学校、社会各界齐心协力，努力形成高职院校毕业生就业的良好局面。

中华人民共和国教育部

二〇〇九年二月二十日

附录五

杭州市高校毕业生就业政策

一、相关政策

1.毕业研究生可以“先落户后就业”。

2.普通高校本科及专科(含高职)应届毕业生,落实就业单位的,可以办理接收落户手续。

3.浙江省高等教育自学考试等其他高等教育学历考试毕业生的应届本专科毕业生,其就业落户按市人事局等六部门《转发关于做好浙江省高等教育自学考试及其他高等教育学历考试毕业生就业工作的通知》(杭人字[2000]第290号)的规定办理,在杭落户必须同时具备以下条件:

(1)取得浙江省高等教育自学考试毕业证书及其他高等教育学历考试毕业证书的浙江籍非在职本专科毕业生。

(2)符合进杭就业条件并在杭落实就业单位。

4.杭州市区生源未就业应届高校毕业生可将人事档案委托市人才开发中心管理,两年内免交人事档案管理费。

5.师范类毕业生可以跨地区、跨教育系统就业,并实行与非师范类毕业生同等的就业政策。

二、毕业生就业流程

双向选择 ⟶ 签订协议 ⟶ 学校派遣 ⟶ 就业报到 ⟶ 落　户

(一)双向选择

可通过毕业生就业招聘会、校园招聘会等各类人才招聘会或人才网站、报刊等媒体、亲友等渠道获取用人单位信息,与用人单位进行双向选择。

(二)网上办理就业接收手续

与用人单位达成就业意向,签订就业协议后,须通过杭州市毕业生就业网办理网上协议鉴证手续,办理程序如下:

◇毕业生进入“杭州毕业生就业网”(www.hzbys.com)进行毕业生注册,设置申报密码和修改密码。

◇身份证号码和申报密码提交就业单位,单位通过网上办理签约报批手续。

◇毕业生以身份证号码为用户名、修改密码为口令进入杭州毕业生就业网可查看单位报批情况。

◇凭签订好的《就业协议书》到市毕业生就业服务中心开具《杭州市毕业生就业接收函》,反馈给学校,作为学校派遣依据。

(三)报到

学校凭《就业协议书》和《杭州市毕业生就业接收函》,开具《报到证》和《户口迁移证》;毕业生在规定期限内持《报到证》、《户口迁移证》和毕业证书到市毕业生就业服务中心办理《报到证》转签手续,接转人事关系和党组织关系;凭转签的《报到证》到用人单位报到,签订劳动合同并缴纳社会保险。(其中,区(或开发区)所属单位就业的毕业生,直接到区(或开发区)人才中心开具接收函,办理报到手续)。

(四)人事代理

人事代理是指政府人事部门所属的人才交流机构根据国家有关政策法规,接受用人单位或个人委托,为用人单位或个人提供人才人事方面的专业化管理和社会化服务。

单位代理:各种所有制性质的企事业单位、民办科研机构、外地驻杭办事处、分公司以及其他无主管部门的单位,可凭单位介绍信、营业执照副本复印件(事业单位注册证复印件、外地企业驻杭办事处注册证复印件)、单位组织机构代码证复印件等材料到市人才开发中心办理。联系电话:85062681。

个人代理:毕业生在杭落实就业单位,但该单位无上级主管部门且因各种原因尚未办理人事代理的,可凭已与就业单位签订的就业协议书和单位同意其以个人名义委托人才中心管理档案的书面证明办理个人人事代理。联系电话:85165506。

接转组织关系:办理了人事代理手续,人事档案挂靠在市人才中心,就业单位无党组织的党员,可将组织关系转入市人才中心杭州市流动人员党委。手续是:党员转入组织关系须持按规定开出的党员组织关系介绍信,在市人才中心办理档案委托管理手续后,直接到人才中心流动党员管理窗口(杭州人才市场二楼办事大厅)办理转入手续;介绍信的受函单位应写“杭州市委组织部”或“杭州市直机关党工委”;转入组织关系时需填写《党员基本情况表》。联系电话:85102559。

(五)落户

毕业生凭户口迁移证、毕业证书、劳动合同、缴纳社会保险的情况证明和报到证等材料到拟落户派出所办理落户手续。人事关系委托市人才中心代理的,可将户籍挂靠在该中心。

1.应届毕业生办理落户须提供材料

(1)毕业研究生

①毕业证书原件及复印件;

②学位证书原件及复印件;

③报到证原件及复印件;

④户口迁移证原件(迁往地址为杭州市);

⑤同意落户证明(投亲靠友的需出具亲友家的户口簿)。

(2)普通高校本专科(含高职)毕业生

①毕业证书原件及复印件;

②报到证原件及复印件;

③户口迁移证原件(迁往地址为杭州市);

④同意落户证明;

⑤经劳动(人事)部门鉴证的一年以上劳动(聘用)合同原件及复印件;

⑥社会保险服务局出具的用人单位为当事人缴纳养老保险情况证明(养老保险缴纳清单)。

(3)浙江省高等教育自学考试等其他高等教育学历考试毕业生

①毕业证书原件及复印件;

②报到证原件及复印件;

③户籍证明或户口迁移证(迁往地址为杭州市)原件;

④同意落户证明;

⑤经劳动(人事)部门鉴证的一年以上劳动(聘用)合同原件及复印件;

⑥社会保险服务局出具的用人单位为当事人缴纳养老保险情况证明(养老保险缴纳清单);

⑦未婚证明。

2.往届毕业生的落户政策及条件详见杭州人才网(www.hzrc.com)

三、政策链接

《杭州市人民政府办公厅关于印发杭州市高校毕业生和留学回国人员创业三年行动计划的通知》(杭政办函[2008]146号)、杭州市人民政府办公厅《关于做好2007年普通高校毕业生就业工作的通知》(杭政办函[2007]165号)、杭州市人事局办公室《关于做好2007年普通高校毕业生接收工作的通知》(杭人办发[2007]24号)、杭州市人事局等六部门《转发关于做好浙江省高等教育自学考试及其他高等教育学历考试毕业生就业工作的通知》(杭人[2000]第290号)等。

相关文件与表格可在杭州人事人才网(www.hzsrsj.gov.cn)、杭州人才网(www.hzrc.com)和杭州毕业生就业网(www.hzbys.com)上查询并下载。

四、联系方式

杭州市毕业生就业服务中心:85062650、85164167、85167734、85167735

杭州市人才开发中心:85062681、85062503、85172559、85167733

杭州市人才开发中心
杭州市毕业生就业服务中心 下沙分中心:86878053、86876190

附录六

杭州市关于办理毕业生就业工作流程

1. 办理对象

第一类人员：符合毕业生进杭就业政策、所落实的工作单位在本中心办理单位人事代理的应届普通高校毕业生。

第二类人员：符合毕业生进杭就业政策、所落实的工作单位在本中心办理单位人事代理的应届自考、成教等其他高等学历教育毕业生。

第三类人员：符合毕业生进杭就业政策、所落实的工作单位在本中心办理单位人事代理、毕业后档案和户口仍然保留在学校的往届普通高校缓派毕业生。

第四类人员：需办理就业调整、所落实的工作单位在本中心办理单位人事代理的应届普通高校毕业生（仅限于当年尚未落实户口的应届普通高校毕业生）。

2. 办理程序

第一类人员：

1. 人事代理单位和应届毕业生在规定的时间内通过杭州毕业生就业网（www.hzbys.com）分别申报《毕业生年度需求》和注册个人基本信息；

2. 供需双方根据本市有关毕业生就业政策，双向选择并通过杭州毕业生就业网签订就业协议；

3. 凭加盖人事代理单位公章的《就业协议书》到市人才中心盖章并领取《就业接收函》，然后反馈到毕业生所在学校。学校凭《就业接收函》进行就业派遣、户口迁移和人事档案转递；

4. 人事档案转入市人才中心后，毕业生凭学校开具的《就业报到证》到市人才中心报到，再凭市人才中心开具的《行政介绍信》到人事代理单位报到。如有需要，可凭《行政介绍信》到劳动行政部门办理劳动合同鉴证；

5. 按公安部门规定的入户审批审核程序到公安部门办理毕业生入户手续。户口需挂靠市人才中心集体户口的，请详见户口挂靠办事指南。

第二类人员：

1. 人事代理单位应先按照人事档案调转办事指南中的要求，将其人事档案转入本中心管理；

2. 人事代理单位根据有关其他高等学历教育毕业生就业政策，与毕业生签订《毕业生就业协议书》并到本中心和杭州市毕业生就业服务中心确认盖章；

3.杭州市区以外生源的毕业生凭盖章后的《毕业生就业协议书》到浙江省高校毕业生就业指导中心开具《就业报到证》，杭州市区生源的由杭州市毕业生就业服务中心核对省教育厅公布的毕业生名单后直接开具《就业报到证》；

4.毕业生凭《就业报到证》到市人才中心报到，再凭市人才中心开具的《行政介绍信》到人事代理单位报到。如有需要，可凭《行政介绍信》到劳动行政部门办理劳动合同鉴证；

5.按公安部门规定的入户审批审核程序到公安部门办理毕业生入户手续。户口需挂靠市人才中心集体户口的，请详见户口挂靠办事指南。

第三类人员：

1.在教育行政部门规定的缓派期内落实就业单位的，可按照第一类人员的就业程序办理相关手续；

3.超过规定缓派期的，应要求学校先将人事档案和户口退回生源地，再按人事档案和户口已退回生源地且在当地没有正式就业的这种情况办理人事档案调转和人事关系接转，具体见人事档案调转和人事关系接转办事指南。

第四类人员：应填写《杭州市毕业生就业调整审核表》，经各方签字盖章后办理人事档案调转和人事关系转移手续。

3.特别提醒

①办理个人人事代理的毕业生，应按个人人事代理办事指南中的办事程序办理相关毕业生就业手续。

②毕业生就业实行见习期制度，见习期(一年)满后，用人单位应进行见习期考核，考核合格的应于每年6月至8月提交《高等学校毕业生见习期考核鉴定表》和《初定专业技术职务任职资格表》到市人才中心办理转正定级和专业技术职务初定手续。

附录七

杭州市关于办理个人人事代理工作流程

1. 办理对象

第一类人员：中专以上学历或初级以上职称，具有本市区户籍的辞职、辞退、解除或终止劳动合同的专业技术人员和管理人员；

第二类人员：符合毕业生进杭就业政策，所落实的在杭工作单位暂未办理单位人事代理的应届普通高校毕业生；

第三类人员：符合毕业生进杭就业政策，所落实的在杭工作单位暂未办理单位人事代理的应届自考、成教等其他高等学历教育毕业生；

第四类人员：符合毕业生进杭就业政策，所落实的在杭工作单位暂未办理单位人事代理的往届普通高校缓派毕业生（毕业后档案和户口仍然保留在学校的）；

第五类人员：杭州市区以外户籍的普通高校未就业研究生；

第六类人员：符合进杭入户条件，所落实的在杭工作单位暂未办理单位人事代理的杭州市区以外户籍的辞职、辞退、解除或终止劳动合同的专业技术人员和管理人员以及往届未就业普通高校毕业生。

2. 办理程序

第一类人员：

1. 凭原单位出具的辞职、辞退、解除或终止合同证明书，到市人才中心开具调档函或由原单位人事部门直接将当事人人事档案转至市人才中心；

2. 本人与市人才中心签订《人事代理协议》。其中人事档案已由原单位委托本中心管理的人员，其本人直接凭原单位的劳动合同和解除或终止劳动合同证明与本中心签订《人事代理协议》。

第二类人员：

1. 凭与用人单位签订的《就业协议书》、《委托书》到市人才中心盖章并领取《就业接收函》，然后反馈到毕业生所在学校；

2. 学校凭《就业接收函》进行就业派遣、户口迁移和人事档案转递；

3. 人事档案到达市人才中心后，毕业生与市人才中心签订《人事代理协议》，凭学校开具的《就业报到证》办理人事关系接转；

4. 凭市人才中心开具的《行政介绍信》到用人单位报到。如有需要，可凭《行政介绍信》到劳动行政部门办理劳动合同鉴证。

第三类人员：

1. 应先按照人事档案调转办事指南中的要求，将人事档案转入本中心管理，并与市人才中心签订《人事代理协议》；

2. 凭与用人单位签订的《就业协议书》、《委托书》到市人才中心和杭州市毕业生就业服务中心盖章；

3. 杭州市区以外生源的毕业生凭盖章后的《毕业生就业协议书》到浙江省高校毕业生就业指导中心开具《就业报到证》，杭州市区生源的由杭州市毕业生就业服务中心核对省教育厅公布的毕业生名单后直接开具《就业报到证》。

4. 毕业生凭《就业报到证》到市人才中心报到，凭市人才中心开具的《行政介绍信》到用人单位报到。如有需要，可凭《行政介绍信》到劳动行政部门办理劳动合同鉴证。

第四类人员：

1. 在国家政策规定的缓派期内落实就业单位的，可按照第二类人员的就业程序办理相关手续；

2. 超过规定缓派期的，应先将人事档案和户口退回生源地，再参照第六类人员办理相关手续。

第五类人员：

1. 普通高校应届研究生：凭学校发放的《就业协议书》到杭州市人才中心领取《接收函》，待人事档案到达后与市人才中心签订《人事代理协议》；

2. 普通高校往届研究生：凭档案所在地人才交流机构出具的未就业证明或档案个人托管协议到市人才中心开具《调档函》，待档案到达后再与市人才中心签订《人事代理协议》。

第六类人员：

凭符合进杭入户条件的相关材料和原单位出具的辞职、辞退、解除或终止合同证明书（或档案所在地人才交流机构出具的未就业证明或档案个人托管协议）到市人才中心开具《调档函》，待档案到达后与市人才中心签订《人事代理协议》。进杭入户条件和进杭入户办理程序请详见户口挂靠办事指南。

3. 服务内容

管理人事档案，按规定向有关组织出具人事档案中已明确记载的有关材料证明；办理符合政策规定的专业技术人员和管理人员调动、录用、人事关系转移和干部身份保留手续；办理符合政策规定的专业技术人员职称评定申报手续；提供符合政策规定的党组织关系和集体户口挂靠服务；提供人事劳动政策法规咨询；提供其他有关政策规定的档案利用服务。

4. 特别提醒

若本人无法亲自与杭州市人才中心签订《人事代理协议》，可委托他人持本人委托书、本人及受委托人的身份证原件或复印件代签《人事代理协议》。

附录八

杭州市高校毕业生自主创业政策

高校毕业生毕业在杭自主创业的，需进行企业注册和税务登记，对来我市自主创业的高校毕业生，给予创业资助、落户、人事代理等多项优惠政策扶持。

一、相关政策

创业资助和扶持

创业资助资金种类有商业贷款贴息和项目无偿资助两种。商业贷款贴息最高申请额度为1万元，项目无偿资助分2万、5万、8万和10万元四个资助额度。对符合条件的创业大学生可以选择其中一种资助方式提出申请。

此外，杭州市政府专门设立创业投资引导基金，积极鼓励国内外创投企业在杭州发展。对大学生来杭注册设立并从事高新技术产品研发、生产和服务的企业，会得到相关部门向创业投资企业的积极推荐。一旦获得创业投资企业投资的创业企业，即可获得政府创业投资引导基金的跟进投资。

免收行政事业性费

在杭自主创业普通高校应届本专科毕业生毕业两年内从事个体经营，除国家限制的行业外，自工商登记注册之日起3年内，免收登记类、管理类和证照类等行政事业性收费。

人事代理

各级人事部门所属人才服务机构提供两年免费人事代理服务。

二、企业设立相关手续

(一)企业工商注册登记

自主创业，要进行企业工商注册登记并领取营业执照。其办理程序为：

1.核实名称。先到工商局填写《企业名称预先核准申请书》，核实名称后，领取各种表格并准备所需材料[主要有章程、股东决议、房产证明(营业用房)、验资证明等]后申请企业注册。

2.审查材料。工商局对申请材料进行审查，审查通过的，准予设立并一定时间内发《准予设立登记通知书》。

可以通过直接到工商部门办公场所、邮寄和电子邮件三种方式申请企业工商注册登记。

具体的申请材料和办理程序可在杭州市工商行政管理局红盾信息网

(www.hzaic.gov.cn)进行查询,或通过杭州市工商局咨询电话(86439936,86439937)进行咨询。

(二)税务登记

企业工商注册登记后,还要进行税务登记,一般需要提供的材料有:

1.《税务登记表》;

2.批准成立的文件或合同原件和复印件;

3.负责人居民身份证或其他合法身份证件原件和复印件;

4.自有房提供房产证、租用房提供房屋租赁合同;

5.房屋、土地、车船情况登记表;

6.《土地证》原件、复印件;

7.《车船行驶证》原件、复印件。

纳税人提交资料后,经审核符合条件的,当场办理税务登记。

可以登陆杭州财税网(www.hzft.gov.cn)查询具体所需要提交的材料,也可以向杭州地税"12366"语音特服系统进行咨询。

三、创业资助资金申请程序

(一)创业资助对象及条件

创业资金的资助对象为已在杭州市区创业的高校毕业生,从事生产经营项目为当年度我市产业发展导向目录中非禁止、非限制发展类项目。具体为以下三类:

1.本市[含所辖区、县(市)]生源高校毕业生,同时符合下列条件

(1)毕业后两年内(以工商部门名称预登记为准,但不包括名称预登记六个月延期,下同)以本人名义在市区创办企业或从事个体工商经营;

(2)在校期间无不良信用记录和违法行为。

2.外地生源在杭高校毕业生,应同时符合下列条件

(1)毕业后两年内以本人名义在市区创办企业;

(2)所创办企业从事科技成果转化或研发项目,或从事文化创意类项目;

(3)在校期间无不良信用记录和违法行为。

3.外地生源非在杭高校毕业生,应同时符合下列条件

(1)毕业学校为教育部直属重点高校;

(2)本科及以上学历;

(3)毕业后两年内在市区注册公司制企业,并担任法定代表人;

(4)所创办企业从事科技成果转化或研发项目,或从事文化创意类项目;

(5)在校期间无不良信用记录和违法行为。

4.在杭州高校的在校生从事创业孵化项目符合条件的也可申请资助资金

(二)创业资助申请材料

在提出申请创业资助时,要准备好以下申请材料:

1.《杭州市高校毕业生创业资助资金申请表》;

2.身份、户籍、学历、工商注册(登记)证明;

3.由毕业学校出具的在校期间无不良信用记录和违法行为的证明;

4.申请商业贷款贴息的须提供贷款合同;

5.申请项目无偿资助的须提供:

(1)商业计划书或项目可行性报告;

(2)相关支出的合同和凭证。

(三)商业贷款贴息操作程序

1.受理。你首先要向市毕业生就业服务中心或所属区人事局提出申请(创办市属企业的向市毕业生就业服务中心申请,创办区属企业或个体工商户的向所属区人事局申请,下同);

2.审核。你的申请被受理后要由相关部门进行审核;

3.公示。对你审核通过后的申请要进行5个工作日的公示;

4.核准。对经公示无异议的,市人事局会给你发放核准通知书;

5.拨付。根据核准通知书和你提供的商业贷款付息凭证,市财政局对商业贷款贴息实行定期拨付。

(四)项目无偿资助操作程序

1.受理。你首先要向市毕业生就业服务中心或所属区人事局提出申请;

2.审核。你的申请被受理后要由相关部门进行审核;

3.评审。对于你的申请会定期进行评审;

4.公示。对你审核通过后的申请要进行5个工作日的公示;

5.核准。对经公示无异议的,市人事局会给你发放核准通知书;

6.拨付。根据核准通知书,市财政局对项目资助资金实行定期拨付。

四、落户手续

在杭自主创办企业且符合我市产业发展导向要求的高校毕业生可以申请落户杭州。具体需要提供材料有:1.毕业证书原件及复印件;2.户籍证明或户口迁移证(迁往地址为杭州市);3.工商登记的营业执照原件及复印件;4.税务登记证明原件及复印件;5.同意落户证明。

五、政策链接

《杭州市人民政府办公厅关于印发杭州市高校毕业生和留学回国人员创业三年行动计划的通知》(杭政办函[2008]146号)、《杭州市高校毕业生创业资助资金实施办法(试行)》(杭人才〔2007〕370号、杭财教〔2007〕799号)、《杭州市高校毕业生创业资助资金实施办法(试行)操作细则》(杭人才〔2007〕469号、杭财教〔2007〕1112号)

相关文件与市产业发展导向目录可在杭州人事人才网(www.hzsrsj.gov.cn)、杭州人才网(www.hzrc.com)和杭州毕业生就业网(www.hzbys.com)上查询,杭州市高校毕业生创业资助资金申请表也可在上述三个网站下载。

市毕业生就业服务中心创业资助申请受理窗口设在杭州人才市场三楼301室(杭州市体育场路335号)。

杭州市财政局、杭州市物价局《关于对下岗失业人员和普通高校毕业生从事个体经营实行收费优惠政策的通知》(杭财综〔2006〕452号)。

六、联系方式

操作事宜咨询电话,杭州市人事局人才流动开发处:85066393;

资金资助事宜咨询电话,杭州市财政局文教处:87820037;

申请受理咨询电话,杭州市毕业生就业服务中心:85165796。

附录九

杭州市高校毕业生创业资助资金实施办法

各区、县(市)人事局、财政局,市各有关单位:

为贯彻落实国务院、省、市政府关于做好高校毕业生就业工作的有关精神,鼓励大学生创新与创业,拓宽就业渠道,根据《关于做好2007年普通高校毕业生就业工作的通知》(杭政办函〔2007〕165号),经市政府批准,设立杭州市高校毕业生创业资助资金(以下简称"创业资金")。为规范创业资金的使用和管理,特制定本办法。

一、创业资金的来源

市财政每年从人才专项资金中安排一定数额的资金专项用于资助符合条件的普通高校应届毕业生(以下简称"高校毕业生")在市区(上城、下城、拱墅、江干、西湖、滨江区,下同)创业。

二、资助对象及条件

创业资金的资助对象为已在杭州市区创业的高校毕业生,从事生产经营项目为当年度我市产业发展导向目录中非禁止、非限制发展类项目。具体为以下三类:

(一)本市[含所辖区、县(市)]生源高校毕业生,同时符合下列条件:

1.毕业后两年内(以工商部门名称预登记为准,但不包括名称预登记六个月延期,下同)以本人名义在市区创办企业或从事个体工商经营;

2.在校期间无不良信用记录和违法行为。

(二)外地生源在杭高校毕业生,应同时符合下列条件:

1.毕业后两年内以本人名义在市区创办企业;

2.所创办企业从事科技成果转化或研发项目,或从事文化创意类项目;

3.在校期间无不良信用记录和违法行为。

(三)外地生源非在杭高校毕业生,应同时符合下列条件:

1.毕业学校为教育部直属重点高校;

2.本科及以上学历;

3.毕业后两年内在市区注册公司制企业,并担任法定代表人;

4.所创办企业从事科技成果转化或研发项目,或从事文化创意类项目;

5.在校期间无不良信用记录和违法行为。

三、资助种类及用途

(一)商业贷款贴息

1.申请人毕业后两年内获得银行商业贷款;

2.贷款应用于生产经营相关开支;

3.对实际应支付的贷款利息给予50%贴息,最高额度为1万元。

(二)项目无偿资助

1.申请人有具体的创业项目并具有可行性;

2.根据项目的科技含量、经济与社会效益、市场前景等,择优选择资助对象,确定资助等级与金额;

3.项目无偿资助分为四个等级:2万元、5万元、8万元、10万元;

4.项目无偿资助用于购置经营设备费用;生产经营场所租金、管理费、水、电、通讯费等;其他项目实施相关费用。

四、申请及受理

(一)符合条件的申请人须在毕业后两年内提出申请,市级企业向市毕业生就业服务中心提出申请,区级企业向所属区人事局提出申请,逾期不再受理。

(二)申请时须提供以下材料:

1.《杭州市高校毕业生创业资助资金申请表》;

2.身份、户籍、学历、工商注册(登记)证明;

3.由毕业学校出具的在校期间无不良信用记录和违法行为的证明;

4.申请商业贷款贴息的须提供贷款合同;

5.申请项目无偿资助的须提供:

(1)商业计划书或项目可行性报告;

(2)相关支出的合同和凭证。

(三)申请人只能选择创业资金的一种资助形式进行申请。

(四)已获得市、区财政性科技经费、文化产业发展专项资金、动漫业发展等方面专项资金(经费)项目资助的毕业生,不得再重复申请创业资金。

五、审核、拨付及财务处理

(一)资助申请经市毕业生就业服务中心或所属区人事局初审后,由市人事局对申请人及其企业进行审核;申请项目无偿资助的,市人事局将组织有关专家进行评审。

(二)市人事局根据审核结果和专家评审结论,拟定资助对象名单及资助金额,由市财政局复核后在"杭州人事人才网"和申请人所在单位或社区进行公示，公示期为 5 个工作日。对公示有异议的项目，市人事局应予以调查，并出具调查结论。

（三）资助申请通过审核、公示后，由市人事局向资助对象发送核准通知，由市财政局按以下方式将资助资金直接拨付给资助对象：

1. 商业贷款贴息在资助对象提供付息凭证后拨付。

2. 项目无偿资助资金分期支付，首期支付 20%；第二期根据项目进展程度视情况支付，支付额不超过总额的 50%；末期支付其他剩余资助额。第二期和末期的资助应在上期资助资金通过审计、考核后再予拨付。

（四）市级企业的资助项目按资助标准由市级财政全额拨付；区级企业的资助项目由市财政按市级企业资助标准的 50% 安排资助，各区应按不低于 1∶1的比例给予配套资助。

（五）创业资金属贷款贴息和专项经费补助，按《企业财务通则》（财政部令第 41 号）的有关规定，作为企业收益处理。

六、监督与管理

（一）市人事局和市财政局负责创业资金使用的管理监督和绩效评估工作。

（二）资助对象应当履行以下义务：

1. 对获得的创业资金进行财务管理；

2. 获得项目无偿资助的，自每期资金拨付之日起三个月内应向市人事局与市财政局（区级企业向区人事局与区财政局）递交资金使用情况的财务报告和项目运行情况报告；

3. 接受有关部门对资助资金使用情况的监督检查和审计。

（三）资助对象如采取弄虚作假方式，骗取创业资金的，按照《财政违法行为处罚处分条例》的有关规定，由市财政、审计、监察机关作出处理。涉嫌犯罪的，依法移交司法机关处理。

（四）负责创业资金管理的工作人员违反本办法，滥用职权、玩忽职守、徇私舞弊的，由市财政和监察机关等按照《财政违法行为处罚条例》对责任人进行处理。涉嫌犯罪的，依法移交司法机关处理。

七、附则

（一）创业资金的管理费用按照有关规定列入部门预算安排解决。

（二）本办法由市人事局、市财政局负责解释。

（三）各区、县（市）可参照本办法制订相关高校毕业生创业资助办法。

（四）本办法自 2007 年 11 月 1 日起施行。

主要参考文献

[1] 申永东主编.大学生就业指导教程[M].成都:华南理工大学出版社.2007.

[2] 周元明编著.大学生就业指导[M].南京:中南大学出版社.2007.

[3] 邱小林,刘雪梅,陆瑞新等编著.大学生就业与创业指导[M].大连:大连理工大学出版社.2007.

[4] 赵新娟,邢金龙主编.高职高专学生就业与创业指导[M].北京:北京交通大学出版社.2006.

[5] 王铁编著.就业创业成功:大学生就业指导[M].北京:北京交通大学出版社.2006.

[6] 唐家良编著.走进就业之门的智慧:大学生就业指导[M].北京:科学普及出版社.2006.

[7] 涂方剑主编.大学生就业指导[M].北京:科学普及出版社.2006.

[8] 杨欢进,翟建北,赵素云主编.职业生涯规划与大学生就业指导[M].石家庄:河北人民出版社.2006.

[9] 侯捷编著.大学生就业指南[M].北京:中国科学技术出版社.2006.

[10] 刘向信主编.就业与创业指导[M].济南:山东教育出版社.2006.

[11] 喜和,赵传栋主编.大学生求职与创业教程[M].南昌:江西高校出版社.2006.

[12] 何祥林,谢守成主编.大学生职业生涯规划与就业指导[M].武汉:华中师范大学出版社.2006.

[13] 范龙,梁茵,姚化成主编.大学生自主创业典型案例,实践篇[M].大连:大连理工大学出版社.2006.

[14] 王国贞,李福清主编.大学生就业指导[M].北京:知识产权出版社.2005.

[15] 胡文娟等主编.大学生就业指导[M].济南:济南出版社.2005.

[16] 郝连儒,庞业明主编.职业道德与就业指导教程[M].北京:中国商务出版社.2005.

[17] 马国防主编.大学生就业指南[M].福州:海风出版社.2005.

[18] 靳和连主编.职业道德与就业指导[M].北京:机械工业出版社.2005.
[19] 闫海波,张继延主编.就业零距离:大学生就业指导[M].苏州:苏州大学出版社.2005.
[20] 范龙,梁茵,姚化成主编.大学生自主创业典型案例.名人篇[M].大连:大连理工大学出版社.2005.
[21] 肖琳琳主编.就业指导,高教篇[M].长沙:湖南师范大学出版社.2004.
[22] 王德春主编.就业指导培训[M].北京:中国经济出版社.2003.
[23]《职业指导和创业教育的研究与实验》总课题组编.职业准备:就业、升学、创业[M].北京:华文出版社 2003.
[24] 宁焰,郑子健主编.大学生就业培训教程[M].西安:西安电子科技大学出版社.2003.
[25] 蒋胜祥主编.大学生就业指导[M].杭州:浙江科学技术出版社.2003.
[26] 李伟主编.新世纪大学生就业指导[M].西安:西安交通大学出版社.2002.
[27] 邓长青,吴芮凌,彭德忠主编.大学生就业指导[M].武汉:华中科技大学出版社.2008.
[28] 施锡栋,匡奕珍主编.高职学生职业规划与就业指导[M].济南:山东大学出版社.2008.
[29] 殷佳琳,段国艳主编.高职女生就业难的原因分析及对策[J].职业教育研究.2008(05).
[30] 廖克玲主编.浅析女大学生就业难现状的原因及对策[J].教育与职业.2006(03).
[31] 任晓华主编.如何培养高职女生良好的职业形象[J].职业教育研究.2006(09).
[32] 曹舒秀主编.浅析职业形象塑造的风格[J].中国科教创新导刊.2007(16).
[33] 刘霞,库玉霞主编.关于女大学生就业心理的调查与反思[J].北华航天工业学院学报.2008(01).
[34] 苏映宇主编.女大学生就业困境与社区就业障碍[J].长沙:湖南工程学院学报(社区科学版).2007(04).
[35] 黄菊香主编.女大学生就业难的归因分析及对策[J].辽宁教育行政学院学报 2008(01).
[36] 罗明辉,姚江林,王燕主编.大学毕业生就业指南(第二版)[M].武汉:华中师范大学出版社.2005.
[37] 干旭主编.高职大学生就业指导[M].北京:科学出版社.2007.

[38] 湖南省教育厅毕业生就业办公室组编.就业指导[M].长沙:湖南师范大学出版社.2006.

[39] 中国大学生就业杂志.2007.9;2007.11;2008.5.

[40] 王泓,杨秀英主编.高等学校学生就业指导[M].天津:南开大学出版社.2001.

[41] 谢晓翠,王静主编.职业生涯设计[M].杭州:浙江大学出版社.2007.

[42] 熊治梅主编.大学生职业指导教程[M].北京:中国人事出版社.2002.

[43] 孙权,王滨有主编.就业指导[M].北京:北京邮电大学出版社.2004.

[44] 周湘浙主编.大学生就业指导[M].杭州:浙江大学出版社.2006.

[45] 张瑶祥主编.高职毕业生就业指导实用教程[M].北京:北京理工大学出版社.2007.

[46] 王芳,宋来新,姜孔桥主编.大学生就业指导[M].北京:化学工业出版社.2002.

[47] 闫静主编.理想求职与职业生涯设计[M].北京:新时代出版社.2002.

[48] 卜欣欣,陆爱平主编.个人职业生涯规划[M].北京:中国时代经济出版社.2004.

[49] 陈刚,彭建华主编.大学生就业创业[M].杭州:浙江大学出版社.2005.